为什么要读经典?

李 强 ◎ 主编

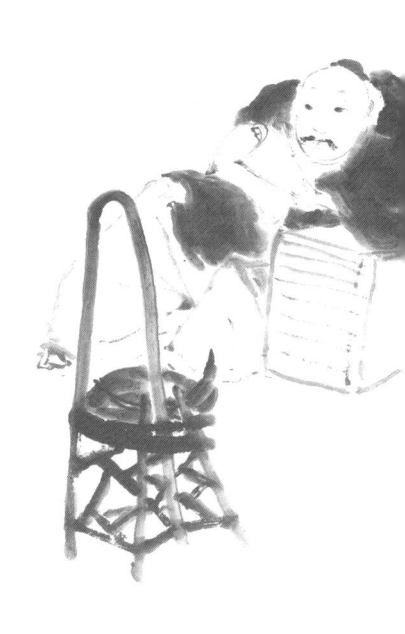

中国社会科学出版社

图书在版编目（CIP）数据

为什么要读经典/李强主编.—北京：中国社会科学出版社，2017.1（2018.5重印）
　ISBN 978-7-5161-8972-6

Ⅰ.①为… Ⅱ.①李… Ⅲ.①国学－通俗读物 Ⅳ.①Z126-49

中国版本图书馆 CIP 数据核字（2016）第 227450 号

出 版 人	赵剑英
责任编辑	郭晓鸿
特约编辑	席建海
责任校对	王 斐
责任印制	戴 宽

出　　版	中国社会科学出版社
社　　址	北京鼓楼西大街甲 158 号
邮　　编	100720
网　　址	http://www.csspw.cn
发 行 部	010-84083685
门 市 部	010-84029450
经　　销	新华书店及其他书店

印　　刷	北京君升印刷有限公司
装　　订	廊坊市广阳区广增装订厂
版　　次	2017 年 1 月第 1 版
印　　次	2018 年 5 月第 2 次印刷

开　　本	880×1230　1/32
印　　张	10.5
插　　页	2
字　　数	205 千字
定　　价	48.00 元

凡购买中国社会科学出版社图书，如有质量问题请与本社营销中心联系调换
电话：010-84083683
版权所有　侵权必究

秋窗读易图 （宋）刘松年

深堂琴趣图 （宋）佚名

睡前阅读 〔美〕威廉·肯德尔

读书少女 〔法〕弗拉戈纳尔

序：经典阅读与人文情境

南京大学　许结

我们讲读国学经典，何谓经典？在古代有所专指，比如《史通·叙事》记述："自圣贤述作，是曰经典。"指的是儒家的典籍。今天我们讲读经典，太专或太狭，显然不合时宜，古今中外的典籍，其中有大量的经典，但也不能太过泛化，导致"经"非经，"典"非典，所以概括而言，只有经过历史检验和洗练的、承载文化传统之积极精神且具有典范意义的书籍，方可奉为经典。在《庄子》的《天道篇》中有段"轮扁答桓公问"，说的是齐桓公在堂上读书，一个制作车轮的人在堂下问桓公"读什么书"，桓公回答"圣人之言"，轮扁问"圣人还在吗"，桓公说"早死了"，轮扁说"那你读的只是古人糟粕"，指读的是死人书，也就是读死书。我们姑且不说后面的桓公的质疑与轮扁的解答，仅就轮扁所说的话，却不无道理。也就是说，如果我们将经典视为"死书"来读是没有意义的，读经典是一种与古人的对话，具有继往开来的意义，方能汲取精华，有益于我们今天的文化建设与人生修为。这也是我想讲的"阅读经典与人文情境"。

我们读经典，要有情怀，参与其中，所谓"不隔"之心境。当然，从人生的阅读史来看，随着阅历的不同，读书情境或有不同，当下的生存状态也影响读书心态，所读"对象"的不同，也有情境差距，比如明人陆时雍说"诗道雍容，骚人凄婉"，意指读《诗经》与读《离骚》情境不同，所谓读骚"如逐客放臣，羁人嫠妇，当新秋革序，荒榻幽灯，坐冷风凄雨中，隐隐令人肠断"（引见蒋之翘《七十二家评楚辞》）。甚至"一千个人有一千个哈姆雷特"，人心各异，不能雷同。所以，我说的人文情境，是指凡读中国古典或认知传统文化精髓所必备的、人同其心又同其情的"情境"。择要谈四点：

道德情境

中国古代文化以伦理文化为主，最重"礼义"，礼的精神彰显于道德观，礼的形式则所谓"衣冠礼仪"，"文章光华"。而"道德"一词，重在"德"，"道"是通往"德"的途径。道德崇高而广大，然古人讲究"践履"（即实践），所以示知广大民众，德教最初或最基本归于一字：孝。"孝者，教也"，教育之教的字源来自孝，所以《孝经》中有"百善孝为先"的说法。中国传统文化形成于古代的农耕经济，极重血缘与家庭，而孝敬父母，友于兄弟（所谓的"孝悌"）为其思想核心。孔子教弟子，也重一"孝"，以之为本，但如何将个体的"孝"发展为"孝文化"，将孝的教育转化为孝的情怀，由此，古人提出了"孝养""孝顺"与"孝敬"三层次的义理。《孝经》说："百善孝为先。"孝如何表现，首在"养"。古代是农耕经济，生活取资劳作，"孝"字取"子"负"老"形象，"养儿防老"，天经地义。今天的老人已有社会保障，但作为儿女，身体发肤，受之父母，养之义不可丢，养之心不可无，落实到物质层面也是必需的。所以我尝戏对自己的博士生说，你们工作后领取第一个月工资，一定要送父母些什么，第二个月工资买点小礼品给老师也可以，天地君亲师吗！由此"孝养"的生发，中国文化极重"养"，我们讲"养胃""养气""养生"，古人如孟子也说"吾善养吾浩然之气"。于是我们谈胸襟谓之"涵养"，讲文明称有"修养"，实际都由"孝养"而来。

　　然而，孝仅限于"养"可否？我们来看《论语·为政》所载孔子答弟子问的一段话："子游问孝。子曰：'今之孝者是谓能养,至于犬马皆能有养,不敬,何以别乎?'"刘宝楠《论语注》引孟子说:"养而不爱,豕畜之也;爱而不敬,兽畜之也。"是生存之"养",还是孝道之"养",前者同"犬马",后者乃"人伦",所以关键在一"敬"字,做到了"孝敬",才是孝文化的核心,人对"孝"有了"敬畏"之心,才能内化为道德的情怀。古代所推崇的"二十四孝",其中虽有偏颇,但大多数的故事,显然是这一情怀的形象化表述。在"孝养"与"孝敬"之间,还有"孝顺",《礼记·中庸》记载孔子曰:"父母其顺矣。"说的是子女对父母之依"顺"中的孝"义"。过去传说闱场中一则笑话:说某举子考经义(八股文),正遇上"父母其顺"题,考文关键在"擒题",此课宜抓住"顺"字发挥,而该生则误以"父母"开题,所以文章首句却写了:"夫父母为何物也?"改卷官见到很气愤,于是戏批曰:"父,阳物也;母,阴物也。阴阳交汇,生足下之怪物也。"这虽是笑话,但讽刺读书人竟然不通孝顺之理,却是深刻的。

回到刚才说的孔子说孝敬,敬,就是敬畏,所以宋代理学家为人、治学,无不倡导"居敬",这是由孝义的敬畏,扩展到对人生与事业的敬畏。而中国文化经典中为何反复强调"敬"字,与中国传统文化中纯粹性宗教的缺失有关。清人沈德潜编《古诗源》收录第一首诗是相传帝尧时的《击壤歌》:"日出而作,日入而息,凿井而饮,耕田而食,帝力于我何有哉。"上帝的无奈,是中国人自主力量觉醒的时代强音，但同时从反面理解，人无敬畏之心，往往会差之毫厘而失之千里。这也是先贤之所以重道德自律与反省，乃至"敬畏"的意义之所在。当然，这种孝敬的道德情怀并非"唯我"的，而在于推扩，这就是《孟子·梁惠王上》中引述孟子的话："老吾老以及人之老，幼吾幼以及人之幼，天下可运于掌。"赵岐注："老，犹敬也；幼，犹爱也。敬吾之老亦敬人之老，爱我之幼亦爱人之幼，推此心以惠民，天下可转之掌上，言其易也。"这已将个人道德提升到一种社会道德。这种推扩功能，又以个人道德为中心形成完整的社会道德体系。如《礼记》中的《大学篇》所说："大学之道，在明明德，在亲民，在止于至善。……古之欲明明德于天下者，先治其国，欲治其国者，先齐其家，欲齐其家者，先修其身，欲修其身者，先正其心，欲正其心者，先诚其意，欲诚其意者，先致其知；致知在格物。物格而后知至，知至而后意诚，意诚而后心正，心正而后身修，身修而后家齐，家齐而后国治，国治而后天下平。"宋人朱熹以此教学，视为"大学八条目"，就是修身、齐家、治国、平天下。试想，一个人不知"行己有耻"，不懂"仁则荣，不仁则辱"，焉能修身，不修身，又焉能治国呢？

说起中国文化典籍中的道德传统，自然想起"高山仰止"这句话，这又使我联想到在中国文化中举足轻重的两座山，一座是"昆仑山"，我称为"神山"，一座是东岳

"泰山",我称为"人山"(仁山)。昆仑是诸神所在地,如大神伏羲、西王母都是昆仑之神,周穆王西行与屈原放逐,均向往昆仑之墟,如《离骚》"邅吾道夫昆仑,路修远以周流"、李贺《马诗》"忽忆周天子,驱车上玉昆",追寻的是一种神秘的生命之源。说到泰山,不妨再说一则传说,乾隆五十岁生日时登泰山,拟写书法时想起诗圣杜甫的《望岳》:"岱宗夫如何,齐鲁青未了。造化钟神秀,阴阳割昏晓。荡胸生层云,决眦入归鸟。会当凌绝顶,一览众山小。"于是想用"一览众山小"写一横幅,不料"一"字写得太高,"览"字又为长体,所以踟蹰而不下笔,文臣纪晓岚在旁立即解围,说"陛下登泰山而小天下",于是乾隆改"一"为"而",写了"而小天下"四字。因为孟子说孔子"登泰山而小天下"。先父允臧先生也曾过泰山写诗云:"造化钟灵人杰在,名山圣哲两依存。"泰山之尊在于孔子,孔子之尊在于整理六经,有一个"周公梦"(即梦周公的礼治梦),构建一个以德教为中心的礼义共同体。在古代,无论君王,还是臣民,都要居职以德,即"有德者居之",而防止败德、失德。而德的实行,又是孔子所说的"因民所利而利之"的治国理念与社稷情怀。

学术情境

中国文化经典，始终贯穿着主智与求真的精神，用求真的心态去认知经典，即是学术的情境。在经典中，绝对真理易识，相对真理难求，而像孟子所谓"知人论世""以意逆志"类的探寻，更重要的是对相对真理的认知与理解。在古人的笔下，这种求知求真的心态，往往以一种情境展开。如朱熹有首小诗叫《观书有感》，他是这样写的："半亩方塘一鉴开，天光云影共徘徊。问渠那得清如许，为有源头活水来。"后人编的《濂洛风雅》收了这首诗，称谓"言日新之功"。我们看这首诗，写的是读书，却寄意物象"方塘""鉴（镜）开""天光""云影"，补足其形、其景、其境，妙处在第三句"清如许"一问，末句"活水来"一答，不着痕迹的将人生治学、积学、求知、求真，以至触类旁通、豁然开朗的"日新之功"体达而出，创造出的就是一种学术的情境。在如此情境中，我们阅读有关孔子的"主智"言论，就会在愉悦的心境中得到启迪，汲取智慧。如孔子说"知之为知之，不知为不知，是知也"（《论语·为政》），是区分了知识与智慧的辩证关系；他又说"学而不思则罔，思而不学则殆"（同上），强调的是学与思并进而不可偏废的道理。在《论语》首章《学而篇》的第一句话是"学而时习之，不亦说（悦）乎！"人们对"学"的解释已多，而尝忽略了"习"字的重要性，东汉时许慎在《说文解字》中解"习"说："鸟数飞也。"试想，小鸟在天空自由地翱翔，是多么的欢快，如失去了这般的自由与愉悦，鸟儿即使被富贵地豢养，也只能如宋代大诗人欧阳修《画眉鸟》所咏叹的："百啭千声随意移，山花红紫树高低。始知锁向金笼听，不及林间自在啼。"学习也是如此，鸟不飞固然痛苦，人不学岂不也痛苦？我们的施教者与求学者都能视治学与求知为人生大快活的事，才能真正传递古代经典中的主智精神，而这种智慧就在古人不经意的言谈间。

　　如何理解与营造阅读经典的学术情境，传统智慧依然启迪无穷，这可从学术的对待关系来考察。我想可择要说三点，分别是"博与精""渐与顿""得与失"。

　　先看"博与精"。学习要博览群书，拓展视野，人们说"开卷有益""世事洞明皆学问"就是这个道理。以文学创作为例，我们读《诗经》首篇《关雎》首句"关关雎鸠，在河之洲，窈窕淑女，君子好逑"，再结合《诗·衡门》"岂其食鱼，必河之鲤，岂其娶妻，必宋之子"，其学术背景是古老文化的生殖崇拜。又如屈原《离骚》首四句"帝高阳之苗裔兮，朕皇考曰伯庸，摄提贞于孟陬兮，惟庚寅吾以降"，何谓"摄提"，指古代纪年法太岁在寅的"摄提格"，这又与古天文学相关。博，才能"通"，通，才能达到"大方无隅"的境界。与博对应的是精，杜甫对作诗的要求是"毫发无遗憾，波澜独老成"（《敬赠郑谏议十韵》），可谓精益求精。从创作来看，汉代赋家张衡写《二京赋》花了十年，唐代诗人贾岛为两句诗想了三年（两句三年得，一吟双泪垂），并以"僧敲月下门"一语之"敲"或"推"孰佳，流传了人们耳熟能详的"推敲"故事。宋人王安石有首著名小诗《泊船瓜洲》："京口瓜洲一水间，钟山只隔数重山。春风又绿江南岸，明月何时照我还。"诗的字眼是"绿"，一个颜色字极形象地点亮了整个春的世界。据洪迈《容斋续笔》记载，此字初为"到"，以为不好，改为"过"，后又改为"入"，再改"满"，改了十几遍，最后定为"绿"。这种专心致志丝毫不苟且的精品意识，是我们学习经典中应汲取的精神力量。

次述"渐与顿"。古代经典示求实、求知、求真之法，分渐悟与顿悟两类。孔子授学以"时习之""学而不厌，诲人不倦"，均是渐习而求知。这种渐进方法，也表现在古代学制的要求，如《礼记·学记》分述大学之道的九年教育："一年视离经辨志，三年视敬业乐群，五年视博习亲师，七年视论学取友，谓之小成；九年知类通达，强立而不反，谓之大成。"渐习积累知识，增进学养。与渐习对应的是顿悟。据《坛经》记载，禅宗五祖弘忍传法，弟子神秀最为优秀，作偈语予众僧修习，所谓"身是菩提树，心如明镜台,时时勤拂拭,莫使染尘埃",有一柴房小僧惠能以为不佳,复作偈语"菩提本无树,明镜亦非台,原来无一物,何处染尘埃"。前者明"渐",后则倡"顿",由此而被弘忍激赏,传衣钵予惠能,成为六祖。惠能南行传教,于是禅宗有了"南能北秀"与"南顿北渐"之说。这种顿悟思想也影响了传统的儒学教育,比如宋代"程门立雪"的故事,就是典型。据《宋史·杨时传》记载:"游酢、杨时初见伊川(程颐),伊川瞑目而坐,二子侍立,既觉,顾谓曰:贤辈尚在此乎?日既晚,且休矣。及出门,门外之雪深一尺。"这表面说得玄乎,其实有内在的合理性,因为程颐见游酢、杨时如此求知若渴,坚忍不退,所以并不指教,喻示有如此好学精神,自必有成的内在意义。顿悟启迪智慧,激发主观能动性,揭示了一种在求知求实之上的精神超越。

再谈"得与失"。学习经典,无非是要有获得,而经典本身给我们的诸多训示,也强调人生有"得",无论是"得利",还是"得道"。然而,获得容易,舍得难,舍得就是舍去获得,即"失"。老子是大智慧者,他曾说"五色令人目盲,五音令人耳聋,五味令人口爽,驰骋田猎令人心发狂,难得之货令人行妨。是以圣人为腹不为目。"(《老子》第十二章)这就是韩愈在《进学解》中说的"贪多务得,细大不捐"的害处。林语堂曾英译《老子》,传播西方,他又有一句情人节的话:你如果爱一个人,不要给她九十九朵玫瑰,而给她喜欢吃的饱饱吃一顿。这或许是故意歪曲老子原意，但这一隽旨名言来自老子的话，倒是可信的。这种求"失"，与孔子的"安贫乐道"、孟子论获"利"而忘"义"，从而舍利而求义的思想也是默契的。

艺术情境

人，是物理的人，是生物的人，更应该是有趣味的人。我们说"品味人生"，正包含了这种趣味。宗白华先生有篇文章叫《中国艺术意境之诞生》，认为人生有功利、伦理、政治、学术、宗教五种境界，所谓"功利境界主于利，伦理境界主于爱，政治境界主于权，学术境界主于真，宗教境界主于神。但介乎后二者之间……化实景而为虚境，创形象以为象征……是艺术的境界。艺术境界主于美"。而我们如何在阅读经典时得到审美的趣味，首先在于我们要有一种审美的心态去认识经典，理解经典，这种互为，正是艺术的情境。

我的一位学界朋友曾借用古代的"佳人之咏"即"秋水蒹葭""人面桃花""红叶题诗"谈诗学中的执着、感逝与向往，非常形象而精彩。我想，这三段故事也能借助阅读经典而达致艺术之情境化的进阶程序："秋水蒹葭"，表现出一种对和美世界的追求。典出《诗经》的《蒹葭》：

"蒹葭苍苍,白露为霜,所谓伊人,在水一方;溯洄从之,道阻且长,溯游从之,宛在水中央。"这本是一首情诗,但其所表现的对美好事物之永恒追求,以及不占有的情怀,却对我们认识经典并付之实践,以倡扬不懈努力的奉献精神,是有所启迪的。"人面桃花",表现出一种对和美世界的回忆与反思。典出唐代《本事诗》记载的诗人崔护《题都城南庄》(或名《人面桃花》):"去年今日此门中,人面桃花相映红。人面不知何处去,桃花依旧笑春风。"这首诗的背景故事是:崔护作为一举子参加科举考试,信马来到一片桃花盛开之地,因口渴求饮于一户人家,家中有一美丽女子,这使崔护难以忘怀,到第二年的同一天,他再次来此寻找旧迹,结果桃花依旧,人已不见,因作此诗。这一情事又被引申到对往事的回忆,同样可以引喻为某种反省精神,耐人寻味。"红叶题诗",表现出一种对自由精神和向往。这则故事出处很多,故事的主人公记述也不同,其中《北梦琐言》记载最详细,说的是唐代举子李茵在京城时,某日游览到宫殿外,于"御沟"(皇宫的护城河)中拾得流水中一片红叶,上题有诗:"流水何太急,宫中尽日闲。殷情谢红叶,好去到人间。"原来这诗是宫内的一名宫女写的,表现出对外部世界的向往与人生自由的追求。而中国古人又将此故事加以演化,成为人生于困顿中振发的精神力量。

艺术境界与学术境界的不同,在于创"形象"以为

"象征"。古代文学经典中这种例证极多。例如《诗经·采薇》所言"昔我往矣,杨柳依依"喻指一位戍卒背井离乡的情境。东晋宰相谢安曾问他家的子弟"毛诗中何句最好",谢玄回答就是这句。南朝文学评论家刘勰在《文心雕龙·物色》中说"依依尽杨柳之貌","杨柳"已由一种植物形象化成"别情"的象征。宋代词人柳永有首《雨霖铃》赠别词,写得离情愁绪,凄婉精美,然全词的艺术高潮,则在"今宵酒醒何处,杨柳岸晓风残月"。

在古代文学创作中,最无趣的是科举考试的文章,围绕科举的事情,最多的也是"登第"而大喜(春风得意马蹄疾,一日看尽长安花),"落第"而大悲(弃置复弃置,心如刀剑割)的情绪波动而已。可是在古代经典中,就这样无趣的事,却留下了很多极为有趣的经典佳话。举其中一例:唐代一位来自浙江的举子朱庆余,参加在京城长安举行的进士科考试,考前他将"行卷"投给在水部做官且有名望的张籍,请为推荐人。考试后他想试探考得怎样,录取与否,并未落俗写谄媚信函,也不做送礼之俗事,而是呈诗一首:"洞房昨夜停红烛,待晓堂前拜舅姑。妆罢低声问夫婿,画眉深浅入时无?"(《赠张水部》)诗中的舅姑(公婆)指考官,夫婿指张籍,主角新媳妇自然是自己。张籍得到此诗,也不卖关子,更不以此要挟,而是复诗一首:"越女新妆出镜心,自知明艳更沉吟。齐纨未足人间贵,一曲菱歌敌万金。"前面说过,朱庆余是浙江来的考生,浙地何女最美，曰"西施"，所以诗开头"越女"一语双关，是西施，也是该考生的文章，诗意非常明确，你中第了，而且高中。我也曾想风雅一番，"梦回大唐"。多年前，我的一位来自成都的考生，要读我的博士，他擅长吟诗作赋，于是在决定录取他时，我特意在"博客"上写了首诗（他常看我博客）："蓬门今始为君开，契翕蓉城忆旧醅。赋笔诗情同一脉，潜心学术莫徘徊。"首句借用杜甫诗，使说事更明确。可惜等来的是该生的咨询电话，而不是风雅情深的和诗。后来他也遗憾失去这"心有灵犀一点通"的机遇，又写了很多诗给我，由于他读书努力，进步很快，现在已是一所大学某研究院的院长了。

自然情境

在阅读文化经典时，我时常感受到古人顺应自然的思想，包括人生顺其自然的观念，珍惜自然的情怀，但这种顺应的内在核心，却是"天人合一"的自然情境。宋代思想家张载在他写的《西铭》中说："乾为父，坤为母，予兹藐焉，乃混然中处。故天地之塞，吾其体；天地之帅，吾其性。民，吾同胞；物，吾与也。"所谓"民胞物与"的情怀，已包涵了人与自然和谐相处、相利而不相害的思想。

这一观念源自古老的《易经》文化，前贤为了统合人类与自然，社会与家庭，将《易》之八卦"乾、坤、震、坎、艮、巽、离、兑"之卦象与自然中的"天、地、雷、水、山、风、火、泽"之物象，以及家庭组合之"父、母、长男、中男、少男、长女、中女、少女"的人伦之象结合，组合成一完整的兼容自然与人伦的亲和体系。这种珍惜，是可贵的情怀。

我前面说过孔子的"周公梦"，是经典中的礼治梦，与这个梦相对应的是庄子的"蝴蝶梦"，那就是与天地同情的自然梦。与儒家经典相比，道家经典中更多对自然的关怀，因为珍惜自然，就是珍惜自己，就像我们今天保护地球，等于保护自己一样。在《庄子》书中，有关珍爱自然的记载极多，最有意味是"庄周梦蝶"与"濠梁之辩"。"梦蝶"故事在《齐物论》中，庄子自述梦为蝴蝶，就是蝴蝶，但醒后成了庄周，所以不知蝴蝶梦为庄周，庄周梦为蝴蝶？他把这种现象称为"物化"。因为在庄子看来，人与蝴蝶都来自自然，终归还要返回自然，可谓是相期与共的命运共同体，彼此的亲近也就不言而喻了。

"濠梁之辩"在《庄子》的《秋水篇》中，也是一段有关自然的精彩问对。说的是庄周与惠施"游于濠梁之上。庄子曰：'儵鱼出游从容，是鱼之乐也。'惠子曰：'子非鱼，安知鱼之乐？'庄子曰：'子非我，安知我不知鱼之乐？'惠子曰：'我非子，固不知子矣；子固非鱼也，子之不知鱼之乐,全矣。'庄子曰:'请循其本。子曰汝安知鱼乐云者,既已知吾知之而问我,我知之濠上也。'"惠施属名辩学派,采用的是非此即彼的逻辑判断;而庄子是自然学派,倡导的是趣味判断,是典型的"物化"观,人与天地并为"三才",共生共济,才能有如此"鱼乐"之境,亦即我说的自然情境。这又使我想起苏东坡《前赤壁赋》中的一段话:"惟江上之清风,与山间之明月,耳得之而为声,目遇之而成色,取之无禁,用之不竭,是造物者之无尽藏也,而吾与子之所共适"。在人类经济快速发展、人类自然的生存环境日趋恶化的当今社会,庄子"乐自然"与苏东坡的与自然"共适"的说法,是值得我们深思的。

(许结先生为南京大学教授、著名文史学者。本文为许先生在国家图书馆同名演讲的演讲稿,编者获许先生慨允,以之代序本书)

目 录

上篇 为什么要读经典

第一讲　为什么要读唐宋诗词 …………………… 3
第二讲　为什么要读《周易》 …………………… 18
第三讲　为什么要读《老子》 …………………… 38
第四讲　为什么要读《论语》 …………………… 60
第五讲　为什么要读《孟子》 …………………… 84
第六讲　为什么要读《庄子》 …………………… 105
第七讲　为什么要读《鬼谷子》 ………………… 122
第八讲　为什么要读《孙子兵法》 ……………… 139
第九讲　为什么要读《韩非子》 ………………… 156

第十讲　为什么要读《黄帝内经》……………… 172

第十一讲　为什么要读《史记》………………… 189

第十二讲　为什么要读禅宗……………………… 212

下篇　经典作品赏析举隅

第十三讲　读张若虚《春江花月夜》…………… 233

第十四讲　读刘希夷《代悲白头吟》…………… 246

第十五讲　读高适《燕歌行》…………………… 253

第十六讲　读唐人"儿童诗"…………………… 260

第十七讲　读杨亿《南朝》……………………… 268

第十八讲　读辛弃疾《西江月·遣兴》………… 281

第十九讲　读王禹偁《黄州新建小竹楼记》…… 288

第二十讲　读苏舜钦《沧浪亭记》……………… 297

第二十一讲　读欧阳修《醉翁亭记》…………… 304

后　记……………………………………………… 313

/ 上篇 /

为什么要读经典

第一讲

为什么要读唐宋诗词

南京大学　莫砺锋

首先解释一下"唐诗宋词"这四个字。大家一定知道文学史上的两个专有名词：唐诗和宋词。我们经常把它们合称为"唐诗宋词"。为什么我要变换词序，改称"唐宋诗词"呢？我认为对于这两种文体，都应该兼重唐宋。如果我们只说唐诗，就会忽略宋诗；假如我们只提宋词，就会忽略唐五代词。唐诗虽是古典诗歌的巅峰，但宋诗也非常了不起，宋诗是一个巨大的存在。现在的《全唐诗》加《全唐诗补编》不过五万六千多首，但是《全宋诗》里收录的宋诗接近二十五万首，数量非常大。宋诗不仅多，而且好。北宋的苏东坡和南宋的陆放翁，他们的整体水平并不亚于唐代的李杜。词也是一样，词当然是在宋代才发展到顶峰，但是晚唐五代已经出现了很好的词人和作品，温庭筠、韦庄就是两位非常优秀的词人。更了不起的是五代的李后主，他的词作拥有广大的读者。所以我一向认为，阅读古典诗词，最好是把唐宋的诗与词放在一起读。

什么叫唐宋诗词的现代意义？通俗地讲，就是唐宋时代的诗词对于现代读者有什么价值。唐宋的诗词作品距离我们最远的有一千四百年了，最近的也有八百年。相隔的年代这么久远，为什么我们还会感兴趣呢？这就在于它具有现代价值。我下面从四个方面来讲讲我的看法。

第一，诗词，尤其是唐宋诗词，是用汉字码成的文本中审美价值最高的一类作品。新诗人艾青说过，诗就是文学中的文学。我们可以模仿艾青的话来说，唐宋诗词，就是诗歌中的诗歌。它简洁、优美，把汉语汉字所蕴含的审美潜能充分地发挥出来了。多读唐宋诗词，对于我们的写作，对于我们的语言文字表达能力是一个有力的促进。在座诸位不一定从事与文字有关的工作，但汉语汉字是我们本民族的语言文字，我们每个人都离不开它。

在座的都是年轻人，大家都有一个无法回避的写作任务，就是写情书。我们怎样才能把情书写得更好呢？我想有两个基本要求，其实也是我们汉字写作的基本要求：第一，要简洁，不能啰唆；第二，要优美，不能写得太粗俗。假如我们希望把情书写得很优美，又缺乏写作才能，怎么办呢？借鉴唐诗宋词啊！我们可以把李商隐《无题》诗中的警句摘录下来，镶嵌在情书中间。你的朋友看到情书中有这样的语句："春蚕到死丝方尽，蜡炬成灰泪始干。""身无彩凤双飞翼，心有灵犀一点通。"多么感人啊！万一哪位同学恋爱不顺利，你的朋友暂时不理睬你了，你需要写一封信去劝她（他）回心转意，唐宋诗词中间也有非常好的参考文本。北宋词人晏几道，我们称他为"小晏"。小晏词写得最好的主题就是失恋的痛苦。比如《临江仙》的上片："梦后楼台高锁，酒醒帘幕低垂。去年春恨却来时。落花人独立，微雨燕双飞。"假如你在书信中间把这两句镶嵌进去，寄到那位暂时不理睬你的朋友手中，她（他）读了之后，肯定马上就回心转意了，因为被感动了。所以我说多读唐宋诗词可以提升我们的语言表达能力，这一重意义是显而易见的，不用多说。

　　说到第二重意义，首先要明白唐宋诗词写的是什么内容。中国古典诗歌有一个最古老的纲领，就是儒家说的"诗言志"，这在《尚书·尧典》当中就提到了。到了西晋，陆机在《文赋》中又提出"诗缘情"的理论。有人认为"言志"偏向严肃、正大的主题，"缘情"则是偏向抒发那些个性化、私人化的情感，把二者对立起来了。但我想，从唐宋诗词来看，"言志"和"抒情"并不是对立的。初唐孔颖达在《左传正义》中间就已说清楚了，"情志一也"。情与志在唐宋人看来是一个东西。比较笼统地解释，情志就是指一个人的内心世界，包括对生活的感受和思考，也包括对万事万物的价值判断。这都是古典诗词所包含的内容。

既然如此，那么唐宋诗词的内容就跟现代人没有什么距离了，因为诗词中表达的那些内容都是普通人的基本情感、基本人生观和基本价值观。比如喜怒哀乐，比如对真善美的肯定和追求，比如对祖国大好河山的热爱、对保家卫国的英雄行为的赞美，唐宋人如此，现代人也如此。所以唐宋诗词中的典范作品所表达的内心情感、思考和价值判断就可以毫无阻碍地传递到今天。这些作品仿佛就是现代的才华横溢的诗人为我们而写的，仿佛就是代替我们来抒写内心情思的。

口说无凭，我举两个例子。1984年我毕业留校，在南大当老师，当时系领导要求我们经常去宿舍看看一年级的新同学。有一年的国庆节，我来到中文系的学生宿舍，看到一个身高一米八的云南男孩，站在那里偷偷地抹眼泪，原来他想家了。佳节来临又离家万里，谁都会想家，这是人之常情。我当时就想，假如这个同学此时想写一首诗来表达自己的情思，他多半不用写，只要读唐诗就行。他可以读王维的《九月九日忆山东兄弟》："独在异乡为异客，每逢佳节倍思亲。"我们不可能比王维写得更深刻，更优美，更淋漓尽致了。不只是年轻人思念家乡，不只是年轻人的情感，人到中年、老年漂泊异乡的时候也会有这样的情感。1986年我到美国的哈佛大学当访问学者，刚到不久就遇到中秋节。那天晚上我在哈佛的校园里看到一轮明月升到空中，真是浮想联翩。我非常思念留在南京的妻女，很想写一首诗或者填一首词来抒发一下内心的情思。可转念一想，何必用我来写？苏东坡早就写过："人有悲欢离合，月有阴晴圆缺，此事古难全。但愿人长久，千里共婵娟。"我心中的一切想法、一切感受，苏东坡的这首词里都有，我只要读就可以了。所以唐宋诗词中的好作品，就是帮我们抒情的。它们能帮助我们纾解内心郁结的苦闷，能让我们获得安慰和共鸣，这是唐宋诗词对现代人的第二重意义。

唐宋诗词的第三重现代意义，是它们巨细无遗、真切生动地展现了我们祖先的生活情景，它们告诉我们祖先曾经是怎样生活的。我非常遗憾地感觉到许多现代人不太懂生活。虽然我们的生活已经达到小康，但有很多朋友未必感受到幸福。他们不会享受生活，不会品味生活，不会珍惜转瞬即逝的人生片段。而古人很会生活，唐宋的诗人词人真会生活。那些作品对于现代人的实际生活具有巨大的启发意义。

比如说，唐宋诗词告诉我们，我们的祖先在生活中时时刻刻都注意与自然环境的和谐相处，他们热爱自然，而今人往往与自然渐行渐远。亲朋好友聚餐小酌，进了饭店包厢，往往先把窗帘拉上，无视窗外的一轮明月——这真是自绝于自然。我们看李白怎样喝酒。有一次他独自喝闷酒，但是他携着一壶酒来到月下，来到花间："花间一壶酒，独酌无相亲。举杯邀明月，对影成三人。"那是多么优美的生活场景，多么积极的生活态度，他与自然的关系多么亲密啊！再举一个例子，韩愈有一首七言绝句："漠漠轻阴晚自开，青天白日映楼台。曲江水满花千树，有底忙时不肯来。"韩愈写这首诗时，正在长安做官。春日的一天，他约了张籍、白居易二人到长安南郊的曲江池去游春。上午天气尚阴，到了下午就放晴了。曲江水涨得很满，亭台楼阁与青天白日倒映在水中，两岸繁花怒放。当时张籍前来赴约，白居易却没有来。于是韩愈写信质问他：你有什么事在忙，怎么不来欣赏如此美丽的春光？我想白居易可能会回答自己工作忙，走不开，这也是我们现代人不去游春时常用来推托的理由。白居易是忙，那韩愈忙不忙呢？白居易这一年任中书舍人，是正三品的官。韩愈呢，吏部侍郎，官居二品。二品官能抽出时间到曲江赏春，三品官反倒没时间？可见这是借口。所以关键不在忙不忙，而是能否珍惜这样的机会。晚唐诗人李昌符有两句诗写得很好："若待皆无事，应难更有花。"不但自然界的花季很快就过去了，人生的花季也是转瞬即逝的。人的一生过得非常快，人生就是由一个个片段组成的，这些片段都是转瞬即逝，必须要抓紧，才能仔细品味，仔细咀嚼。如果把每一个有意味的片段都轻易放过去，整个人生就变成毫无意义的一堆碎片。请大家多读唐宋诗词，像古人那样品味人生吧。

更重要的是唐宋诗词中蕴含着美好的人际情感，比如天伦之情，就得到极为广泛、极为生动的描写，那些作品

第一讲 为什么要读唐宋诗词

直到今天还让我们深受感动。像孟郊的《游子吟》对母爱的歌颂，像杜甫诗中对儿女的款款深情，都是感人至深的真情流露。又如歌颂友谊，这是唐宋诗词中发展得最为充分的一类主题。由于唐宋的诗人词人在抒写情感时都是通过具体、生动的生活情景来进行的，所以会给现代读者留下极为真切的感受，比如离愁别恨，都是通过环境烘托、情景描述来抒写的，作品中会展现出具体的场景，使现代读者身临其境。我一向认为，唐宋诗词里所展现的离别场景、离别行为，用现代的话说，简直就是优美的行为艺术。我们的祖先是如何送别的呢？他们在离城五里处修一座亭子，叫短亭；离城十里处修一座亭子，叫长亭。短亭、长亭一般是供人休息的地方，十里长亭也是送别的地方。来到这里。送行的人往往会携带一些酒菜，在长亭里摆好，大家喝几杯酒，写几首诗，唱一曲离歌。王维的《渭城曲》，后来被称为《阳关三叠》，就是经常在这种场合唱的离歌。这样的离别过程是悠长的、从容不迫的，所抒发的离别之情也是深厚的，绵长不绝的。我们看李白在黄鹤楼送孟浩然："故人西辞黄鹤楼，烟花三月下扬州。孤帆远影碧空尽，唯见长江天际流。"我们可以想象，李白先是跟孟浩然在黄鹤楼上喝酒，写诗唱和。然后，孟浩然走下楼，登上船，在长江上渐行渐远。李白一开始是站在江边上望，望不到了，再返回楼上，楼上的视野开阔，最后看到孤帆远影碧空尽，船在江面上越走越远，李白送别孟浩然的情意也绵绵不绝有如江水。再看一首宋词。柳永的《雨霖铃》：" 寒蝉凄切，对长亭晚，骤雨初歇。都门帐饮无绪，留恋处，兰舟催发。执手相看泪眼，竟无语凝噎。念去去、千里烟波，暮霭沉沉楚天阔。"送别的地点是长亭外面，时间是一个秋天的傍晚。第二句写在城门外面，搭了一个帐篷，在里面喝酒。"无绪"就是没有心绪，心情缭乱，因为这是一对情人之间的送别，依依难舍。下面说到"兰舟催发"，船家催促要走了。古人一般是雇船，时间到了，船家催他们走。但是送别的人与行人还在那里"执手相看泪眼"——握着对方的手，看着对方眼中的泪水，话说不出来。整个送别的过程非常绵长，情感非常缠绵。江淹《别赋》说，离别是使人销魂的情感。"销魂"，就是灵魂受到震撼，受到深度的感动，这是人生中非常宝贵的瞬间。唐宋诗词中所写的离别，虽然伤感，但那是人生中非常珍贵的瞬间，是非常值得回忆的人生经历。那么，现代人呢？我们享受了高度的物质文明，快节奏、高速度，但这样一来，很多离别之类的生活细节和场景都被压缩了、碎片化了，甚至不复存在了。我读王实甫《西厢记》的时候，经常会有一个联想。《西厢记》第四本第三折，写崔莺莺到十里长亭送张生，我们来看她抒发的情感。第一曲《端正好》："碧云天，黄花地，西风紧，北雁南飞。晓来谁染霜林醉？总是离人泪。"整个情境渲染得多么优美，她和张生之间依依不舍的情感，抒发得多么充分，淋漓尽致。假如现代也有一个崔莺莺,也要去送她的张君瑞,她会怎么送?当然,送别地点有两个:高铁车站或是飞机场。还没等到她说什么话呢,张君瑞就不见了。所以,假如有一个剧作家,写一本现代的《西厢记》,来写同样的场景的话,那么,崔莺莺在舞台上面哪里来得及唱《端正好》,大概只来得及说一句说白:"呀!张生不见了也!"不仅是送别,还有类似的传书寄信等,其他的生活内容也是如此。我一直认为,唐宋诗词中描写得非常充分的古人生活中的细节、片段,都是非常有意味的。而这些在现代生活中是缺乏的,现代人的生活粗鄙化了,值得回味的东西都不存在了。当然,我不是主张我们都回到唐宋去生活,我们再也回不去了。回不去怎么办?我们可以阅读唐宋诗词,从古人的生活情景中得到一些启发,我们可以把生活的节奏稍微放得缓慢一些,生活得从容一些,尽量细致地品味生活的滋味,感受人生的意义和美感。总之,唐宋诗词会教我们如何生活,会提高我们的生活品质。这是它们的第三点现代意义。

最后讲第四点。唐宋诗词对于现代人的最大意义是什么?我认为是在于其中的典范作品可以提升我们的思想境界,提升我们的人格,对我们有巨大的教育作用。中国古人坚定地认为,只有人品一流的人,才可能成为一流的作家。的确,凡是历代公认的大诗人、大词人,他们一定是一流人物。唐代的李白、杜甫,宋代的苏东坡、辛稼轩就是这样的人。他们不但作品写得好,他们的人格境界也是一流的。在这一重意义上,我认为,读诗最后也是读人。读古代诗词的最高境界,就是最后透过文字来读人。所以唐宋诗词中境界最高的名家名作,对现代人具有人格熏陶和境界提升的作用。

下面简短介绍一下我心目中的李杜苏辛。

李白,他对我们的意义在哪里?李白诗歌中所展现的,是一种从始至终意气风发的精神状态。他24岁离开江油,沿江东下。四川江油的李白纪念馆里有一尊很好的李白塑像,塑的就是李白仗剑出蜀、昂首阔步的姿态。这是他的青年时代。一直到他61岁,去世的前一年,他已经老病交加,但当他听到大将李光弼率军前去抗击安史叛军的余部的时候,他又想去从军建功立业。可以说,李白一生意气风发,从未萎靡不振。李白的意气风发从哪里来的呢?首先,他对自己充满了自信。他坚信自己的人格、能力,坚信通过自己的努力可以实现人生理想。只有李白才能写出这样的诗:"天生我材必有用,千金散尽还复来。"请问在唐代的条件下,既没有股市,也没有畸形的房市,他千金散尽,哪里还能来?这句话不是说真的能千金散尽还复来,而是说他对自己充满信心。李白的诗中不是没有苦闷、牢骚,但最后的基调始终都是昂扬奋发的精神。比如《行路难》,具体描写了道路艰难:"欲渡黄河冰塞川,将登太行雪满山",到处都无法行走,所以他问:"多歧路,今安在?"但此诗的最后两句是:"长风破浪会有时,直挂云帆济沧海",只要时机一成熟,我就可以施展抱负。李白一生中只有短短几年做翰林供奉的经历,他经常以百姓的身份出现,但他从来不因自己的布衣身份而觉得低人一等,他绝不在王公大臣面前卑躬屈膝,相反是平交王侯。总而言之,李白是诗国中独往独来的一位豪士。他天性真率,狂放不羁,充分体现了浪漫乐观、豪迈积极的盛唐精神。李白的思想无拘无束,自由自在,绝不局限于某家某派。他绝不盲从任何权威,一生追求自由的思想和独立的意志。李白的诗歌热情洋溢,风格豪放,像滔滔黄河般倾泻奔流,创造了超凡脱俗的神奇境界,包孕着上天入地的探索精神。李白的意义在于:他用行为与诗歌维护了自身的人格尊严,弘扬了昂扬奋发的人生精神。多读李白,可以鼓舞我们的人生意志,可以使我们在人生境界上追求崇高而拒绝庸俗,在思想上追求自由解放而拒绝作茧自缚。

下面讲第二位,杜甫。杜甫一生遵循儒家的精神,他是儒家精神在唐代文学中最好的代表,所以钱穆先生称杜甫是唐代的"醇儒"。儒家学说的根本精神是仁爱思想,儒家认为仁爱之心是人性中本来就有的,只要培育好,就自然而然发展成仁爱思想。孟子说:"老吾老以及人之老,幼吾幼以及人之幼。"一部杜诗,其基调就是这种精神。正因为这样,我们读《茅屋为秋风所破歌》才深受感动,深深地相信这不是说空话、说大话。诗人在秋风秋雨的夜晚,秋风把他的茅屋刮破了,秋雨漏下来了,床头都潮了,挨不到天亮了，这个时候，诗人居然发下宏愿："安得广厦千万间，大庇天下寒士俱欢颜，风雨不动安如山。"什么叫"安得广厦千万间"？这就是中国历史上最早提出的安居房的概念，就是让百姓有房子住。杜甫的伟大情怀就是人要关心他人，要关心社会，特别是要关心弱势人群。这是我们传统文化中最主要的正能量。总而言之，杜甫是中国诗歌史上最典型的儒士。他服膺儒家仁政爱民的思想，以关爱天下苍生为己任。杜甫生逢大唐帝国由盛转衰的历史关头，亲身经历了安史之乱前后的动荡时代，时代的疾风骤雨在他心中引起了情感的巨大波澜，他用诗笔描绘了兵荒马乱的时代画卷，也倾诉了自己忧国忧民的沉郁情怀。杜甫因超凡入圣的人格境界和登峰造极的诗歌成就而被誉为中国诗歌史上唯一的"诗圣"。杜甫最大的意义在于：他是穷愁潦倒的一介布衣，平生毫无功业建树，却实至名归地跻身中华文化史上的圣贤之列，从而实现了人生境界上跨度最大的超越。杜甫是儒家"人皆可以为尧舜"这个命题的真正实行者，他永远是后人提升人格境界的精神导师。

第三位是苏轼。苏轼的思想非常复杂，丰富。他一方面深受儒家淑世精神的影响，在朝为官时风节凛然，在地方官任上则政绩卓著；另一方面，他从道家和禅宗吸取了离世独立的自由精神，形成了潇洒从容的生活态度。苏轼一生屡经磨难，曾三度流放，直至荒远的海南，但他以坚韧而又旷达的人生态度傲视艰难处境，真正实现了对苦难现实的精神超越。苏轼热爱人世，他以宽广的胸怀去拥抱生活，以兼收并蓄的审美情趣去体味人生，他的诗词内容丰富，兴味盎然，堪称在风雨人生中实现诗意生存的指南。苏轼 65 岁那年从海南岛北归，路过江苏镇江的金山寺，自题画像，后面两句是："问汝平生功业，黄州惠州儋州。"三个地方都是他的流放地，而且越来越僻远、荒凉，他在逆境中的时间长达 10 年。那么，苏轼给现代人的启发在哪里呢？我觉得，他对于现代读者最大的启示，就在于他诗词中展现的在逆境中的人生态度。我们来读他的《定风波》。他 45 岁那年被贬到黄州，不久就开始开荒种地。可惜官府借给他的那块荒地太贫瘠，收成欠佳。于是朋友们劝他自己凑钱去买一块肥沃的地。朋友告诉他在一个叫沙湖的小村庄里，有一块水田要出售，劝他去相田。苏轼 47 岁那年的三月初七，他在两个朋友的陪同下去相田。结果田没有买成，途中还遇到风雨，于是他写成这样的一首词："莫听穿林打叶声，何妨吟啸且徐行。竹杖芒鞋轻胜马。谁怕？一蓑烟雨任平生。料峭春风吹酒醒，微冷，山头斜照却相迎。回首向来萧瑟处，归去，也无风雨也无晴。"请问这写的是苏轼到沙湖相田偶然碰到的那场风雨么？当然是的。但是这仅仅是写偶然碰到的风雨么？当然不是。它实际上写的是人生途中的风风雨雨。苏轼不但沉着坚定地走完了十年逆境，他还把逆境变成了顺境。他在十年逆境中照样有进步、有创造、有光辉的人生成果。我认为普通人一生中间总会碰到困难、挫折。换句话说,你一定会在人生的某个阶段暂时处在逆境中。问题的关键不在于我们能不能规避这种境地,关键在于我们处于这种境遇时采取什么样的人生态度。我非常遗憾看到有些青年朋友碰到挫折以后消极、沮丧,甚至放弃,但苏轼没有放弃,他坚定、潇洒、从容地走过来了,他所写的作品中包含着强烈的人生观的意义,对我们有巨大的启发作用。

第四位人物是辛弃疾。辛弃疾是南宋词坛上少见的雄豪英武的侠士。他本是智勇双全的良将,年轻时曾驰骋疆场,斩将搴旗;南渡后曾向朝廷提出全面的抗金方略,雄才大略盖世无双。可惜南宋小朝廷以偏安为国策,又对"归来人"充满疑忌,辛弃疾报国无门,最后赍志而殁。辛弃疾的词作充满着捐躯报国的壮烈情怀,洋溢着气吞骄虏的英风豪气。他以军旅词人的身份把英武之气掺入诗词雅境,遂在词坛上开创了雄壮豪放的流派。多读辛词,可以熏陶爱国情操,也可以培养尚武精神。那种为了正义事业而奋不顾身的价值取向,必然会导致人生境界的超越。宋词在辛稼轩以前,可以说是偏于软媚的。辛弃疾是一个具有独特身份的词人,他挟带着北国风霜、沙场烽烟闯进词坛,把英豪之气和尚武精神写入词中。辛词始终把报效国家、收复失土作为最重要的主题,雄豪就是辛词的基调。举两个例子,现存的宋词中,寿词多半比较庸俗。而辛弃疾为韩元吉祝寿的《水龙吟》却说:"渡江天马南来,几人真是经纶手?……算平戎万里,功名本是,真儒事,公知否?"他以收复失土、击退强敌的报国壮志来与韩元吉互相勉励,这种情怀是何等壮烈。又如送别词容易写得悲悲切切,可是辛弃疾送辛茂嘉的词中说:"易水萧萧西风冷,满座衣冠似雪。正壮士、悲歌未彻。"所以说稼轩词始终都是英雄的词,展现给我们的是一个堂堂正正的、有担当的、有责任感的抒情主人公形象。年轻人读这类词,可以提升我们的人生境界。中华民族很需要这种刚健、向上的积极力量。

所以总的来说,李杜苏辛的作品,不仅具有审美价值,更重要的是它们对于我们有提升人格境界的熏陶作用。阅读唐宋诗词典范作品,可以在审美享受中不知不觉地受到感染。这个过程就像杜甫所描写的成都郊外的那场春雨一样"随风潜入夜,润物细无声"。所以我认为唐宋诗词虽然距离我们有八百年、一千四百年的距离,但实际上它始终是活在现代读者心头的活的文本,这是它最大的现代意义。

【推荐书目】

1. 马茂元选注:《唐诗选》,上海古籍出版社。
2. 胡云翼选注:《宋词选》,上海古籍出版社。
3. 钱锺书选注:《宋诗选注》,生活·读书·新知三联书店。
4. 闻一多:《唐诗杂论》,上海古籍出版社。
5. 沈祖棻:《宋词赏析》,北京出版社。

第二讲

为什么要读《周易》

上海财经大学　李笑野

一　一个俗间的错觉

提起《周易》，停留在世俗间的印象，就是戴着墨镜，留着八字胡，神秘兮兮地守着大字招牌——"周易预测"，所谓"一支铁笔判吉凶，三角金钱定乾坤"——算卦。其实占卜预测，只是《周易》的功能之一，并且实际上也不是人们印象中的那样，有神明指引，而是作为一个经验、智慧的武库，给予我们经验的启迪、思想的方法、规避风险的途径，它本身是一部蕴藏着中华民族思想、智慧的重要经典著作。

　　这里就描画一下《周易》这部书本来的情状，我讲有关它的三样事：一是《周易》是一部什么书？二是《周易》是怎么来的？三是《周易》这部书是什么样的？这其中，就包含了它和中国文化传统的关系，也包含了通过它来认识我们自己的作用。

二　见仁见智，谁都可以汲取营养的智慧宝库

　　《周易》是一部什么书呢？
　　中国文化之所以不同于受古希腊经典影响而塑造起来的西方文化，有一个重要原因，就是《周易》，它以思维方式和观念的成熟，像遗传基因一样支配了我们中华几千年来的文化史。我们的经典很多，有先秦的经书，有我们认为的理性轴心时代的诸子百家，还有其他，但就思想的原创性而言，谁家都没有《周易》这么丰厚。《易传》说，"《易》与天地准，故能弥纶天地之道"，这个话是不错的。弥，大，无处不在；纶，络，网络。《周易》以天地之"道"，无处不在地构成这样一个一个的条理、网络，来梳理着、来塑造着文化史中的活跃着的人，由他们物化成我们能够见到的这样的文化史、文明史的活的表现。《周易》

的思想,"仁者见之谓之仁,知(智)者见之谓之知(智),百姓日用而不知",这些具有真知灼见的思想资源,经过后来的思想家的提炼发挥,不断清晰明朗,而浸润在人们的生活当中,塑造一个个文化史的现象。因而,它就成了以"修身、齐家、治国、平天下"为己任的古代士人的必读经典,是古代士人培养自己认识人、认识事物、认识天下的修养、能力的基本著作。

三 《周易》是中华智慧的结晶

这样一部经典著作,它是怎么来的呢?它何以就有这样的思想力量?

《周易》一书,分《经》《传》两个大的部分,《易经》部分产生在殷末周初,也就是公元前 1100 年左右;《易传》部分产生在春秋、战国之间,公元前 475 年左右,它们不是哪个人的独创,而是一代又一代人集体智慧的结晶。

《易经》最古老,但它更是古老的岁月中我们祖先智慧的积淀。到目前为止,我国的考古成就已经证明了,在《易经》这部巨著产生之前,我们的文化与文明的探索就已经具有了相当长久的历史和自身的特色。

第二讲 为什么要读《周易》

就其特色而言，考古学家曾有明确的论述：中国文化所处的地理背景独特，"中国本身乃是一个巨大的地理单元，它同外部世界处于一种相对隔离或半隔离的状态。这就决定了中国史前文化起源的土著性，决定了它在很长时期都基本上走着独立发展的道路。""中国文化同外国文化的交流，是在古代文明已经完全形成以后的汉代才开始的。"（严文明著《史前考古论文集》）用它来观察《易经》，我们就可以感知，这部经典所表达的思想具有纯粹的民族性特色，它是我们先民自己的发现、发明与创造。就中国文化与文明的长久性而言，则远在公元前八千到七千年的黄河流域就有慈山文化留下来的十万斤以上的黍的遗存；长江流域也有公元前七千到六千年的河姆渡文化留下来的十万斤以上稻谷的遗存。（《史前考古论文集》）众所周知，在史前文明中与农业一道出现的有养畜业、制陶业，同时还保留着采集、渔猎等，这些不断丰富起来的社会实践，拓展了人们的视野，加深了人们对自然、社会和自身的认识，而能够具有十万斤以上谷物贮存的种植能力，正说明了人们管理社会、组织生产、料理生活的能力，这同时也就是人们对相关问题认识能力的说明。当人们进入关系更为复杂的文明社会时，认识的界域又远非原始社会可比，考古学上河南偃师二里头文化证明了史籍所记夏王朝的存在，也就是早在四千年前就进入了阶级社会。考古发掘的实物，不仅证明了生产的空前发展，而且证明了社会组织的发达,出现了王权所具有的宫殿、青铜玉石礼器、兵器、严肃等级的墓葬。商代的考古更加印证了古籍的记载,在那里,不仅社会文化丰富、发达,更引人注目的还有频繁的祭祀、占卜和甲骨卜辞记录的商人的各类活动。商代晚期崛起的"三分天下有其二"的周人,继承了商人遗产,并有自己的开拓和认识。这样长久、广阔、丰富的社会文明实践,是造就《易经》的真实基础。也就是说,产生在这些探索之后的,公元前11世纪的《易经》,它里面所包含的是人的长久实践积累下的经验、智慧,是人的理性认识的结晶,因此它才能具有这样丰富的思想含量,有这样顽强的思想力量。

　　说到这,就自然会提出一个问题,那就是:《易经》是一部卜筮之书,是以卜筮的面貌出现的,而卜筮表现的是非理性,不是理性的人自身的思想所及,靠的应该是神明的启喻。这怎么解释呢?其实,这也是文化史的必然现象。全人类都一样,在登上历史舞台之初,幼稚的认识能力与强大的自然力形成鲜明的反差,但人类的天性就是凭借自己的头脑去认识自己,认识环境,发展自身的创造力而去求取生存、发展,与动物的凭借进化适应环境有着本质的不同。这样,受到限制、压抑的人类,把还没有被认识的强大外力,凭借人类特有的想象力,归结为具有异己的强大能力的神明。试图认识神明,求乞神明的佑助,这就产生了包括占卜在内的一切求乞神明的非理性活动。作为卜

第二讲 为什么要读《周易》

筮的《易》，就是这一过程的产物。但是，伴随着人们认识能力的进化，许多现象都不断地被认识，许多规律都不断地被发现，神明就成了召唤人们的旗帜，在《易经》这种卜筮活动中，注入的内涵却是人们理性的认识成果，是人自身不断积累起来的经验和不断增长的智慧，这就是《易经》的状态。著名的《易》学家成中英先生对占筮理路曾有推断：人们对客观事物的认识首先是观而得其象——"人因经验和直觉而得现象"，然后对现象、经验进行分类把握而符号化产生卦象，进一步想要探究事物发展而有自己的决策，就需要依据既得经验而推演，这就是易卜与易筮。

总结一下前面的说法，我们可以看到，伴随着中华远古文化的延展，巫术、占卜从来没有间断过，就在神的名义下，在权威的标志中，在这卜筮里，传递着、存藏着人们对世界的认识。这就是《易经》的来历，也是《易经》的性质，《易传》把它概括成"鬼谋""人谋"的产物。

《周易》之"周"的意思"言《易》道周普，无所不备"，它包含了天地、人生无所不备的道理；"易"讲的是"简易""变易"和"不易"。"简易"，能把纷繁的事物用最简易的说法概括起来，这标志着人自身的认识能力、思想能力。"变易"是《周易》的灵魂，整部《周易》就是讲行行不居的永远变化的世界状态，"变易"是永恒的，是世界的本质。"不易"，万事万物之中都有不变的道理，

《周易》就是要讲出这里面不可变易的道理。面对永恒变化的世界，认识其相对稳定的规律，体会它不变的道理，把这些规律、道理用简易的形式概括出来，使其周普而无所不备，用来指导人们，这就是《周易》。

四 《周易》是一部说通天人事理的文化经典

（一）《周易》的结构

下面就说说《周易》这部书是什么样的。

前面说到《周易》一书，分《经》《传》两个大的部分。《周易》古经部分，由卦象、卦辞、爻象、爻辞构成。《传》又叫作"十翼"，如同鸟的羽翼，它包括《乾文言》《坤文言》《彖传》《大象传》《小象传》《系辞传》（上、下）、《说卦传》《序卦传》《杂卦传》十种解说《易经》的文字，又统称《易传》。《易传》是现在能见到的对《易经》最早的解说，也是对《易经》的深化，是哲学、思想著述，它们和《易经》一起成为经典，现在称《周易》，实际上是将经与传一起来对待的。

(二)《周易》言说事理的方法

现在就说说《周易》的样子。

《周易》是以"象""数"的形式述说道理的。"象",有卦象、爻象,其中的卦、爻辞也大都是具有象征意义的形象描绘;"数"则是易卜过程中的运演。我们这里主要讲"象"。

全部"象"的基础是阴、阳——"- -"(阴爻)、"—"(阳爻),用这样两个符号来表达。阴、阳画成图,就是我们常见的那个阴阳太极图,《易传》直接把这"- -"(阴)、"—"(阳)叫"太极"。这个"阴、阳",了不起,它实质上是说出了世界的矛盾现象,而矛盾是世界的动力。没人否认世界是变化的,是瞬息万变的,永恒就是变化,但是这个变化的原动力是什么?是谁推动了它变化?在西方哲学,黑格尔把它确定成,事物的动力就在于事物自身矛盾的对立统一,并且说"矛盾是推动整个世界的原则"。正是矛盾——"- -""—"这个基础,构成了《周易》的八经卦、六十四别卦。《易传》里面讲"太极生两仪,两仪生四象,四象生八卦,八卦定吉凶"。有了矛盾,就有了象,就有了象的运动,有了运动就有了变化,有了变化就有了事物发展的不同向度——吉、凶,于是这阴阳就构筑了以八卦为标志的《周易》的大厦,也构成了《周易》简易、变易、不易的道理的叙说,《周易》可以告诉你事物发展变化的规律——向度，可以判断"吉凶"。

八经卦就是人们常说的"八卦"，是八种"象"，是带有象征品格的具象——"☰"卦名为乾，代表天，其基本特性是刚健；"☷"卦名为坤，代表地，地的基本特性是柔顺；"☵"卦名为坎，代表水，水的基本特性是险；"☲"卦名为离，代表火，火的基本特性是明；"☶"卦名为艮，代表山，山的基本特性是止；"☴"卦名为巽，代表风，风的基本特性是入；"☱"卦名为兑，代表泽，泽的基本特性是悦；"☳"卦名为震，震代表雷，雷的基本特性是动。它们分别象征了自然存在的八种基本事物及其特性，由这八经卦的卦象和特性相叠，就变成了六十四卦，又叫六十四别卦和八经卦相区别。每个别卦具有六爻，这样，一部《周易》给人的样态就是六十四卦，三百八十四爻，由它们形成了一个系统，构成了对整个世界——人的、自然的现象及其道理的概括和描述。我们今天读懂《周易》，凭借的不仅是这些卦象、爻象，还有属于《经》的每卦的卦辞，每爻的爻辞，以及属于《传》的那些文字、说法，综合这些，我们才得以领略《周易》里面的思想、智慧。

《易经》的这套系统的概括和描述的原理，《系辞传》说："古者包羲（伏羲）氏之王天下也，仰则观象于天，俯则观法于地，观鸟兽之文与地之宜，近取诸身，远取诸物，于是始作八卦，以通神明之德，以类万物之情。"

其实这里揭示的不仅是《周易》，而且是整个中国文化的特点。第一句话，说的是《周易》产生之早、之神圣，是往古伏羲氏的创制，是古老的，神圣的，权威的。有前面的分析，这里就用不着多说了，总之它历时之悠久、积淀的思想智慧之丰厚、述说道理之完备是权威意义的文本。"仰观""俯察"的是什么？是天地之精神，天地之法则。它细腻到"鸟兽之文与地之宜"，这是人们生活所避不开的环境、内容，它观察到其规律"宜"，与之生成、存在相适应、相"宜"的看不见的规律与道理。其观察、研究的方法是什么呢？"近取诸身，远取诸物"，用自身的感受去体会、去感悟，而不是如同西方哲学思想那样，把人类自己作为主体，作为中心、作为主宰者，把身外之一切作为客体去研究、去征服。《周易》认为，人和世界是一体的存在，人在世界中，世界是我的有机组成部分，大家作为有机的整体互相依赖，相宜并存，这也就是人们所说的"天人合一"的认知方法和追求境界，它像美学里讲的移情一样，是一种物我、人与我之间的相互交流，相互体会，最终达到对事理的感悟，而不是对对象武断地独断与征服。在《周易》里边，它确定了这样一种思维，确定了一种思理方向——天人合一。这才是中国文化的思理特点，它一直潜藏在人们的意识里，成为人们的思维方法与特色。这一特色造就了中国人的哲学思理如同艺术的境界，而中华艺术的品质就是求天地精神的往复交流的"天人合一"

境界。

　　这一思理的物化形式就是"八卦"——《周易》六十四卦象符号之本。它们——卦象的意义是"以通神明之德，以类万物之情"。这里的"神明"，多半不是那个超验的有意志的神圣的上帝。我们的《周易》，既没有像西方精神把世界统归于理念，也没有把地盘绝对地让位给神明上帝，而是给人类自己留下了一个空间。那么这里的"神明"是什么呢？《易传》里说，"阴阳不测，谓之神""知几其神乎"。"几"是事物很微妙的变化，你难于察觉难于把握的变化。你把握了这个，就几乎超越于对萌芽的认识，达到了神机妙算；你把握了这个，那你就类似于通神一样；而这在本质上却是人的智慧。最难得、最考察人能力的是对瞬息万变的大量的偶然性和事物发展的方向的理解和把握，这正是《周易》表达出的智慧。孔子说"敏于事"，崇尚"敏"，"恭宽信敏惠"。敏，是人格最重要的要素——智慧的要素。"德"是事物的特性、特点，是事物本体发出的信息。特性是什么？特性往往是它本质的表达。本质是什么？本质就是规定了这个事物方向和存在样态的原因。"以通神明之德"，神明告诉你的这样的"德"，这个"以通神明之德"是《周易》自觉不自觉地把事物本身神而化之，把人自身的智慧神而化了。"以类万物之情"，以我去体会客观世界，以我去体会我之外的一切。"类"，把他们归类概括起来表达。这个特点里面，就包含了科学思维的东西，以"类"的思维为主要形式,启发我们对客观世界的认知和把握,也哺育了我们怎么去思考问题、体验问题。它揭示一个整体性、和谐性、统一性、天人合一、物我合一、道器不分、体用无二的认知方法。

总结起来说,《易传》说的是《周易》创制原理,就是人们认真、刻苦地观察,体味包括自然、人自身在内的一切事物的存在原理,运行规律,然后体会、感悟,将"神明"、万物的特点、情态都凝定在它所创制的符号——"八卦"里面,于是就有了《周易》。

进一步说,以上的说法,实际上讲到了《周易》思维、创制的特点——"观物取象",通过"仰观""俯察",体味、抽象,最后把认识成果凝定在卦象之中。那就是说,"观物取象"的思维特色,即每一个"象"的表述是一种更高层次的具体,它是对事物具体层次的剖析过程的超越,将丰富的认识过程略去,而直接以能涵盖这些过程的具体的"象"来启发人、诱导人感悟。因此,这"象"既具体,又不具体,它只是一种媒介,一种启示,一种从容的面孔,让人们凭着它的启示去进行举一反三的深思,去感悟、诱发出人们的智慧能力,调动人们储存着的生活经验。"观物取象"的过程是一个艰苦的认识过程。对客观规律的认识,对能启发人的物象之妙手偶得的撷取,都在说明着思维过程的艰苦。同时,它也说明了《易》作者的占有经验的丰富和所获思想成就的高度。反过来,观卦象而领悟也同样需要积累、修养和艰苦的认识过程。如果仅拘泥于卦象、爻象的具体事象，就会令人茫茫然不知所以，就会是买椟还珠、"得筌忘鱼"。正因如此，魏晋时的思想家王弼在研读《周易》时深切感受到要"得意忘象"，要懂得"象"只是一种暗示、一种启发，切切不可执着于象本身。后来南宋的思想家朱熹也说，观象需要思辨，需要人们"举一反三"，"由此推开去"。

《周易》就是以这样的方法，通过卦象及言辞的述说来揭示世界万事万物的道理。

（三）观察、体味一下《周易》

下面，我们举个卦例来具体观察、体味一下《周易》。

《讼》䷅卦第六。

《讼》卦，它的卦象是"䷅"，由下卦（又叫内卦）坎"☵"，上卦（又叫外卦）乾"☰"两个经卦卦象构成，卦辞为："有孚窒惕，中吉，终凶。利见大人，不利涉大川。"

这一别卦说明了什么呢？

我们说《周易》六十四卦是一个整体的系统，用这种整体性来说明世界万事万物的道理。其中每一个别卦都是这个整体中的一个部分，《讼》卦也不例外，它在这个整体中位居第六，前面是《乾》《坤》《屯》《蒙》《需》。说的是《乾》《坤》为天地，为《易》的门户，其意义《序卦传》说得很具体——"有天地然后有万物，有万物然后有男女，有男女然后有夫妇,有夫妇然后有父子,有父子然后有君臣,有君臣然后有上下,有上下然后礼仪有所错(措)。"就是说,有天地才有万物,才有自然、人类种种事物的发生,天地是个前提。接下来的《屯》就是说天地开辟之后便有了人类的聚合;《蒙》说的是人们登临这个世界就要发蒙去惑;人们发蒙益智就有了财富的积累,有了饮食需待,就是《需》;有了财富,有了利益就会有不均衡,不均衡就势必争讼,那么接下来就是《讼》这一社会现象。这样一套安排,可见《周易》是一个较为严整的系统。

《序卦传》说:"饮食必有讼,故受之以《讼》。"它在说明的是,狱讼是面对人生所需资取的利益时出现了不均衡而引起的争斗,并且这种争斗是顽强的争斗。

狱,《说文》:"确也,从狱从言。""狱,两犬相啮也。"段玉裁注:"确"为"刚坚相持之意。"这就是说,"狱"为如同两犬相啮一样,相互间刚坚相持,拼死相咬而争斗不息。《说文》:"讼,争也,从言公声。""公,平分也。"段玉裁注:"公,背私也。"按照这样的说法,则"讼"是争斗不息而诉之于公,等待裁判。这就是社会中不可回避的狱讼问题。

"讼"这一卦形,便对这一现象予以了清楚透彻的说明。

《讼》(䷅)卦下坎(☵)为水为险,上乾(☰)为天为健,两经卦相叠,构成了"讼"。解释卦象的《大象传》

说:"天与水违行,讼。"断定一卦之大义的《象传》说:"上刚下险,险而健,讼。"

这揭示出"讼"的形态——天往西转,水往东流,上下方向正好违行。《周易》用大自然的天与水成像,以常识说明"讼"的社会现象,如同"天与水违行"一样,两个利益主体的利益相违背,也就构成了主体意志的相悖戾,终不能协调,这便成了"讼",《周易》对这一现象就以下坎(☵)上乾(☰)的"天与水违行"象之。它揭示,意愿悖戾是两相成讼之由;还因为"有孚窒惕"(《讼》卦辞)——诚信遭遇窒塞,心有所惕惧,所以成讼。

卦象又揭示出"讼"的特点。如卦象所示——"乾"的特性是刚健;"坎"的特性是险,卦象上刚下险,险而又健,险健相接,同时,内卦险外卦健,也就是内心凶险而外在行为刚健,这些都是构成"讼"的因素。如果只有刚健而内心没有怀抱凶险,也就不生狱讼了;又如果只有凶险之心而体性懦弱不刚健,也就不能兴起狱讼了。正因为险而又健,所以就构成了狱讼之事。也就是说,内怀险意,而且意志刚坚强健,必欲置对手于败死之地而后快,于是刚坚相持,争斗不息,诉之于公。这就是卦象所表达的《周易》对狱讼现象的认识和描述,它从一般意义上揭示了狱讼这一社会现象的生成情态。没有"有孚窒惕",险、健这些要素就没有了狱讼之事,而更深层次的原因是利益的失衡,人心的刚绝,要想减少狱讼,就必须从根本上解决利益的均衡,也必须解决人的爱人之心的养成,其实这是一个意义重大而深刻的社会的根本性问题。

面对这样的现象,《周易》提出了自己的理想,也同时提出了从总体上规避狱讼问题的方法——"中吉,终凶。利见大人,不利涉大川。"

《周易》告诫,狱讼的事体,不可妄兴,一定要有信实被外力止塞,而且又有了惕惧,担心自己的真实情况被不明不白地冤枉,忧心重压,才决计申述,于是能兴动讼事。面对狱讼之事要把握分寸,中道而止,不可纠缠过甚,方可得到吉祥。所谓"终凶",是说狱讼不可长久不息。狱讼终竟是凶事,虽说惕惧而忧心重压,但兴动狱讼,是绝情绝计之事,一旦走向这一道路,就会破坏人情维系的社会关系,陷自己于孤立之地,而人是需要依赖人与人之间的关系才能生存,"讼"而主动走向绝情绝计之地,所以说"终凶"。

既然有讼,就需要公正的大人判决它,所以说"利见大人"。如果以讼而妄涉危险,必有祸患,胜讼、败讼都是险事,所以说"不利涉大川"——《周易》以巨流大川喻示凶险。

这态度很明确:一是讼不可长,必须中道而止,不能无休止地纠缠于讼事,纠缠下去,无终极止境,必有凶险。它否定了险而健,纠缠于讼事的态度。其二,必有公正"大人",裁判以公正、中直,方能了结讼事。这强调了公正的法则。其三，不能以讼事之险而往涉大川，这样就会险而愈险，终至祸患。它告诫人们，不能依赖狱讼而谋大事，成大业，这是息讼的态度。总之，卦辞的基本态度是明朗的，那就是止讼、息讼，通过平息狱讼、防微杜渐地止狱讼于未萌来维持社会的和谐状态。

接下来，"讼"卦六爻的爻位、爻辞就从不同角度，具体透视了狱讼现象，告诫人们胜讼、败讼皆为险事，同时从正反几个方面述说了《周易》息讼、止讼的态度和社会理想。在这里凸显着《周易》一贯的对人、对社会热切关怀的动人情怀。

《周易》的这种精神与情怀为后来的儒家所发扬。

孔子读《易》很用功，《史记》说他读《易》"韦编三绝"，就是把"装订"《周易》一书简册的牛皮条多次磨断，可见其用功之勤。他也深得《周易》精神，对于《周易》所说的狱讼之事及其态度很为赞同，并且发挥了其社会理想。他说"听讼，吾犹人也。必也，使无讼乎"，说的是听断狱讼之事，自己和别人没什么两样，不过是处以公心，辨明是非曲直而已，但自己和别人不同的是，一定要让社会没有狱讼之事，使人际和谐，社会安定。他认为天下事并不忧患财富多寡，忧患的是利益失去均衡，这才是社会动乱的根本祸患。他也毕生弘扬他的爱人的"仁学"，使人们富于体贴、同情，使社会安定、和谐。他所开创的儒家，延续并发挥了《周易》的思想，在对待狱讼的问题上于

《周易》一以贯之，坚持并发扬下来，成为我们文化传统中对这一社会事物的基本价值判断。

从以上例子可以看出，《周易》就是以这样独特的话语方式，明事理、辨是非、定吉凶。它周到、详细而深刻地阐明人事，述说事物的规律，揭示天地间的道理，其中凝练出的"道"既对中国文化的形成发展具有范式的意义，同时其"道"也指导人们谋大事，成大业。

（四）《周易》指导人们成就人生、成就事业

《系辞传》说："形而上者谓之道，形而下者谓之器，化而裁之谓之变，推而行之谓之通，举而错（措）之，天下之民谓之事业。"这里说的"道"，是主导有形之体运动的规律，是必须经过对具体事物的观察、把握才能感悟得到的事物内在的规则、规律，所以说它居于有形的事物形体之上。这里说的"器"，是看得见、可感知的有形的物质形态。"道"与"器"的统一，也就是规律之"道"与有形的规律的载体之"器"，两者辩证统一。两者的辩证统一，交互作用就导致了事物的交感化育、互为裁节的运动，这就是"变"。沿着变化而推广旁行，无所不在地运用就是"通"。把这些道理教给天下百姓使用，就叫作"事业"。即是说，将法则、道理，成功地运用到对人自身的理解，并运用到治理社会，使社会的运行合于天之道，能够协调发展，变通无碍，就是所谓的"事业"了。

《周易》六十四卦，在它自己的系统中，在每一卦的具体位置、前后关系中，都说明着具体事物居于整体世界里的存在、变化之"道"。而每一卦中的六爻，又在说明着处于具体卦——具体事物的范畴中的每一阶段，每一过程中的事物内部的存在与变化之"道"，这些"道"超越那种具体可感的作为"器"的一切存在，是驾驭现象、驾驭事物的根本法门。《周易》六十四卦讲的这个大"道"，令人通达，启人智慧，完成事业。

人说，"《易》为君子谋，不为小人谋。"《周易》之"道"，成全的是君子的人生，君子的事业。《易传》讲"穷则变，变则通，通则久"。领略了《周易》之"道"，就可以不断调整自己，不断提升自己的修养，而达到持久地把握自己，持久地在社会、人生中有个通达的境界，成就自己的人生，成就自己的事业。同时就人生而言，阅读这部具有"天人合一"思想的富有诗意的经典，浸润其中，可使我们领略那种"诗意地栖居在大地上"的人生况味。

上述，从宏观到具体，描画了《周易》这部经典，最后引用《四库全书总目》的评说，再来看一下《周易》的内涵及其地位："《易》道广大，无所不包，旁及天文、地理、乐律、兵法、韵学、算术，以逮方外之炉火，皆可援《易》以为说。"作为中华文化之根，《周易》的确有这样的内涵和地位。

【推荐书目】

1. 黄寿祺、张善文译:《周易译注》,上海古籍出版社。

2. 蒋凡:《周易演说》,上海古籍出版社。

3. 陈鼓应、赵建伟注译:《周易今注今译》,商务印书馆。

4. 鲁洪生:《读懂〈周易〉》,中华书局。

5. (宋)程颐:《周易程氏传》,中华书局。

第三讲

为什么要读《老子》

上海商学院　李　强

多年前初读《老子》时，就想写文章跟朋友分享一下阅读心得，但终究没敢动笔，主要是被老子那句"道可道，非常道"给吓住了，生怕说出来的、写出来的都不是老子那个"道"了。上大学时有一门"先秦诸子"课，老师是国内研究老庄的知名学者，不过学问高深的老师讲课多半并不有趣，特别是讲到自己最拿手的《老子》时，老师在讲台上讲得如痴如醉，可教室后面已隐隐传来酣睡之声。下课后老师问我们听懂了吗？我其实早就云里雾里，正犹豫着是不是要出于礼貌点点头，假装一下知音，老师却接着说，你们想一堂课就听懂老子的"大道"，那是断然不可能的！倒是后面那几个睡着了的同学，搞不好真是得到老子之精华了。同学们哄堂大笑，睡觉的同学被惊醒，一脸的懵懂和歉意。今天我也斗胆来讲讲老子，忽然想起当年听《老子》课睡觉的同学，我特别担心，朋友们在听我讲老子故事的时候也会酣然入睡。说实话，《老子》这本书虽然只有短短的五千字，但真心难读。我们阅读的最大障碍是，就算你字儿都认得，整个句子的意思要搞清楚，那也是非常费劲的；就算是你句子的意思搞清楚了，但他一整章想表达什么，也很难弄懂。既然《老子》这么难读、难懂，我们是不是可以放过那《老子》，干脆省出时间来看看别的？有个不一定很靠谱的统计数据说，全世界传播范围最广、印数最多的两本书，一本是《圣经》，一本是《老子》。《圣经》是基督教的必读经典，许多教堂还有免费《圣经》奉送，它的总印数夺得榜首想来并不奇怪。但《老子》是中国典籍，即使在中国也没有多少人能读懂它，它却能够得到全世界读书人厚爱，这的确是一件值得我们深思的事情。我们要学习"国学"，要复兴中华文化，要从经典中找思想、找智慧，怎么可以绕过《老子》呢？

所以请诸位打起精神，我们一起来聊聊《老子》。

一 "知足之足"

研读《老子》最学院派的做法是研究老子的"道"，那可纯粹是高大上的玩意儿，需要非常深厚的学养和大把的读书时间。如果学有余力，或许我们也可以去探讨一些高深的哲学问题。不过作为刚走近"国学"大门口的普通阅读者，我们不妨先关注一下《老子》那些与我们生活相关的智慧。现在我们社会基本上已步入市场经济时代，在这样一个时代里，讲经济、讲利益都是非常正当的。不仅各级政府眼睛紧盯着一个叫作什么"鸡的屁"的玩意儿，即便作为个人而言，如果不拥有足够的经济实力，也往往被认为是个失败者。世风如此，那老子是怎么看待这个问题的呢？

> 持而盈之，不如其已；揣而锐之，不可长保；金玉满堂，莫之能守；富贵而骄，自遗其咎。功遂身退，天之道。
>
> ——《老子》第九章

端的东西已经比较满了，可还是要再添点、再加点，要知道还是停下来好啊，能保住手中已有的就不错了！家里的刀啊剑啊什么的已经比较趁手了，可还是要再锤炼它，想让它再锋利些、再快些，可是你要知道锋芒太露，必遭其殃啊！赚钱赚得盆满钵满，一屋子的金银财宝，可是放眼古往今来，有几人能守得住这泼天的富贵，并且还能传之子孙呢？有了钱，却不懂为富之道，那这些钱财啊，只不过是给你带来灾难的引子罢了。大事已毕、悄然隐退，这才合乎自然的大道啊！

笔者特别喜欢这一章,觉得简直可以拿它来作为人生箴言。这里其实强调了一件事,那就是"知足"。老子还说过,"知足不辱,知止不殆,可以长久","祸莫大于不知足。咎莫大于欲得。故知足之足,常足矣"。人的欲望一旦被激发,往往是没有尽头的,这人世上的许多问题,就是因为"不知足""不知止""不知退"才造成的。唐朝大诗人李白在他的《悲歌行》里不是写了吗?"悲来乎、悲来乎,天虽长,地虽久,金玉满堂应不守。富贵百年能几何,死生一度人皆有"。说起知足、知止这件事儿,我一下子就想起一个古代大商人来,他就是被后世尊为"商圣"、曾经入选民间"四大财神"之列的范蠡。曾经看到不少学者为了鼓吹"儒商"这一概念,非要拉"范蠡"入伙,甚至许其为"儒商"始祖。这的确是天大的笑话,人家范大商人就算要划成分,多半应划到老子的道家之列,说他是个"道商"始祖还差不多,只不过叫起来太别扭而已。[①] 范蠡的成功不在于赚了多少钱、当了多大的官,比他有钱的人车载斗量,比他官大的人也不可胜数,他的成功恰恰在于他知足、知止、知退,能从容优游于舍得之间。人生经验和商场经验如出一辙,一进一退、一取一予之间,道尽千古真相,《史记》的作者司马迁就这样感叹:

[①] 范蠡的故事,可参见李强《红尘匹马长安道:中国商人往事》,人民文学出版社 2016 年版。

> 月满则亏，物盛则衰，天地之常也。知进而不知退，久乘富贵，祸积为祟。故范蠡之去越，辞不受官位，名传后世，万岁不忘，岂可及哉！
>
> ——《史记·田叔列传》

等待合适的时机杀进市场，这种时机总是会有的，不在今天，就在明天，但凡有点智商的人都不大可能会错过；但择时而退，却是真正的大智慧，这不仅是一个时机的问题，更多的是指向人心本性。在利益前，何时退出才真正考验人的境界，不读《老子》，不懂适时进退之道，成就不了大商人。另外，说到"金玉满堂，莫之能守"的事儿，我们也得称道一下范蠡。《史记》里说范蠡在陶经商成功，"十九年之中三致千金，再分散与贫交疏昆弟"。加上他在齐国辞去相位时，"尽散其财，以分与知友乡党"，这样算起来，范蠡从越国逃出后，一共有四次巨富、三次散财的经历。范蠡凭自己的眼光和智慧去追逐财富，但"金玉满堂"并不是他的目的，那他的目的是什么？实现自我价值，回馈社会——这才是真正大商人的境界。人生一世，草木一秋，金钱是没有尽头的，心中常怀给予之心，在经营过程中会更多地保持清醒的头脑，不被一时一地的利益蒙蔽眼睛，这才更容易获得长远的利益。范蠡散的不是千金，他散的是一颗对待财富的平常心，我们说范蠡具有道家风范，真的不是向壁虚构、信口胡说的。

第三讲 为什么要读《老子》

范蠡是个知足、知止、知退的人,他的人生可以算是成功的了。你看,做官做到上将军、相国,也算是在红尘中搅闹一番,这样退的时候,才能尽褪胸中的红尘杂念。做生意总是一不小心就发财,千金散尽还复来,自己靠智慧创造的效益达到最大化,范蠡开心,那些得到他资助的人自然更开心。更重要的是,不管真的假的,后人总是相信范蠡身边还有一个倾城倾国的美人陪伴他、协助他,这位美人竟然是上了中国古代美人榜榜首的西施——如果这样的人生还不算成功,那什么样的人生算成功?范蠡的成功是没有问题的,但我们的问题是,你读了《老子》,也学着知足、知止、知退,是不是也能过上像范蠡那样的美好人生?那倒真未必。为什么这么说呢?第一,范蠡的成功不仅有他独特的哲学思想指导,也有一定的经商技术,比如"旱则资舟""候时转物"之类,这些是可以复制的,但当时的时势、机会却并不能完全复制。第二,你读《老子》不能浅尝辄止,要领悟其中更深一层的含义。知止也好,知退也罢,其实真正的重点并不是你的"止"、你的"退",真正的重点是"知"。只有在"知"的状态下达到"足",在"知"的状态下择时而"退",这样才能得到真正的快乐。

"知足"并不是小富即安,稍有成就便不思进取,然后随波逐流、自得其乐。你明明有八斗之才,给你一个一斗俸禄的工作你就"足"了,那才是不"知"足,那是暴殄天物,那一定不是老子的原意。

二 "上善若水"

既然说到了"知",我们不妨引入下一个话题,那就是老子所鼓吹的"处下""贵柔"。以我们普通阅读者的眼光看去,《老子》一书最有趣、最耐人琢磨的就是"处下""贵柔"了。经济社会,似乎竞争才是正途;资源有限,你"柔"了,你"下"了,那你怎么生存下去啊?其实老子可是轴心时代的大哲,千百年才能出这么一位聪明人,他真的会如此不洞察世事吗?恐怕还是我们的阅读有问题。我们先看看老子到底是怎么说的。

> 知其雄,守其雌,为天下谿。为天下谿,常德不离,复归于婴儿。知其白,守其黑,为天下式;为天下式,常德不忒,复归于无极。知其荣,守其辱,为天下谷。为天下谷,常德乃足,复归于朴。朴散则为器,圣人用之,则为官长。故大制不割。
>
> ——《老子》第二十八章

这一章在《老子》中算是比较长的,其实说了好几个问题,但为了让读者完整了解老子在这里的意思,我还是引出来,大家一起来参详一下。此章的逻辑很清楚,做人应该怎么样才算好呢？那就是要"守雌""守辱"。做到这两点，我们才能"为天下谿""为天下谷"。这里"谿"和"谷"的意思差不多，都是指沟渠河溪之类，总之是强调地位比较低下。老子的意思是你只要能守雌、守辱了，就能把自己放到一个比较低下的地位。放到一个低下的地位有什么好？老子认为这样就能"复归于婴儿""复归于朴"。"婴儿"在老子的思想中，那可是最接近"道"的生存状态；"朴"在这里大约就是"道"的意思。总之，你"处下"了，你就可以更接近"道"，甚至得了"道"。那问题又来了，我们不可能躲进深山老林里去思考人生、去羽化成仙，这个所谓的"朴"对我们的现实生活又有什么影响呢？"朴散则为器"，它可以化入万事万物之中，我理解大概意思是，你有了这"道"的烛照，做什么事情都能豁然开朗、游刃有余，所以得道之人能遵道而行，甚至可以主宰天下。"大制不割"的意思是高明的管理在于因循自然，而不局限于人为的各项规章制度。这最后一句我们可以放到后面再分析，这里重点关注老子的"处下"主张。

按照老子的看法，你只要守雌、守辱了，这天下都可以成为你的了，更不用说什么市场啦、营销啦之类的，那都是小 CASE。这对许多人来说，看起来是个很有诱惑力的命题。《老子》一书的确多次谈到"处下""不争""贵柔"的话题，特别是第六十六章对"处下""不争"的妙用做了更详细的解说：

> 江海所以能为百谷王者，以其善下之，故能为百谷王。是以圣人欲上民，必以言下之；欲先民，必以身后之。是以圣人处上而民不重，处前而民不害。是以天下乐推而不厌。以其不争，故天下莫能与之争。

这一段引文阅读起来没有什么障碍，我就不逐句讲解了，简单地说，百川东流到大海，大海之所以能成为天下众水之王，那是因为它处在一个相对低洼的地方，溪流江河自然要流向它；同样道理，一个得道的统治者也要像大海那样，"处下""不争"，那样老百姓才乐意拥戴他，普天之下，谁也争不过他。我们把这一章和前面引的第二十八章合起来看，或许能对老子的主张有更完整、贴切的理解。其实普通读者往往只注意到了"守雌""守辱""处下""不争"等表述，为此甚至对坚持这样的取向就能取得"圣人"之功表示怀疑，这也是初读《老子》者常常遇到的阅读困惑。其实我们讨论老子在这里提出的主张时，不能错过这一切最初的那个逻辑起点，这也是我刚才强调的那个字——"知"。"守雌"不是你遇到任何事、任何物都自动地退缩了，那不叫"守雌"，那叫"缩头乌龟"；"守辱"，也不是任何时候你都要自处于暗昧之地、自甘污秽，那不叫"守辱"，那叫"自虐"。你一定要对事物"雄"的一面、"白"的一面有更透彻的体认，对大道之运行规律有更深刻的把握，这样你安于雌、安于辱，实际上是使自己处于事物变化中最有利的地位，这样才能在长远的发展中得到最终的主动权——"天下莫能与之争"。在第六十八章，老子说："善为士者，不武。善战者，不怒。善胜敌者，不与。善用人者，为之下。是谓不争之德，是谓用人之力，是谓配天，古之极也。"这也是对"处下""不争"思想的好注解。"不武""不怒""不与"（"与"在这里是交兵接斗的意思），不逞勇斗狠、不怒发冲冠、不肉搏血战，并非怯懦了、害怕了，而恰恰是能打仗、打胜仗的将军所应该具有的基本素质。表现在用人上呢，就应像大海善处下那样，能够谦居对方之下，这才是真正的"不争之德"，这才是"古之极也"的合乎天道之德。这一章中"不"只是表象，而"善"才是根本。

明白了这个道理，我们也就明白了，老子的所谓"处下""不争"表面上看是一种生存策略，但实际上更是对大道运行规律的通透体认，对"处下""不争"的价值有着非常自信的判断和预期。刚才我们引用了老子对水的表述，这里不妨就这个问题再生发开去。水，的确深受老子偏爱，他说过"天下莫柔弱于水。而攻坚强者莫之能胜，以其无以易之"，意思是天下没有比水更柔弱的东西了，可是洪水泛滥，所过莫之能当，即使檐下雨滴，日久亦能穿石。这正所谓"天下之至柔，驰骋天下之至坚"，水虽然柔弱，但这种柔弱之力却是他物所不能替代的啊！在老子眼里，"水"简直就是最接近道的存在：

> 上善若水。水善利万物而不争,处众人之所恶,故几于道。
>
> 居善地,心善渊,与善仁,言善信,政善治,事善能,动善时。
>
> 夫唯不争,故无尤。
>
> ——《老子》第八章

"上善若水"这个词后世很流行,笔者一直鼓吹"上善若水,上商近道"的"上商国学"理念,实际上就是从这儿来的。"上善若水"是指"上善之人,如水之性"。水有哪些"性"呢?并非我们所以为的就是软弱、就是"水往低处流",其实在老子眼里,更关键的问题是水能利万物,同时又不居功、不自伐,"处众人之所恶"。如果用七个字来表达,那正是"地、渊、仁、信、治、能、时"。那么我们怎样才能像上善之水那样,也能达到理想的人格状态?简单地说,也要像水那样具备这七项德行:居处善于选择地方,心胸要沉静宽广,待人要真诚仁爱,说话要一诺千金,为政要宽简自然,处事要善于发挥所长,行动要善于把握时机。

这大概是老子以水为喻,最想表达的意思吧!

三 "千里之行,始于足下"

"千里之行,始于足下",这是句非常励志的成语,笔者上中学时简直将它奉为作文必杀金句,时不时地在文章里炫一下。当时我并不知道这美妙的句子出自何处。现在我知道了,原来它出自《老子》。原文是这样的:

> 合抱之木,生于毫末;九层之台,起于累土;千里之行,始于足下。
>
> ——摘自《老子》第六十四章

这句话的意思很清楚,就是告诫人们,事情都是从小成大、由近至远,只有把眼下这些最基本的工作都做好,坚持一贯态度,有信心、有毅力,这样最终才能成就大事。这一段只是《老子》第六十四章中间的一段,其实它前面和后面还各有一段,前段强调"为之于未有,治之于未乱",即在大灾祸发生前,应该注意防范,因为大到一个政权,小到一个小小的物件,总是先从细微之处开始出现问题,此时不能错过解决问题的最佳时机。而后面一段则说人们做事情"常于几成而败之",所以要"慎终如始",这样才能做成一件大事。这三段合起来看,能更完整地表达出老子的看法,他强调的其实是事物间的相互转化关系。"千里之行"是个长长的距离,似乎遥不可及;而"足下"就在眼前,一抬脚就完成了。这两件事看似有霄壤之别,但其实它们都在"行"上获得了统一。老子的伟大,并不在于他发现了成功必须从小事做起这种所谓"规律",而是他从这些简单的事实中能抽象出来,发现事物间相互共生、转化的哲学道理,进而由此上升到一种能体察万物的思想方法,这大概就要说到老子所谓的"相对"论。我们来看这一段:

> 天下皆知美之为美,斯恶已;皆知善之为善,斯不善矣。故有无相生,难易相成,长短相形,高下相倾,音声相和,前后相随。
>
> ——摘自《老子》第二章

当人们都认识到某种事物是美的,这个时候"美"的观念和标准当然已经产生,但同时那"丑"的观念和标准自然也在人们心中形成。同样道理,人们都知道"善"的观念和标准,心中自然也就有了"不善"的观念和标准。这都是自然而然的事情,所以老子说"有无""难易""长短""高下""音声"(这里的"音"是指有节奏的声)、"前后"等看似截然相反的事情,却恰恰相生、相成、相形、相倾、相和、相随,你中有我、我中有你,相互依存,不能判然分别。这一段看着有点绕,但实际上是老子思想的一个大关键处，对中国人传统思维的形成起着重要作用。大家还记得"塞翁失马"的故事吗？故事里的塞翁之所以能够在各种突发事件前都能保持清醒的头脑，正是因为他对事物之间的矛盾转化有着更为深刻的体认。用《老子》第五十八章中那段流传颇广的话来说，即"祸兮福之所倚，福兮祸之所伏"。在常人看来，"福"和"祸"是事物的两个极端，二者之间不可能有什么共通性，但塞翁却用一匹马验证了老子的哲学。

正是由于万事万物之间存在着如此紧密的联系，所以老子提出：

> 为无为，事无事，味无味。大小多少，报怨以德。图难于其易，为大于其细。天下难事，必作于易。天下大事，必作于细。是以圣人终不为大，故能成其大。夫轻诺必寡信，多易必多难。是以圣人犹难之，故终无难矣。
>
> ——《老子》第六十三章

说是"无为""无事""无味"，其实并不真的是隔绝了"为""事""味"，而是充分关注到"无"与"有"之间的转化关系。在老子的视野中，"为""事""味"与"无为""无事""无味"之间也是事物发展流程中的两个阶段，自然不能固执于其一端。这段话中的"大小多少，报怨以德"来源可疑，解释也有问题，我们这里不讨论。关键是接下来的叙述，我们又可以与前面的"千里之行""难易相成"等联系起来。只不过老子由此出发，把问题引向了两个不同的层面。"圣人终不为大，故能成其大"，有道之人从来不自以为大，能下人、能处弱，但是他了解小大之间的哲学关系，因此最终能成就自己的大业。这就告诉我们，就算是个成功商人，也应处处想着不要炫大、炫富，否则，祸患也就不远了，要更低调一些、更谦卑一些，这才是大商人的气派。这是一个层面。另一个层面的意思更具有实践性，即所谓的"夫轻诺必寡信，多易必多难"，如果一个人总是随意就答应别人事情，连一秒钟考虑都不用，这就是"轻诺"，轻诺的人是不值得信任的，你看自己身边的酒肉朋友中有没有这一款？三杯酒下肚，拍着胸脯要为朋友两肋插刀；可真要碰上事儿了，他要么早跑得没影了，要么就干脆插朋友两刀，这样的人就是"轻诺寡信"不靠谱的人，老子早在两千多年前就看透了。

做事情也是这样，即便是一件小事，你不认真对待，总觉得是小菜一碟、手到擒来，那最终也是"多易必多难"的结果。有道之人能参透难易间的转换关系，认真对待每件事情，所以即使是难事，到了他手里，也终究容易成功，就像是简单的事一样。这大概是"千里之行，始于足下"更深一层的含义。如此看来，我中学时虽然常常引用这句话，但到底还是把它给看轻了，辜负了老子他老人家的一番深意。

四 "治大国若烹小鲜"

《老子》虽然是中国典籍中被翻译、传播最广的一部，但是连中国学者都还没有弄清楚整部书的意义，想来国外的热心读者们也未必能够更明白。但是有一句话在国外读者群中的引用率比较高，那就是《老子》第六十章中所说的"治大国若烹小鲜"。虽然这一整章读起来给人的感觉前言不搭后语，解说也比较纷纭，但是这句话总体来说意思还算明确，自古至今，并没有多少歧义。由南唐入宋的大文人徐炫认为这句话的意思是"言不可挠之也"，清人钱谦益说"夫治小如大，故能治大如小。治大国若烹小鲜，此善喻也"。今人陈鼓应也认为这句话"喻示着为政之要在安静无扰，扰则害民"。20 世纪 80 年代，美国总统里根在国情咨文中，引用了老子的这句话来阐明他的施政纲领。

这句话用俗语翻译过来，意思很明白，那就是扎实干、不折腾。一个国家最怕朝令夕改、穷折腾。对一个公司、一个单位而言，当老板的更要牢记这句话，什么"新官上任三把火"、什么"面子工程""政绩工程"，都属于折腾之列，只能坏事，不能成事。我们看这一段：

> 希言自然。故飘风不终朝,骤雨不终日。孰为此者?天地。天地尚不能久,而况于人乎?
>
> ——摘自《老子》第二十三章

这段文字简直可以作为公司老板的座右铭。"希言",字面意思是"少说话""沉默是金",其实际意思是"不施加政令",尽力维护事物发展的本来规律。"自然"是本来如此的意思,和现代汉语中"自然"的意思是有区别的。老子为什么有"希言自然"的结论呢?原来他通过观察自然界事物,有了自己的新发现:你看那狂风刮起来飞沙走石的,厉害吗?非常厉害,但是往往刮不了一早晨就停止了;那暴雨下起来翻江倒海的,厉害吗?当然厉害,但是暴雨很少有能连着下上一整天的。狂风也好,骤雨也好,这都是谁折腾的呢?是苍天大地。以苍天大地的巨大能量,尚且不能让狂风暴雨持久,更何况是人呢?所以对一个国家或一个公司来说,瞎折腾是不会持久的。

话虽如此,可是不少领导、老板就是靠折腾来刷存在感,这是一种病,得治。存在感刷足了,他们才能感觉到自己的价值;时间久了,他们也忘了自己的角色是带领一个团队生存和发展,错以为只要不断地发出声音、闹点动静,上上电视、报纸,这样就是受群众爱戴、员工欢迎的好领导、好老板了。在老子看来,这简直是大错特错了。那么老子认为一个称职的、靠谱的好领导应该是什么样的呢？他曾专门划了等级，我们来看看他是怎么说的：

> 太上，下知有之；其次，亲而誉之；其次，畏之；其次，侮之。信不足焉，有不信焉。悠兮其贵言，功成事遂，百姓皆谓："我自然。"
>
> ——《老子》第十七章

老子把领导分了四个等级，其中最高等级，即所谓的"太上"。它是什么样的呢？是"下知有之"。这句的意思是员工们只知道有这么个人在做老板，至于这个做老板的人有什么癖好、性格怎么样、是美女老板还是霸道总裁，大家伙都不清楚，甚至也没有人琢磨着去扒一扒老板的八卦——领导做到这个份上才算是一流的。《老子》流传有很多版本，其中大部分版本中都不是"下知有之"这四个字，而是"不知有之"，如果是这样的话，这句的意义更为深远。想想看，员工们不仅不知道老板的八卦，甚至连有没有老板这个人都不甚了了，那又是怎样一个自在、给力的工作环境啊！所以显然"不知有之"更好一点。但这都是我们读者的一厢情愿，20世纪90年代湖北郭店楚墓出土了一批竹简，其中就包括《老子》抄本。郭店楚墓是战国中期的墓葬，距离老子的年代不远，其《老子》抄本是目前所见最早的《老子》版本，据说这个竹简抄本上写的就是"下知有之"，所以我们还是要采用这个说法。这虽然是题外话，但诸位将来如果真的去用心读读《老子》，肯定会遇到这类问题,所以提前在这里科普一下也好。

我们再看第二流的领导,说起来也的确不错——"亲而誉之"。他宵衣旰食、鞠躬尽瘁,老百姓也好、员工也好,都爱戴他、喜欢他。这第二流的领导也不多见,现实生活中能摊上这样的领导算是烧了高香了。第三流领导是"畏之"——员工们都害怕他,见了他就像老鼠见了猫一样。老板一走进办公室,办公室原来轻松活泼的气氛一下子就会绷紧,大家纷纷做出努力工作的样子。不少聊天软件、游戏软件会设置一个叫"老板键"的按钮,据说就是为了防范突然出现在视野里的老板。对于一个企业来说,有这样一个老板,虽说企业文化是差了点,但终究还能混下去。说实话,目前这种第三流领导其实占了大多数。最不济的领导是"侮之",大家背后都说他的坏话、扒他的绯闻,领导做到这个份上,那是彻底失败了。为什么会出现这种情况呢?那是因为领导的诚信度是不够的,动不动就搬出一副"为了你好"的伪善面孔,自己干着龌龊不堪的无耻之事,却总是挥起道德大棒绑架别人——员工们当然不会相信他,总觉得他背地里做了什么对不起大家的事。所以比较下来,还是做那种"下知有之"的领导吧!"悠兮其贵言",不轻易发号施令,给大家创造良好的工作机会和工作环境,等到大家开开心心地达成工作目标,即所谓的"功成事遂",他一点也不居功自傲,而是让人人都觉得这是自己努力工作的结果——这才是千载难逢的好领导。能在这样的企业、这样的团队中工作,此生也算是小圆满了。

"烹小鲜"也好,"下知有之"也好,共同的特点是"清静无为"。我们前面谈到的《老子》第二十八章中的"大制不割",其实也是这个意思。"民多利器,国家滋昏。人多技巧,奇物滋起。法令滋彰,盗贼多有",人们一门心思地去追求权谋、技艺,不断地出台各种法令、制度,如果那样的话这个国家算是完了,这个企业也是活不长的。所以老子特别强调领导人的"无为":

> 我无为,而民自化;我好静,而民自正;我无事,而民自富;我无欲,而民自朴。
>
> ——《老子》第五十七章

老子相信,只要领导人清静无为了,一切自然顺理成章地治理好了。"无为"是老子哲学的重要概念,表面意思是什么也不做,其实际内容是不做那些违背自然规律的事,不做那些违反人之本性的事。"道常无为,而无不为",老子"无为"的真正目的是"无不为",我们甚至可以这样说,一切不以"无不为"为目的的"无为"都是欺世盗名、都是假道学。正像一个"太上"的领导人,不去瞎折腾,不去过度干涉员工的工作,表现出"无为"的样子来,这只不过是表象,真正的目的当然是让企业获得更好的发展,这样的"无为"才有意义。同样道理,"烹小鲜"最好的做法也是"无为"——不能时不时地把小鱼翻来翻去,要让它尽可能保持刚下锅的样子。但这就是目的吗？当然不是。对"小鲜"来说，"无为"是为了烹出一锅美味而不是一锅糨糊；对一个国家或一个企业来说，"无为"的目的是达到"治"的状态，而不是人浮于事、懒政庸政，只有这样才算是真正体悟了老子的精神。

啰哩啰嗦说了这么多，字数都超过《老子》本尊了，却依然没把老子的精神完整地表达出来。我常想，能用五千个字表达如此深奥哲学的人，他到底是个什么样的人呢？"人之生也柔弱，其死也坚强。草木之生也柔脆，其死也枯槁。故坚强者死之徒，柔弱者生之徒"——只有热爱生命的哲人，才会在面对一棵小草时，产生如此深邃的思考。"不自见，故明；不自是，故彰；不自伐，故有功；不自矜，故长；夫唯不争，故天下莫能与之争"——只有洞察世事的达者，才能在名利纷纭之前，保持那份悠然与从容。"三十辐，共一毂，当其无，有车之用。埏埴以为器，当其无，有器之用。凿户牖以为室，当其无，有室之用"——只有思想敏锐的智者，才能从人们司空见惯的事物中，发现不为人知的"无"的妙用。《老子》是部让人常读常新的经典著作，笔者在这里闲扯的只是自己的阅读体验，绝不敢说对老子的哲学体系有什么研究。庄子说"筌者所以在鱼，得鱼而忘筌"，我希望这篇文字就是那"筌"，《老子》五千言里的点点滴滴就是那"鱼"，诸位将来真的能读《老子》有所得，还是尽快忘了这篇小文为好。不过老子也说了,"上士闻道,勤而行之。中士闻道,若存若亡。下士闻道,大笑之。不笑不足以为道"。不知读者诸君,你们读了《老子》之后,是"勤而行之"豁然开朗大彻大悟呢,还是"若存若亡"就当一阵清风拂面呢?或者干脆就"大笑之",认为都是"满纸荒唐言""大谬不然"呢?

期待着有机会看看诸君的表现。

【推荐书目】

1. 陈鼓应注译:《老子今注今译》,商务印书馆。

2. (魏)王弼注,楼宇烈校:《老子道德经注校释》,中华书局。

3. 辛战军译:《老子译注》,中华书局。

4. 许结:《老子讲读》,华东师范大学出版社。

5. 鲍鹏山:《鲍鹏山说老子》,浙江古籍出版社。

第四讲

为什么要读《论语》

上海商学院 李 强

各位朋友好。每次给新朋友开讲座,我都喜欢先向大家推荐阅读《论语》。我甚至苦口婆心地劝大家,要想了解中国古典文化、了解国学经典,最好从认认真真阅读《论语》开始。中国古典文化博大精深,要读的东西多了去了,我为什么一上手就把《论语》给抬了出来,推荐大家去买一本《论语》读读?这里面有什么道理吗?

道理的确是有,我们甚至可以开一个学术研讨会,来谈谈为什么把《论语》推举为大学生或商务人士必读国学书目之首。就算不开学术研讨会,我也能在这里说上几个冠冕堂皇的理由。但既然诸位来听我的讲座,我们说起来也算是有缘,我觉得自己也不必过于装高深了。实话实说,选《论语》,无非是因为它有两个特别可爱的优点。哪两个

第四讲 为什么要读《论语》

优点呢？第一个，篇幅短，还不到两万字。拿出一个阳光明媚的下午，跑到学校小湖边的长凳上，就着这妩媚的春光，妥妥地把整整一部《论语》读一遍。现如今长篇作品泛滥，甚至动不动就来个三部曲、四部曲的，看上去就让人头痛，碎片化阅读时代，普通人的确很难有耐心啃大部头的著作。能安下心来读完既短小精悍又高端大气的经典作品，那得多有成就感啊！现在不少人喜欢装高雅、装文化，其实有了一部《论语》你都不用装，你捧着它往校园那小湖边一坐，你就是春天里那道最美的风景。第二个，《论语》虽然属于秦汉以前的语体风格，但不少道理早就已经融入我们这个民族的文化血脉，文字读起来大部分还算好懂，剩下一部分让你读得似懂非懂、半懂不懂，其实也没关系，你正好可以对这些句子反复涵咏，甚至可以和古人、和同学切磋琢磨，在不知不觉中提高了自己的境界。这后一个优点其实也很重要，一本书光短小精悍还不够，那《老子》字数倒是比《论语》还少，人家老子惜墨如金，一共才留下了五千字，可是你捧一本《老子》到湖边读读试试，别说是一个下午，要是你整个学期的下午都泡在小湖边读《老子》，你读到湖边的柳树都落叶了、湖面都结冰了，恐怕也未必都能读懂。当然除非你是那特别有"慧根"的学生，真要是那样，你"生而知之"，也许连读都不读就懂《老子》了。我们大都是平常人，还是先从平常事开始做起吧。也许你说自己很忙，错过了读《论语》的最佳时间。这一点我是认同的,我们大部分人的确错过了。但不要忘了,对诸位而言,通读《论语》的最佳时间其实有两个,一个是十几年前诸位刚刚开蒙入学时,时间没办法倒流,错过了就永远错过了。那另一个最佳时间呢?就是现在。

接下来我们来看看,读《论语》究竟有什么益处,我们到底能从这部薄薄的《论语》中读出点什么心有灵犀来?我打算从三个方面来和朋友们分享一下本人阅读《论语》的体会。

一 做一个有"勇"的人

20世纪70年代,有个叫汉娜·阿伦特的人提出"平庸之恶"这个说法,最近不知道为什么这个词突然火了起来(我猜测有出版商的功劳,世间之事往往如此)。我没读过阿伦特的著作,通过万能的网络查询,大概了解了一下所谓的"平庸之恶",它其实是指那些对显而易见的恶行不加限制或直接参与的行为。按照这个定义来看,我们身边的确存在不少这样的例子,"事不关己,高高挂起"是平庸之恶,"各人自扫门前雪,莫管他人瓦上霜"是平庸之恶,"我改变不了世界,我只能改变我自己"也算是平庸之恶。

就连被一些人视为文人风范的"即使不能说真话，也绝不说一句假话"，说起来也是一种"平庸之恶"。更不用说看到街上老人摔倒不敢去扶、发现医院号贩子插队不敢去制止，这当然都算。在各种平庸的或极端的恶面前，为什么我们大部分人会选择漠视或屈从呢？这些人在家人面前、在朋友面前、在同事面前，往往也都是善良的人、靠谱的人，可是为什么他们也经常有意无意地实施"平庸之恶"呢？我觉得可能是我们内心缺少一种东西，这种东西叫"勇"。

孔子不说了吗？"非其鬼而祭之，谄也。见义不为，无勇也。"这句话很有意思。后半句是"见义勇为"这一成语的出处，大家理解起来没什么问题，但前半句说"祭鬼"，怎么就"谄"了？这又跟"见义不为"有何关系？我们一起来参详一下。"非其鬼而祭之"，古人有祭鬼神的习惯，所祭对象无非两类，一类是自己信奉的神祇，一类是自己的祖先，所谓的"慎终追远""敬鬼神而远之"，说明祭祀鬼神在古人生活中是一件大事（就算你要"远之"，也不得不"敬"一下），这没有什么问题，但如果那个鬼啊神啊的既不是自己宗族信奉的神祇，也不是自己家的列祖列宗，看到别人去祭祀求富贵求平安的，你也忙不迭地去倒头便拜——那便是谄媚了。虽然你拜你的，并没有直接伤害到谁，但这也的确是一种"平庸之恶"，这种行为对社会风气的污染、对人心的危害会随着时间的推移，越来越凸显出来。什么时候人们的信仰弱化了、一门心思地祈求固位保禄了,这种"非其鬼而祭之"的事就会越来越大行其道。看到别人在做坏事,或者某种不好的事情正在发生着,你只要稍微伸伸手就能阻止,但你却不愿这样做,甚至你竟毫无负罪感地擦肩而过,这就是"见义不为",这也是在实施"平庸之恶"。如果让孔子他老人家给你打个评语,那就是三个字——"无勇也"。"谄媚"在我看来是一种"平庸之恶";"无勇",也是一种"平庸之恶"。前者是内心无操守、无信仰,而后者其实也缘于内心缺少信念支撑,大概这就是圣人把这两件事放到一块说的原因吧!

"谄媚"的人,"无勇"的人,孔子是看不上的,那他心目中理想的人格应该是什么样的呢?三点:不惑、不忧、不惧。大丈夫能屈能伸,"花繁柳密能拨开,风狂雨骤可立定",这靠的是什么?靠的就是"不惑";"一箪食,一瓢饮,在陋巷",别人都受不了这恶劣的生活条件,但颜回却乐呵呵、甘之若饴,这靠的是什么?靠的是"不忧";"三军可夺帅,匹夫不可夺志也",这靠的是什么?靠的是"不惧";看起来这三项品德是非常不错的,能做到不惑、不忧、不惧,一个完美、圆满的人生是可以预期的。我们怎样才能把自己修炼成一个不惑、不忧、不惧的人呢?孔子说了,那就是"知者不惑,仁者不忧,勇者不惧"。不惑、不忧、不惧还只是表象,还只是人们三种内在之德在行为举止上的投射,这三个内在之德,就是所谓的"知""仁"

"勇"（这里的"知"应读去声，通"智慧"的"智"）。说到底，就是一个人如果能具备知、仁、勇这三大内在品质，自然就会成为一个不惑、不忧、不惧的君子。孔子对这样的人生境界很向往，他本人也毕生追求成为一个"三不"之人。在某一个场合他对自己做了一番检讨，说："君子道者三，我无能焉。仁者不忧，知者不惑，勇者不惧。"就是说这样不忧不惑不惧的君子啊，我还差得远哩！不过他的好学生子贡是这样回应的："夫子自道也。"意思是老师您这是谦虚啊！您说的仁者、知者、勇者，那不正是老爷子您自己吗？

通过读《论语》我们知道了生活中能做到知、仁、勇是非常重要的，可是我们通过什么途径来修炼成这样一种状态呢？大好时光，国家正是用人之际，将来汝辈不出，"奈天下苍生何"？所以你们不能跑到深山老林里去求仙问道大彻大悟，来取得一己生命之圆满；现在天下总体太平，多半也用不着我们杀身成仁；家底薄，经不起讹诈，确实没有去扶老太太的勇气，这怎么办？我们还学什么《论语》？它解决不了我们的现实问题啊！其实孔子是考虑到这种情况的，他说："好学近乎知，力行近乎仁，知耻近乎勇。"（《孔子家语》）落实到大学生身上，那就是你好好学习，不迟到不翘课，这就算是"知"了；不以恶小而为之，不以善小而不为，同桌需要橡皮，你就借给她，舍友求你帮他打饭，你就打给他，这就算是"仁"了；在一个公司、一个团队中也是如此,你不断提升自己的业务水平,不文过饰非,遇事多学多问,这就是"知"了;认真完成老板交代的工作任务,不偷奸耍滑,不绯闻八卦,这就算是"仁"了。

"知""仁"虽然达成有困难,但达成途径总算清楚,倒是这"勇"字情况更复杂一些,这里主要来谈谈"勇"。我们大部分时间做不了英雄,现实环境有时候也确实让我们"勇"不起来。就比如扶摔倒老人的问题吧,一个老人摔倒在那里,你见义勇为主动上前搀扶,的确存在不少风险。印象中曾经有这样一条新闻,说某名校的土豪校友打包票说,凡是母校的大学生,敞开地扶摔倒的老太太,如果真的被对方讹上了,土豪校友全额买单。但是我们普通高校的学生目前还没有这样的保障,普通人的生活也往往面临这样那样的问题,在伸出援助之手时,还真可能承担不少现实风险。虽然我坚信这个世界好人多,好老太太更多,但这样的事情之所以能成为话题,仅在道德上口诛笔伐是于事无补的,我们也许要多关注一下造成这种怪事的制度漏洞,真不是我们个人力量能解决得了的。那怎么办?你没有上前扶起的勇气,你就再也不配成为一个有"勇"的人了吗?其实不是的,任何事情都会为人性设置一个底线,这条底线是无论如何不能被突破的。此事的底线在哪里?就算你美好的人格理想输给了残酷的现实,但你一定要知道这是不正常的,这是对人性的扭曲,在一个文明的社会里、在一个可爱的国家里，是不应该出现这种现象的。即使我无能为力，我没有土豪校友支持，在"扶"与"不扶"前，我矛盾了、我纠结了，我至少应该承认这是一种耻辱。社会制度层面的问题由社会解决，我个人的耻辱必须个人承担——我们至少要为自己的懦弱感到羞愧，这就是"知耻"。

孔子说："导之以政，齐之以刑，民免而无耻；导之以德，齐之以礼，有耻且格。""无耻"是很可怕的，"有耻"是很重要的，而"知耻"才能"有耻"，所以"知耻"虽然算不上"勇"，但按照孔老夫子的看法，这好歹也接近"勇"了。至少你能对那些勇于上前做此类事情的人表达出自己的尊敬，不能说他们"读书读傻了"，反过来为自己的小聪明沾沾自喜，那就是真的无勇加无耻了，比"平庸之恶"还要恶上十倍。诸位啊，我们都是凡人，我们可能不是很高尚，但只要我们坚守对高尚的敬畏，对自己偶尔会冒出来的那些不高尚的想法和行为深感愧疚，我觉得这个世界一定会更好的。

人世间的确需要"勇"，但仔细阅读《论语》我们也发现，孔子其实更强调"知"和"仁"，正所谓"仁者必有勇，勇者不必有仁"。你要做一个有修养、有素质的人，这样你的"勇"才能有更妥善的着落，否则还不如做一个懦弱的小人可靠些。如果犯了什么错，长者批评你两句，老师批评你两句，你就勃然大怒、恶言相向，甚至像某政法大学考研的小女生那样，当众给批评她的老师浇一头滚烫的热水，这就是"勇"吗？这不是——孔子说了，"勇而无礼则乱"，这是"乱"；翘着课、旷着工，出去逛街看风景，别人都不敢这样玩你敢，这是勇吗？这也不是——孔子说了，"好勇不好学，其蔽也乱"，这依然会导向"乱"。勇于任事，的确是一种好品质，但是如果没有儒家修养来引导、修正，结果会怎么样呢？"君子有勇而无义为乱，小人有勇而无义为盗"。"为乱"和"为盗"都不是好结果，相对而言，"为乱"更可怕。就算他不是"无义"的君子或小人，他的确有胆略、有勇气，可偏偏对财富有所企求，痛恨过穷日子，那也完蛋了——"好勇疾贫，乱也"。在古代，如果一个人被贴上"乱"的标签，那他的好日子坏日子都算走到头了，"乱"可不是一般的小罪过，搞不好会家破人亡、累及族人。

所以说，读书不能以偏概全，要会读、要读得进去，读《论语》更应如是。当下，我们的确非常需要勇气来对抗"平庸之恶"，但是这份"勇"应来自我们的文化修养，来自我们强大的内心，记住这一点很重要。这"勇"是人生之大勇，和一般的匹夫之"勇"是不同的。"岁寒，然后知松柏之后凋也"，这是《论语》中我最喜欢的一句，对它的理解也随着年龄和阅历的增长而愈加深刻。如果仅是强调一种在不利环境下的坚持，固然已经不错；不过即使明了一切都已注定，依然要知其不可而尽力为之，那又是怎样的一个境界啊！挽狂澜于既倒，是一种大力；而在狂澜既倒前依然铁骨铮铮，那才是天地间之大勇。

二 信念与力量

滚滚红尘，人生不如意十常八九。生活中遇到点磕磕碰碰在所难免，难就难在无论顺境逆境，总能守得住初心，不随波逐流，不与世俯仰。那我们怎样才能在滚滚红尘中守得住自己心灵中的那方净土呢？孔子说："里仁为美。择不处仁，焉得知？"人啊，总要选择"仁"做自己的心灵安顿处，如果不这样，整天名啊、利啊、得啊、失啊什么的总是萦绕于心，这怎么能算得上智慧呢？

《论语》把"仁"作为人们心灵最重要的安顿，有了这份安顿，他的内心就足够强大，当下的境遇、世俗的偏见很难动摇他的信念。据说孔子有三千多名学生，其中算得上优秀的就有七十二人。在这么多学生中，孔子最喜欢的三个好学生分别是颜回、子路、子贡。子贡是个商人，孔子虽然没有对他表现出特别的爱憎，但"大数据"说明一切，在整部《论语》中，他是露脸最多的人。而颜回才是孔子声称最看重的学生，颜回到底有多大本事，这个我们真的不太清楚。他的成名完全是孔子"夸"出来的，老爷子一得空就要表扬一下小颜同学，不知要惹其他学生多少羡慕忌妒恨。还有一个最出名的学生是子路，不过好玩的是，子路成名的原因和颜回正好相反，他是被老师"骂"成名的，孔子时不时地就要敲打敲打这个莽撞的学生。其实三个人都是孔子的好学生。我们就说这个孔子"钦定"最优秀的学生颜回吧。孔子认为在他所有的学生当中，"回也其心三月不违仁，其余则日月至焉而已矣"。这个颜回啊，真的是"里仁为美"了，他的心中可以有几个月的时间驻扎着"仁"，虽说还不能做到与"仁"地久天长、须臾不离，但比起其他学生来说，已经高明许多了，因为普通的学生不过是偶尔在心中想到"仁"罢了。

按照老师的评语，颜回心中有"仁"安顿，那有了"仁心"的颜回和别人有什么不一样吗？的确不一样，我们看看作为老师的孔子怎么说。

　　子曰："贤哉回也！一箪食，一瓢饮，在陋巷，人不堪其忧，回也不改其乐。贤哉回也！"

——《论语·雍也》

每天就那么简简单单的一盒饭，一瓢泉水，居住在脏乱差的棚户区里，这种生活条件，一般的人是受不了的，说不定早就怨天尤人骂政府、骂社会了，但是颜回根本没把这当回事，他依然整天乐呵呵地生活着、学习着。如果通读《论语》，我们就知道，孔子在这里夸颜回，其实是在向自己的理想致敬，他曾经说过：

> 饭疏食，饮水，曲肱而枕之，乐亦在其中矣。不义而富且贵，于我如浮云。

——《论语·述而》

仅能吃上粗茶淡饭，连个枕头也置办不上，瞌睡了枕着自己的胳膊就睡了，这该是多快乐的日子啊！要是背着委屈、昧着良心挣大钱了、做高官了，那这些票子、位子什么的，都跟浮云差不多，看着好大一片，但一眨眼就飘散得无影无踪。孔子和颜回为什么能参透这一点呢？他们是有理想有信念的人，是"志于道"的人。孔子不说了吗？"士志于道，而耻恶衣恶食者，未足与议也"。一个人啊，说是有志于儒家事业，但在生活中却讲究吃穿，那就不值得和这样的家伙交往了。

说到这个话题，突然想起子路来。子路不是老挨骂吗？但他其实也是个"志于道""里仁为美"的君子，他不耻恶衣恶食，符合老师孔子的一贯主张，终于凭几件破衣服得到老师的表扬：

> 子曰："衣敝缊袍，与衣狐貉者立而不耻者，其由也与？'不忮（zhì）不求，何用不臧（zāng）'。"

——《论语·子罕》

孔子看到子路破衣烂衫的和人家穿名牌服装的人站在

一起，完全没觉得自己低人一等，认为这个学生算是长进了，忍不住用《诗经》里的两句诗夸他"不忮不求，何用不臧"，不忌妒、不贪求，还有什么不好的？这是反问，意思是好得很，简直是哪哪都好。比较有趣的是，这个故事还有下文：

> 子路终身诵之。子曰："是道也，何足以臧？"

子路是个直肠子，常挨老师骂，这次好不容易得到夸奖，自然是高兴得不得了，于是他把老师夸他的那句诗整天挂在嘴边，有意无意地跟同学炫耀一下，结果又挨骂了。老师说了，尾巴都翘到天上了，这哪里还能算得上好啊！得到表扬，该低调时要低调，该装时还是要装一装，子路同学就是个教训。

心灵既得"仁"来安顿，内心自然强大，也就更容易成为一个充满自信、充满力量的人，孔子就是这样一个人。虽然看起来他只是一个喜欢和学生开玩笑、和蔼可亲的小老头，但他的确是一个很有力量的人，一个能在两千五百多年后依然成为世人敬仰的圣贤，你能说他不强大吗？你能说他没有力量吗？孔子的力量不是来自财富，虽然他办班招生，也赚了些钱，但是距离土豪的级别差远了，他自己也说"富贵于我如浮云"；孔子没有权势，他曾经在鲁国当过司寇，虽然也算是要职，但没多久就被迫辞官，坐着一辆破牛车，带着弟子满世界推销自己的治国理念。他并非不想得到一份吃喝不愁的高薪职位,而且也不是不能得到,只是他绝不迁就,不肯为了一份工作放弃信念。就是这样一个既无权又无钱的人,却比任何一个国王、任何一个武士都更有力量。

比较怪异的事情是,越是无权无势,看起来也非常破落,越是会遇到那么多倒霉事情。我们就看这三件吧——"孔子适宋""子畏于匡""孔子困于陈蔡":

> 孔子去曹适宋,与弟子习礼大树下。宋司马桓魋欲杀孔子,拔其树。孔子去。弟子曰:"可以速矣。"孔子曰:"天生德于予,桓魋其如予何!"
>
> ——《史记·孔子世家》

> 子畏于匡,曰:"文王既没,文不在兹乎?天之将丧斯文也,后死者不得与于斯文也;天之未丧斯文也,匡人其如予何?"
>
> ——《论语·子罕》

> 孔子困于陈蔡,绝粮七日,外无所通,藜羹不充,从者皆病。孔子愈慷慨讲诵,弦歌不衰。
>
> ——《孔子家语》卷二十

孔子倒霉了,没找到工作,一大堆弟子要跟着挨饿不说,还不断地有人来趁火打劫。孔门之教最重"学而时习之"。在经过宋国的时候,孔子和学生一起在大树下演练礼仪。宋国的大司马桓魋是个很不地道的家伙,他担心孔子受到国君的重用,自己的饭碗被砸,于是就打算干掉孔子。这个家伙做坏事就做坏事吧,但是他想得太多,他还想装一装,大概觉得明火执仗地杀人太不像话,于是想人为制造一次安全事故。看到孔子和学生在大树荫下排练着呢,他就派人吭哧吭哧地砍大树,《史记》中用的是一个"拔"字,我想,总归不会像鲁智深倒拔垂杨柳那样的"拔"吧?大概还是砍树。用砍树的方法来杀孔子,的确很有创意,似乎是想让大树倒下来把孔子砸扁。孔子和弟子又不是聋子,当然就离开树荫,总归要躲一躲啊!虽然大树倒下来没砸到孔子,但是这砍树行为传递的信号很明显,傻子也看得出来——宋国当权者已经有了害人之心了。强龙不压地头蛇,那还不得快跑啊!学生们都劝孔子赶紧套上牛车逃命吧,再不快跑,小命就撂这儿了。但孔子并不跑,其实也不是不跑,他不傻,就那样站着等大树倒下来,他即便要跑,也要跑得有孔子范儿,不能狼狈地抱头鼠窜,不能跌份,他要优哉游哉地离开,"我挥一挥衣袖,不带走一片云彩"。不仅如此,危急关头不忘给学生上一堂人生信念课,他说:"天生德于予,桓魋其如予何?"谁给他这份从容?谁给他这份勇力?自信啊!我们现在特别强调文化自信,文化自信来自哪里?来自信念、来自使命——老天让我掌握着斯文一脉,我来到这里就是为了人间的秩序、为了天下的苍生,"天不生仲尼,万古如长夜",我就是那长夜中的一盏明灯。世界末日来了吗?这天下要崩坍了吗?如果那样的话,就算我孔子有再多的使命、再多的自信也没用,一切都化作乌有。但是末日不会来,这一切都好好的,这世界还指望着我去拯救,你一个小小的宋国司马,能把我怎么的?

同样的事情在匡地又发生了,这次倒不是匡地的老百姓担心就业率,怕孔子和他的弟子们来这里抢他们的饭碗,而是与孔子长相有关。难不成是因为孔子长得丑,出来满世界溜达把匡人给惊着了?根据《庄子》《墨子》《荀子》《史记》等靠谱书籍记载,再佐证以秦汉时代的石刻等材料,我们基本可以断定,孔子确实长得不够帅。但这次在匡地倒霉其实并不是因为他长得不好看,而是千不该万不该他和一个坏蛋撞脸了,那个家伙叫阳虎。阳虎是鲁国的实权派,曾经压榨欺凌匡地百姓,结果老百姓把孔子当成阳虎了,吵吵着要把孔老师干掉。当时的情形十分凶险,算得上是孔子周游列国最凶险的一次,刀都快要砍到脖子上了。但孔子怕吗?不怕。道理和前文提到的一样,心中有信念、有自信!周公留下的礼乐制度、典章文献都在我这里,我是要传之久远的,这是我承接上天的"合同",难道"天之将丧斯文"吗?如果真是那样的话,无所不知无所不晓的"天"怎么会把"斯文"传给我孔先生呢,它费那么多周折干吗?不传我不就让斯文自动丧失了吗?但是老天传给我了,说明上天是想让这斯文一脉代代相传的,那我还担心什么?承担着上天的使命,我们得有这个自信。如果确认了这一点,无论是宋国的大司马,还是匡地的老百姓,他们能把我怎么样?正因为孔子心中抱此信念,被围困在陈蔡时,连着七天饭都吃不上,饿得半死了,他依然能够"愈慷慨讲诵,弦歌不衰"。

孔子这么淡定,真有那"泰山崩于侧而目不稍瞬"的气度,这才是真正的"狂风骤雨站得定"的人,没有一个强大的内心是不成的。这倒不是说他相信老天一定站在他的团队里,要那样理解就把孔子的力量庸俗化了,"志于道""里仁为美"是一种修养,一种信任与托付,这才能让自己真正的强大。"芝兰生于深林,不以无人而不芳,君子修道立德,不谓穷困而改节。"随便你外界瞬息万变,我自岿然不动,这是山的坚守,这是海的胸怀,胸中常抱这种力量,还有什么能让我们畏惧?还有什么"平庸之恶"能让我们屈从?

三 三个故事

有力量、有坚守的人生当然是值得尊敬的人生,不过"力量"只是人生的一个维度,是支撑我们有尊严地活着的基本保障，它还远远不是全部。一个值得珍惜和回味的人生，岂能缺少智慧光芒？研读国学经典，必有所得，有一些"得"需要天长日久方能显现它们的价值，特别是信念层面、思想层面；但有一些"得"，我们几乎立刻就能感受到那份来自两千多年前的叮咛与教诲。"世事洞明皆学问，人情练达即文章"，了解孔子的主张，我们不妨再关注一下那些与"世事洞明"有关、与"人情练达"有关的故事吧。这里我从《孔子家语》里选了三个故事，作为研读、学习《论语》的一个补充，相信对朋友们有所补益。

第一个故事是关于子贡的。原文是这样的：

> 鲁国之法，赎人臣妾于诸侯者，皆取金于府，子贡赎之，辞而不取金。孔子闻之曰："赐失之矣。夫圣人之举事也，可以移风易俗，而教导可以施之于百姓，非独适身之行也，今鲁国富者寡而贫者众，赎人受金则为不廉，则何以相赎乎？自今以后，鲁人不复赎人于诸侯。"
>
> ——《孔子家语》卷二

这段文字虽然不见于《论语》，但《孔子家语》《吕氏春秋》《淮南子》和《说苑》等众多书籍却都有记载，可见这个故事在秦汉时期是非常流行的。我们来看看故事本身。鲁国的法律规定，凡是在外面发现本国老百姓破产了、被卖做奴隶了，鲁国政府鼓励人们赎回这些落难的老乡。赎人当然是做好事,可是做好事的人也得吃饭啊,他不能散尽自己的家财啊!"老吾老以及人之老,幼吾幼以及人之幼",这是儒家推崇的大德之行,但不要忘了"及人之老""及人之幼"都是有前提的,前提是血缘亲属你首先要照顾好,家庭你首先要照顾好,这才能谈到帮助别人。坐过飞机的朋友可能都知道,飞机上有这样一条规定,一旦出现紧急情况,氧气面罩从座位上方落下来,成年人一定要给自己先戴上氧气面罩,然后再给身边的孩子或缺乏自理能力的人士戴上。为什么要这样呢?做好事当然不错,但首先你得活下来才谈得上帮别人,否则那岂不是忽悠人吗?所以,你付钱做了好事,鲁国政府不会让你承担这笔钱,它会按照你花出去的数额补偿你,或许还可能多补一点也说不定。子贡是个有钱人,据说都达到富可敌国的水平,"分庭抗礼"这个词,说的就是子贡,意思是他走到哪里,连当地的国君都要以平等的礼仪和他相见。这要放到现在,恐怕连比尔·盖茨、李嘉诚、马云也得不到这样的待遇。子贡不差钱,他喜欢做好事不留名,帮鲁国政府赎回做奴隶的鲁国人后,他高姿态地拒绝了政府的补偿。政府官员自然乐见其成了,少花点钱谁不喜欢?子贡也很开心,助人为乐、境界高啊!真是两全其美的事。但子贡的老师孔子不这么认为,他说什么?他说同学啊你真是做错了!有道德有修养的人做一件事,不能只图自己痛快,只图自己有个好名声,那还要看能不能移风易俗,能不能让大家也学着做，让老百姓真正得到长久的利益。你是土豪没错啊，但鲁国毕竟土豪少、穷人多啊！你不要政府补偿不要紧，你钱多人好不在乎，你是高尚了，可这样一来，你却把那些穷人都给绑架了，他们费尽千辛万苦把人赎回来了，那这政府的补偿金拿还是不拿？如果拿了吧，和你子贡一比，自己就显得特别贪，品德低下。如此一来，他就不好意思去领这个补偿。可他自己又没那么多钱去满世界赎人做好事，那怎么办？多一事不如少一事，最终的结果是"自今以后，鲁人不复赎人于诸侯"，把好事都留给你子贡做吧！子贡就是个千手观音、送财童子，他也做不过来啊！

上面这段文字是出自《孔子家语》，其实《吕氏春秋》记载这个故事的时候，还在结尾附赠了一个关于子路的故事，它是这样记载的：

> 子路拯溺者，其人拜之以牛，子路受之。孔子曰："鲁人必拯溺者矣。"

子路也做好事了，他救了一个掉到河里快要淹死的人。那个获救者送给子路一头牛，子路毫不客气地收下了。牛啊！紧缺物资，春秋战国时期，牛既是交通工具，也是重要的生产工具，其价值不亚于现在一辆高级跑车。这么贵重的礼品，子路一点也不拿自己当外人，竟毫不客气地收下了——看起来是挺贪财的。不过老师孔子却觉得子路做得对，很少得到老师表扬的子路这次又得了一朵小红花。

孔子说，子路救人得牛的事情传播开以后，鲁人再见到溺水的人，一定会去相救的。这个故事恰好和上面子贡的故事对应，进一步阐明孔子的主张。拿或者不拿，其实不是问题的关键，关键是你是否"移风易俗"了，你的做法是否可以"施之于百姓"了。

第二个故事，我们接着来讲讲子路做好事。我们前面讲了，子路虽然老挨批评，但他的确是孔子特别喜欢的一个学生，性格直爽，没有坏心眼，"君子死，冠不免"，死也要死得合乎礼仪，说的就是他。子路救人受牛这件事做得漂亮，获得老师认可。但是人非圣贤孰能无过，这不，接下来这件事，子路就又挨老师批评了。这是件什么事情呢？

子路为蒲宰，为水备，与其民修沟渎，以民之劳烦苦也，人与之一箪食，一壶浆。孔子闻之，使子贡止之。子路忿不悦，往见孔子曰："由也以暴雨将至，恐有水灾，故与民修沟洫以备之，而民多匮饿者，是以箪食壶浆而与之。夫子使赐止之，是夫子止由之行仁也。夫子以仁教而禁其行，由不受也。"孔子曰："汝以民为饿也，何不白于君，发仓廪以赈之，而私以尔食馈之，是汝明君之无惠，而见己之德美矣。汝速已则可，不则汝之见罪必矣。"

——《孔子家语》卷二

子路去当地方官。当什么官呢？"蒲宰"，就是蒲这个地方的二把手，大概相当于县长助理吧。要发大水了，子路"县助"带领老百姓大搞防涝工程，修沟挖渠的，大家都很辛苦。子路心眼好，虽然自己并不富裕，但还是出钱给每个民工发"一箪食一壶浆"——一份盒饭一瓶矿泉水。领导送温暖，民工们自然很高兴。但孔子知道了这件事，就派子贡前去阻止子路，不用说，也传达了孔子对子路的批评。子路花了这么多钱做好事，结果却遭到老师批评，心中自然不快，于是就去找老师讨说法。孔子的回应也很清楚，子路做好人没错，但是场合、时机不对，用自己的钱贴公家的事儿，是"明君之无惠，而见己之德美矣"，你是成了民众的大恩人了，可是却显得你的领导是个大混蛋。领导也不是傻子，自然会发现其中的玄妙，等他明白过怎么回事来，你子路飘飘然的好日子就到头了。

这两个故事说明了什么？说明了即使很努力地做一件好事，如果思虑不周全，缺乏更宏观的视野，不仅不能达到预期的合作效果，反而招来怨恨，不利于构建快乐、和谐的团队合作氛围。该点赞的时候点赞，该打赏的时候打赏，这是我们融入一个团队的第一课。

讲完两个孔子学生做好事的故事，我们再讲讲孔子自己做好事的故事吧。

孔子将行，雨而无盖。门人曰："商也有之。"孔子曰:"商之为人也,甚吝于财。吾闻与人交,推其长者,违其短者。故能久也。"

——《孔子家语》卷二

商,是卜商,所谓"文学游夏"中的子夏,专业成绩拔尖,孔门十哲之一,是孔子喜欢的学生。有一天孔子要出门,正好下起了大雨,孔子大概一时周转不灵,总之连把雨伞也没混上。这怎么办,下雨了,还非要出门,但又没有雨伞。有学生就报告说,那个卜商同学有一把伞,老师可以借他的伞。孔子并没有去借,他说,卜商啊什么都好,但就是有点吝啬,大概也是苦孩子出身,对金钱看得比较重。两个人的交往要长久,就不能经常去挑战别人的弱点,要多看看人家的长处,这样朋友才有得做。你说万一我开口了,他不借吧,怕老师同学笑话,借了吧,自己心里又舍不得,难受。作为好的老师、好的朋友,就一定不要让对方感到难堪,这才是久处之道。所以说呢,我就算被淋成了落汤鸡,也不要让自己的学生感到为难、尴尬。

不知道这个故事大家听懂了吗?如果有这样一个小气的同学或同事,要来与你做朋友,你应还是不应?听孔子的话,"推其长者,违其短者","和而不同",这才是人际关系的最高境界。孔子还说了,"与其进也,不与其退也""与其洁也,不保其往也",做朋友就要这样做,不作死不会死,他要作死,我的确拉不住,我也懒得管;但是他要下决心好好学习天天向上,那我不能拒绝他,"己欲立而立人,己欲达而达人""己所不欲,勿施于人",我得帮扶着他进步才好啊!这是怎样的境界?这是怎样的胸怀?能做到这样的地步,何愁不会成为一个在群体中受欢迎的人?

【推荐书目】

1. 杨伯峻译注:《论语译注》,中华书局。
2. 钱穆:《论语新解》,生活·读书·新知三联书店。
3. 李泽厚:《论语今读》,中华书局。
4. 李零:《丧家狗:我读论语》,陕西人民出版社。
5. 程树德:《论语集释》,中华书局。
6. 杨朝明、宋立林主编:《孔子家语通解》,齐鲁书社。

第五讲

为什么要读《孟子》

中国传媒大学 王 永

《史记·孟子荀卿列传》云:"孟轲,邹人也。受业子思之门人。道既通,游事齐宣王,宣王不能用。适梁,梁惠王不果所言,则见以为迂远而阔于事情。当是之时,秦用商君,富国强兵;楚、魏用吴起,战胜弱敌;齐威王、宣王用孙子、田忌之徒,而诸侯东面朝齐。天下方务于合从连衡,以攻伐为贤,而孟轲乃述唐、虞、三代之德,是以所如者不合。"可见在他主要进行游说的魏惠王、齐宣王那里,他都败给了吴起、孙膑这样的兵家人物。但是,事实上,孟子却是最大的兵家,只不过救亡图存的战局局势和急功近利的昏庸国君导致了他的落寞。太史公马迁评价道:"余读孟子书,至梁惠王问'何以利吾国',未尝不废书而叹也。曰:嗟乎,利诚乱之始也!夫子罕言利者,常防其原也。故曰'放于利而行，多怨'。自天子至于庶人，好利之弊何以异哉！"立足于秦汉一统后的强大帝国，司马迁深刻地感知到，道德的争夺才是真正的战场，是最终得到最大利益的终极王道。那么，我们就从孟子一系列的游说活动中去体会"仁政"的兵法真谛吧！

一 初仕于薛：要把财富分给最广大的民众，才能收获最宝贵的民心

　　孟子是在他的出生地邹国出仕的。当时邹国发生了一场战争，邹穆公对孟子说："太奇怪了，我的官员们死了23个，而老百姓却一个都没死。要是因此法办他们吧，人数太多了；不处分吧，那些对上司和长官见死不救的老百姓也实在太可恶了。怎么办才好呢？"孟子批评邹穆王说："灾荒的年月，老百姓饿殍遍野，可是您的粮食装满在粮仓里不去赈济，长官们也不向您汇报进谏，怎么还能期望老百姓为这些渎职的官员卖命呢？如果您能施行仁政，民心就可以凝聚了！"荀子说："修礼者王，为政者强，取人者安，聚敛者亡。故王者富人，霸者富士，仅存之国富大夫，亡国富筐箧、实府库。"（《荀子·王制》）孟子所描述的邹国，恰恰就是那种即将成为"亡国"的景

象。孟子的辩说启示我们,对于权力而言,财富是一种不祥之物。越是能够把自己权力之下的财富分给最广泛的人,这个人就越能保有民心。反之,越是把财富牢牢握在手中,越会引发他人广泛而又强烈的妒忌并反抗,最终失去了权力,同时也失去了财富甚至生命。

这是孟子对统治者发难的开端,此后,孟子走上了驳斥诸侯国君、推行仁政学说的征途。

二 初游于齐:使用人才,不要为其背负的不实之名所干扰,要看实情和能力

邹国是个小国,邹穆王又昏庸,孟子的理想根本不可能实现。于是,他来到了强大的齐国。期间,孟子与匡章的交游,受到了弟子公都子的质疑。

匡章是齐国一个比较有争议性的人物。他的母亲犯了错,被他的父亲杀死了,并埋在马栈之下。为了这件事,匡章与父亲闹翻,并被赶出家门。但父亲死后,匡章也并没有为母亲改葬。齐威王打算派匡章出兵抵抗秦国,许诺打胜仗回来后为他的母亲迁葬。匡章却说:"我自己也不是没有能力给母亲重新安葬,但我母亲犯了错,父亲生前并没有来得及宽恕她,现在我改葬母亲,这不是欺骗已死的

父亲吗？所以我才不做这件事。"国人都认为匡章既别居于其父，又薄待于其母，是个大不孝之人。

公都子对孟子说："匡章是齐国有名的不孝之子，可是您却和他亲近，并且很恭敬，这是什么原因呢？"

孟子是怎样回应的呢？首先，孟子把"孝"做了定义。他说："世俗所说的不孝，有五种情况：四肢懒惰，不顾父母的生活，是一不孝；喜欢赌博喝酒，不顾父母的生活，是二不孝；贪图钱财，偏爱老婆孩子，不顾父母的生活，是三不孝；放纵于寻欢作乐，使父母蒙受羞辱，是四不孝；逞勇好斗，危及父母，是五不孝。章子在这五种不孝中犯有哪一种吗？"

面对臣民们的反对，齐威王倒是认为：匡章连亡父都不肯欺瞒，何况对于活着的君王呢？所以力排众议派匡章领兵出征。匡章最后大获全胜，在齐国获得了极大的名望。这说明，在判断人才的时候，孟子并不"迂阔"，而是有深刻的洞察眼光。

孟子第一次出游齐国时间很长，积累了不少声望，还得到了匡章的帮助，但并未受到齐威王的重视。不得已，孟子只好离开齐国，又到了宋、薛两国。

三　寄望于宋：为百姓减轻税负，要雷厉风行

孟子最初对宋君还是抱有信心的。弟子万章担心地问他："宋是个小国，推行王道，万一齐、楚这样的大国感到讨厌而来讨伐，怎么办啊？"孟子坚定地回答："只要执行王道路线，四海之内的百姓都会伸长脖子向往，这就是天下的圣王。齐、楚两国又能奈何呢？没什么好惧怕的！"

这明显是一厢情愿的空想。

他劝戴盈之施行什一制的轻税，但对方委婉地拒绝了。戴盈之说："你讲得很好，但现在还行不通。暂时先减轻一点儿赋税吧，明年再彻底执行。"孟子用打比方的方式反驳道："好比有窃贼每天偷一只鸡，你告诉他偷鸡不是正道，窃贼说：'好吧，那我改一点儿，每月偷一只好了。等明年再彻底不偷。'这样行吗？如果一件事情是不对的，那么就要快快地改正，怎么能等来年呢？"这样的说辞固然令人无可驳辩，但明显不是宋国的政治家能够做到的。

四 道试于滕：知其不可而为之的无奈

孟子在宋国不得志，但却结识了滕国的王子，即后来的滕文公。滕国王子从滕国到楚国去，要经过宋国，来去两次，都专程去谒见孟子，对孟子的王道仁政学说很感兴趣。

此后，孟子由宋到薛，又回到邹国。后听说临近的鲁国任用乐正子执政，兴奋得睡不着觉，他认为乐正子是个讲信用的好人，一定能把风俗很好的鲁国治理好。孟子来到鲁国，在乐正子的引荐下，几乎要见到鲁平公了，可惜遭到了小人的谗害，最终还是没有见到。

接下来，孟子被请到滕国，在新即位的滕文公的信赖下推行自己的政治主张。无奈滕国实在太小了，是个方圆仅50里的小国，也就相当于现在的一个县那么大，怎么可能有所作为呢？孟子之学说，适合于统一后的大国，只有在那样的条件下才能收到好的效果。"滕文公为当时之诸侯，孟子教之为王者师，盖滕在当时已不能自存，勉之为王者之事。不幸而亡，尚可为后王取法，盖其宅心在天下之福利，不暇为一家一人计也"。① 这是孟子在滕国施政之用心。

孟子在滕国，还曾经与农家学派的一位代表人物陈相辩论，打败了农家的学说。农家提倡君民并耕，强调了农民和农业的重要性，但也有很多消极保守的成分。孟子对农家学说不以为然，他首先指出了社会分工的必要性与合理性，然后用推理法驳倒了陈相。这里提到"劳心者治人，劳力者治于人"过去一直被当作孟子轻视劳动人民的一个证据，但我认为这里有一个训诂的问题，那就是"治"一般被翻译成"统治"，而孟子的原意应该是"管理"。在孟子的社会分工体系中，没有高低贵贱之分，只有分工不同而已。

滕文公十分礼敬孟子，但孟子也遇到一些不愉快的事情。滕文公的弟弟凭借自己的身份来请教孟子，大概是表现得有些倨傲，孟子对他十分冷淡。事后孟子向弟子们解释了原因。

孟子说，作为师长，我不愿意回答别人向我请教的情形有以下几种，一是凭借自己的地位，二是标榜自己的贤德，三是依赖自己年纪大，四是依仗自己的功劳，五是凭借老关系。而滕文公的弟弟呢？在第一条和第五条上都犯了忌讳。

---

① 李源澄：《诸子概论》，华东师范大学出版社2010年版，第23页。

虽然滕文公对孟子十分敬重，将他们师徒安排在被称为"上宫"的滕国最高级的馆舍下榻，馆舍的工作人员却对他们鄙夷不屑。孟子师徒到达馆舍的当天下午，有一只尚未织成的草鞋放在窗台上不见了，他们竟怀疑是孟子的弟子偷去了，便来询问查找。孟子很不高兴，反问道："你以为他们是为偷鞋而来的吗？"

由于滕国的政治环境始终满足不了孟子的预期，他在滕国也渐渐心凉下来。听到梁（魏）惠王广纳贤才的消息，他就离开了滕国。

五　在魏驳"利"，仁德才应是领导思维的核心指南

魏惠王（因都大梁，故而也称梁惠王）用谦卑的诏令和厚重的礼金聘请贤者，这固然是很有号召力的；但他急于求成，想要称王称霸的功利主义心态也着实令孟子不爽。两人之间的摩擦最多，但擦出来的火花也最多。

摩擦的焦点，就是义和利的理论交战。

孟子拜见梁惠王。梁惠王说："老先生，您不远千里而来，一定是有什么对我的国家有利的高见吧？"梁惠王直言不讳地道出了自己的心理，就是寻求利己、利国的智慧。

孟子紧紧抓住梁惠王所提到的"利"这个概念,劈头驳论道:"大王!何必说利呢?只要说仁义就行了。大王说'怎样使我的国家有利',大夫说'怎样使我的家庭有利',一般人士和老百姓说'怎样使我自己有利',结果是上上下下互相争夺利益,国家就危险了啊!"

孟子这样讲,是为了逐层解构掉在梁惠王心中牢固的那种"利"的信仰,接下来就是"危言耸听"的环节了。在这个环节,必须要渐渐接近对方的要害。其实,孟子在这里是有偷换概念之嫌的,因为梁惠王问的"利"明明是"有利于"的意思,是个动词;而孟子的回答中"利"却变成了"利益",是个名词。墨子经常运用这样的小技巧来论辩。

孟子接着说:"在一个拥有一万辆兵车的国家里,杀害它国君的人,一定是拥有一千辆兵车的大夫;在一个拥有一千辆兵车的国家里,杀害它国君的人,一定是拥有一百辆兵车的大夫。这些大夫在一万辆兵车的国家中就拥有一千辆,在一千辆兵车的国家中就拥有一百辆,他们的拥有不算不多。可是,如果把义放在后而把利摆在前,他们不夺得国君的地位是永远不会满足的。"作为统治者,建构起一个围绕"利"为核心的意识形态,的确是非常危险的,会直接危害到自身的安全。安全尚且无力维护,名誉、地位又有什么意义呢?

"反过来说,从来没有讲'仁'的人却抛弃父母的,从

第五讲 为什么要读《孟子》

来也没有讲义的人却不顾君王的。所以,大王只说仁义就行了,何必说利呢?"这才是孟子最终的目的。那就是把论争引向自己要建构起来的以"义"为核心的焦点中,从"义"有利于君王生发,再去设想它对于老百姓的好处。否则,诸侯王正是所有贪欲的终极进攻对象,哪还有好日子过啊。只有施行仁义,才能把所有的善意和美德汇聚到圣王这里,君王才能有最大的安逸和美誉。

等到孟子再次拜见梁惠王,对方就没有那么倨傲了。梁惠王站在池塘边上,一面顾盼着鸿雁麋鹿等飞禽走兽,一面说:"贤人也以此为乐吗?"这多少还有点盛气凌人的架势。孟子回答说:"正因为是贤人才能够以此为乐,不贤的人就算有这些东西,也不能够快乐的。《诗经》说:'周文王开始规划建造灵台的时候,经过了仔细巧妙的设计和安排。天下百姓都积极主动前来帮忙,很快就把灵台建好了。这本来不是一件着急的事儿,但老百姓们干劲十足。文王在灵园中游览,母鹿就趴在草丛中。肥大的母鹿毛色丰润,洁白的小鸟羽翼丰满。文王在灵沼游览,满池塘的鱼儿都欢欣雀跃。'周文王虽然用了老百姓的劳力来修建高台深池,可是老百姓非常高兴,把那个台叫作'灵台',把那个池叫作'灵沼',以那里面有麋鹿鱼鳖等珍禽异兽为快乐。古代的君王与民同乐,所以能真正快乐。相反,《汤誓》说:'你这太阳啊,什么时候毁灭呢?我宁肯与你一起毁灭!'老百姓恨不得与暴君同归于尽。即使暴君有高台深池、珍禽异兽,难道能独自享受快乐吗?"孟子最后暗里将无礼的惠王与夏桀这样的暴君类比,充分体现了他"说大人,则藐之"的态度和技巧。

要做到论辩中观点的充分表达,就必须有优于对方的心理状态。只有在这种状态下,人才可以激发出更加活跃的思想。要是自己先就怯了,是不可能说服对方的。因此,地位低下的人就必须忘掉自己卑下的身份。在孟子看来,作为掌握真理的知识分子,是完全可以藐视愚蠢的统治者的。孟子说:"古代的贤明君王喜欢听取善言,不把自己的权势放在心上。古代的贤能之士又何尝不是这样呢?他们乐于自己的学说,不把权势放在心上。所以,即使是王公贵人,如果不对他恭敬地尽到礼数,也不能够多次和他相见。相见的次数尚且不能够多,何况要他做臣下呢?"

终于,梁惠王肯安安静静地听教训了,再一次见面时他说:"我很乐意听您的指教。"

孟子回答说:"用木棒打死人和用刀子杀死人有什么不同吗?"

梁惠王说:"没有什么不同。"

孟子又问:"用刀子杀死人和用政治害死人有什么不同吗?"

梁惠王回答:"没有什么不同。"

孟子于是说:"厨房里有肥嫩的肉,马房里有健壮的马,可是老百姓面带饥色,野外躺着饿死的人。这等于是在上位的人率领着野兽吃人啊!野兽自相残杀,人尚且厌恶它;作为老百姓的父母官,施行政治,却不免于率领野兽来吃人,那又怎么能够做老百姓的父母官呢?孔子说:'最初采用土偶木偶陪葬的人,该是会断子绝孙吧!'这不过是因为土偶木偶太像活人而用来陪葬罢了。在上位的,又怎么可以使老百姓活活地饿死呢?"

孟子巧设圈套,一步步地把梁惠王引入彀中。

梁惠王最终道出了自己的苦恼:"魏国曾一度在天下称强,这是老先生您知道的。可是到了我这时候,东边被齐国打败,连我的大儿子都死掉了;西边丧失了七百里土地给秦国;南边又受楚国的侮辱。我为这些事感到非常羞耻,希望替所有的死难者报仇雪恨,我要怎样做才行呢?"

孟子回答说:"只要有方圆一百里的土地就可以使天下归服。大王如果对老百姓施行仁政,减免刑罚,少收赋税,深耕细作,及时除草;让身强力壮的人抽出时间修养孝顺、尊敬、忠诚、守信的品德,在家侍奉父母兄长,出门尊敬长辈上级。这样就是让他们制作木棒也可以打击那些拥有坚实盔甲锐利刀枪的秦楚军队了。"

"因为那些秦国、楚国的执政者剥夺了他们老百姓的生产时间,使他们不能够深耕细作来赡养父母。父母受冻挨饿,兄弟妻子东离西散。他们使老百姓陷入深渊之中,大王去征伐他们,有谁来和您抵抗呢?所以说,施行仁政的人是无敌于天下的。大王请不要疑虑!"

再有一次，梁惠王对孟子说："我对于国家，真是够尽心的了。河内发生灾荒，就把那里的（一部分）百姓迁移到河东去，把粮食运到河内去赈济。河东发生灾荒，我也这么办。考察邻国的政务，没有哪个国君能像我这样为百姓操心的了。但是邻国的人口并不减少，而我们魏国的人口并不增多，这是什么缘故呢？"

孟子回答道："大王喜欢打仗，请让我拿打仗来做比方。咚咚地擂起战鼓，刀刃剑锋相碰，士兵们丢盔弃甲，拖着兵器逃跑。有的逃了一百步停下来，有的逃了五十步住了脚。（如果）凭着自己只逃了五十步就嘲笑那些逃了一百步的人，怎么样？"惠王说："不可以，只不过后面的逃不到一百步罢了，但同样是逃跑呀！"孟子说："大王如果懂得这一点，就不要指望魏国的百姓会比邻国多了。"

道理很简单，梁惠王对百姓所做的，并没有比其他残暴的诸侯王仁慈多少，还有什么理由在那里自满呢？

对孟子的理念，梁惠王以"迂阔"视之。还有一种观点则认为，孟子的思想其实并不是太高远了，而是有点拘谨，"荀子明施政之术，孟子仅言无名指摘树之以桑，使民养生送死无憾而已。由孟子此说，乃与龚遂之法相似，为郡太守固有余，治国家则不足，以其不知大体，仅有农家之术也"[①]。确实，荀子言性恶，崇尚礼治，尽管有令

[①] 章太炎：《诸子学略说》，广西师范大学出版社 2010 年版，第 36 页。

人骨冷之处，但却把政治从"家天下"扩展到了"公天下"，循此才有了韩非子的大国法治观念，这些，都是对儒家的进一步发展和超越。

六 再至于齐：领导者应广纳言教，心怀仁术，不称职者引咎辞职，霸道和暴政贻害无穷

梁惠王死后，襄王即位，孟子和他互相瞧不上。

孟子见了梁襄王，出来以后，告诉人说："远看不像个国君，到了跟前也看不出威严的样子，他突然愣头愣脑地问我：'天下要怎样才能安定？'我回答说：'要统一才会安定。'他又问：'谁能统一天下呢？'我又答：'不喜欢杀人的国君能统一天下。'他又问：'有谁愿意跟随不喜欢杀人的国君呢？'我又答：'天下的人没有不愿意跟随他的。大王知道禾苗的情况吗？当七八月间天旱的时候，禾苗就干枯了。一旦天上乌云密布，哗啦啦下起大雨来，禾苗便会蓬勃生长起来。这样的情况，谁能够阻挡得住呢？如今各国的国君，没有一个不喜欢杀人的。如果有一个不喜欢杀人的国君，那么，天下的老百姓都会伸长脖子期待着他来解救了。真像这样，老百姓归服他，就像雨水向下奔流一样，哗啦啦地谁能阻挡得住呢？'"

对于孟子这样深情渲染的仁政图景,梁襄王是一点儿也提不起兴趣。

出于对梁襄王的不屑,孟子离开魏国,到齐宣王那里去了。

经过这么多年的周游,孟子的名气已经积累得很大了。这次到齐国,追随者人数众多,使新即位的齐宣王都感到好奇,甚至派人私下打探孟子有什么异禀。孟子得知后,叹道:"我有什么不同常人的呢?尧、舜的形貌也和常人没什么不同啊。"

齐宣王壮大了稷下学宫的声势,吸引了包括邹衍、荀子在内的很多知名学者。他给学者很高的待遇,礼贤下士,但本质上他还是政治家的立场,希望学者们帮助自己迅速富国强兵而已。

一次,齐宣王问孟子有关公卿的问题。

孟子说:"大王问哪一种公卿呢?"

宣王问:"公卿还有不同的吗?"

孟子说:"不同。有和国君同宗的贵戚之卿,有异姓之卿。"

宣王说:"请问贵戚之卿应该怎样?"

孟子说:"作为贵戚之卿,国君有了重大错误,就要劝谏,反复劝谏还不听,就另立国君!"宣王一下子变了脸色。要知道,在那个时代,挑战国君世袭的尊严,是要具有极大勇气的。

孟子又把语锋转回来说:"大王不要奇怪。大王问我,我不敢不直接回答您。"

宣王脸色恢复了正常,然后问:"异姓之卿应该怎样?"

孟子说:"作为异姓之臣,国君有过错,就要劝谏,反复劝谏而不听,就离开。"

又一次,孟子与齐宣王对话,他先对齐宣王说:"如果大王您有一个臣子把妻子儿女托付给他的朋友照顾,自己出游楚国去了。等他回来的时候,他的妻子儿女却在挨饿受冻。对待这样的朋友,应该怎么办呢?"

齐宣王说:"和他绝交!"

孟子再问:"如果您的司法官不能管理他的下属,那应该怎么办呢?"

齐宣王说:"撤他的职!"

孟子又问:"如果一个国家的治理得很糟糕,那又该怎么办呢?"

齐宣王引火烧身,中了孟子的圈套,无言以对。他扭头看看左右的人,把话题扯到一边去了。

孟子的目的是要指责齐宣王的不称职,但是他很巧妙地设下圈套,先设计两个问话来套住齐宣王,既然不能好好照顾朋友妻子和孩子的人应该与其断绝关系,不能很好地履行职责的狱官应该被停职,那么君王如果不能治理国家,应有如何的下场?最后令齐宣王无言以对。

"顾左右而言他"是指离开话题,回避难以答复的问题。这句话成为形容人们在无言以对时闪烁其词的代名词。

尽管理论上来讲,孟子的理念具有极大的进步性,但在宗法社会,换掉不称职的国君不过是知识分子的一种美好的想法罢了。真正能落实的,也就是异性之卿(比如孟子)的黯然离开而已。

有一次,孟子问齐宣王说:"大王的最大愿望是什么呢?可以讲给我听听吗?"

齐宣王笑了笑,却不说话。

孟子便说:"是为了肥美的食物不够吃吗?是为了轻暖的衣服不够穿吗?还是为了艳丽的色彩不够看呢?是为了美妙的音乐不够听吗?还是为了身边伺候的人不够使唤呢?这些,您手下的大臣都能够尽量给您提供。难道您还真是为了这些吗?"

宣王说:"不,我不是为了这些。"

孟子说:"那么,您的最大愿望便可以知道了。您是想要扩张国土,使秦、楚这些大国都来朝贡您,自己君临中国,安抚四方落后的民族。不过,以您现在的做法来实现您现在的愿望,就好像爬到树上去捉鱼一样。"

宣王说:"竟然有这样严重吗?"

孟子说:"恐怕比这还要严重哩!爬上树去捉鱼,虽然捉不到鱼,却也没有什么后患。以您现在的做法来实现您现在的愿望,费劲心力去干,一定会有灾祸在后头!"

王充《论衡》中说:"誉人不增其美,则闻者不快其意;毁人不溢其恶,则闻者不惬于心。"人之常情总是会对夸张渲染的言辞更加动心。鲁迅批判国民性的时候采取重症下猛药的方式也是这个道理。对于利欲熏心的齐宣王,孟子用"缘木求鱼"来批评他目的与手段的背道而驰,并且尖刻地指出,这种错误努力付出得越多,带来的灾难可能越大,至此可以说不仅表明了自己的立场,而且已经把齐宣王的注意力充分调动起来了。

齐宣王是愚蠢诸侯的代表,他也是一代霸主,但是在孟子与他的一次长谈中,他的愚蠢表现得淋漓尽致。在他们的对话中,齐宣王完全落入孟子的语言陷阱之中,被孟子牵着鼻子走。

这段话原本是问孟子关于齐桓公和晋文公的事,其实是称霸之意,但是孟子转移的话题,谈起以羊易牛的事情,又用话激齐宣王,导致他一再解释自己不是爱财,然后肯定其仁心。接下来有意地问他大欲是什么,就是要称霸天下!但孟子尖锐地揭露出他的行为与目的是背道而驰的,这点仁心仁术很容易就会被淹没在大欲之中。

在另一个片段中,齐宣王曾用"好色""好货(财货)""好勇"等来表达自己对于王道、仁政主张的踌躇,孟子分别加以仁义的诱导。孟子对齐宣王的态度是相对客气的,他没有劈头盖脸地指责齐宣王,而是循循善诱,因势利导,把他带到正确的道路上去。孟子说好勇并不是坏事情,但是作为君王,不应该喜好匹夫之勇,而应该效法先王的大智大勇,不以逞强斗狠为快,而以天下为己任,以安邦保民为职责,这才是统治者应有的"大勇"。

齐宣王礼敬孟子,孟子对齐宣王的态度要比梁惠王好得多。他对齐宣王付出了很大的耐心,但最终齐宣王还是难以执行孟子的"仁政"。孟子离开齐国,在昼邑待了三个晚上,有人误解孟子是后悔了,留恋富贵。有个士人尹士甚至对人说:"不知道齐王不能成为商汤、周武王那样的君主,那就是不明智;知道齐王不可能,然而还是到齐国来,那就是为了企求好处;不远千里地来见齐王,不相投合而离开,却在昼邑住了三夜才走,为什么这样滞留迟缓呢?"

孟子说:"那尹士哪会懂得我呢?千里迢迢来见齐王,这是我自己愿意的;不相投合而离开,难道也是我愿意的吗?我是不得已罢了。我住了三夜才离开昼邑,在我心里还觉得太快了,或许齐王会改变态度的。齐王如果改变了态度,一定会召我回去。离开了昼邑,齐王没有追我回去,我这才毅然下定决心回老家去。我虽然这么做了,难道肯舍弃齐王吗?齐王还是完全可以行仁政的。齐王如果任用我,岂止是齐国的百姓得到安宁,天下的百姓都能得到安宁。齐王或许会改变态度的。我天天期望着他能改变!我难道像那种气度狭小的人吗?向君主进谏不被接受,就怒气冲冲,脸上显露出不满的表情,离开时就非得拼尽一天的气力赶路,然后才歇宿吗?"

孟子反击了说他"不智"或者"不廉"的指责,申明了自己"从道不从君"的立场。尹士听了这话,慨叹道:"我真是小人之心度君子之腹啊。"

在归邹后,门人感觉孟子心情不太愉快。孟子说:"每五百年必定会有圣王出现,这期间也必定会有闻名于世的贤才。从周以来,已经七百多年了。按年数说,已经超过了;按时势来考察,该出现圣君贤臣了。上天还不想让天下太平罢了,如果想让天下太平,在当今这个时代,除了我,还有谁(能担当这个重任)呢?我为什么不愉快呢?"

尽管嘴上不服软,但我们还是能够感受到孟子对于自己终生不遇圣王的遗憾,那种"当今之世,舍我其谁"的道德担当之气,也只能浮动于自己晚年与弟子合作的著述中了。

孟子是寂寞的先贤,但主要还是生不逢时。他的寂寞不是主观的清高,对于像齐宣王这样尚有教育价值的君王,他也是尽全力争取的,但底线是自我的尊重。只有自我的尊重,才是对儒家学说最大的尊重。直到一千年后,在宋代的新儒学中,孟子的思想最终才赢得主导地位,成为政治领域乃至个体道德生活的核心话语。

孟子之伟大,首先在于他对信念的坚持。不管多少阻碍和诱惑,都不能改变他的政治主张。"孟子持有这样的信仰:可以通过君子的道德意志来拯救世界。在当时的世界上,作出这样承诺的人在所到之处总会受到攻击,甚至在儒家阵营内部也是如此,但孟子大胆地甚至带有空想色彩地重新肯定了这一信仰。"① 其次在于对权势的诘难，不管任何权威，他都不惜直接地去触怒。再次在于他对义的呼吁，这使他显出人格之锋芒，不纵容恶与伪，不用含蓄来助长歪风邪气。在此在于他对善的认定，这使得我们的人生不管多么艰难，总是抱有希望。

提到"儒商"我们总是想到范蠡、子贡这样的实践者，实际上，儒家的经典正是儒商的教科书，"为天下谋利"、心怀家国与万民，这种儒商精神不正是"仁政"理念从政治学说向商业手段转换后的创造吗？

【推荐书目】

1. （宋）朱熹：《四书章句集注》，中华书局。

2. 杨伯峻译注：《孟子译注》，中华书局。

3. 傅佩荣：《解读孟子》，上海三联书店。

4. 方勇译注：《孟子》，中华书局。

---

① ［美］史华兹：《古代中国的思想世界》，程刚译，江苏人民出版社2004年版，第301页。

第六讲

为什么要读《庄子》

同济大学　崔　铭

说到庄子,我们总会情不自禁地想起"庄周梦蝶",想起他在濮水边垂钓,虽然饥肠辘辘、衣弊履穿,却弃功名如敝屣,视富贵若浮云,面对楚王重金礼聘为相的绝好机会,"持竿不顾"(《庄子·秋水》),声称自己宁愿做一只在烂泥塘里摇着尾巴逍遥快活的乌龟……

对于这样的庄子,很多年轻朋友嘴上不说,心里可能会想:他确实令人敬佩,确实活得潇洒,但未免太过消极。我的人生之路才刚刚开始,正渴望投身到火热的社会生活中去,我有理想,有抱负,要认真学习,努力奋斗,坐在草地上晒太阳,看云起云飞,虽然很美,但毕竟只能是生活中的小插曲、小点缀,我可不想一事无成地度过自己的一生,更不想一辈子过着贫穷窘迫的生活,因此,《庄子》

对于我的人生能有什么指导性意义呢？我为什么要花费大把的时间去读《庄子》呢？

其实，不知各位有没有想过，这样一个大众化、通俗化了的庄子形象，对于《庄子》这部书所包蕴的丰富的人生智慧有一种可怕的遮蔽。

不错，庄子把生命的自然与自由看得至高无上，他反对一切对生命自然形态与自由状态的戕害。他在《逍遥游》中塑造了一个无己、无功、无名的藐姑射之神人，"肌肤若冰雪，绰约若处子；不食五谷，吸风饮露；乘云气，御飞龙，而游乎四海之外"，与天地同德，与自然合一，滔天的洪水不能淹没他，熔化金石、烤焦土山的酷热也不能灼伤他。总之，没有什么可以对他造成丝毫的伤害。当然，这是一种充满想象力的神奇化描述。就好比李白那首脍炙人口的《望庐山瀑布》，透过文字，我们可以最大限度地感受到飞流直下、动人心魄的壮美，但绝不会有人质疑李白所写的庐山瀑布是否真有"三千尺"。而庄子也只是用他独特的言说告诉我们，真正自然与自由的生命状态是多么美好！绝世独立，无所待于外，"独与天地精神相往来"，这是庄子的理想，是《庄子》一书对于人类精神与心灵可能达到的境界的一种最大胆无羁的想象。至于庄子本人，在我看来，距离这一境界还是有不小一段距离的。《庄子·外物》中记载了这样一个小故事。

第六讲 为什么要读《庄子》

> 庄周家贫，故往贷粟于监河侯。监河侯曰："诺。我将得邑金，将贷子三百金，可乎？"庄周忿然作色曰："周昨来，有中道而呼者。周顾视车辙中，有鲋鱼焉。周问之曰：'鲋鱼来！子何为者邪？'对曰：'我，东海之波臣也。君岂有斗升之水而活我哉？'周曰：'诺。我且南游吴越之土，激西江之水而迎子，可乎？'鲋鱼忿然作色曰：'吾失我常与，我无所处。吾得斗升之水然活耳，君乃言此，曾不如早索我于枯鱼之肆。'"

庄子家里穷得揭不开锅了，只好去找他的邻居监河侯借米。这监河侯（别看这里称"侯"，实际不过是个河道管理员而已）装出一副很豪爽的样子说："没问题！等我收取了税钱之后，一次借给你三百块，你说好不好？"庄子一听，这不是明摆着拒绝吗？真是人穷受人欺啊！心里的火噌一下就起来了，当场便跟他翻脸。

再看《庄子·列御寇》中的一个故事：

> 宋人有曹商者，为宋王使秦。其往也，得车数乘，王说之，益车百乘。反于宋，见庄子，曰："夫处穷闾阨巷，困窘织屦，槁项黄馘者，商之所短也；一悟万乘之主而从车百乘者，商之所长也。"庄子曰："秦王有病召医，破痈溃痤者得车一乘，舐痔者得车五乘，所治愈下，得车愈多。子岂治其痔邪？何得车之多也？子行矣！"

这一次惹毛庄子的是一个叫曹商的人。曹商发迹了，得到宋王和秦王的赏识。大概以前落魄时常和庄子一起混，论才华、论气质又总是落于下风，心里多少有那么些自卑与压抑。因此，现在发达了，便忍不住要去庄子面前炫耀炫耀。可恶的是，他不仅炫耀自己的成功，而且肆无忌惮地嘲笑庄子的窘迫。面对如此浅薄的势利小人，庄子心中的恼怒立即化为了极为刻薄的言辞。

　　在这两个故事里，庄子的反应和我们芸芸众生并没有多大区别，不要说天崩地裂、山倾海覆这样的大变故、大灾难，即使是最普通的世态炎凉、人情冷暖也足以伤害他那颗敏感的自尊心。说这两个故事的目的，不是要破坏庄子在大家心中的形象，而是想要说明，庄子哲学不是清风明月下闲适生活的产物，而是备尝生活艰辛的热血哲人在寻求精神与心灵解脱过程中所获得的宝贵的人生智慧。它以极为独特的视角，洞悉了世界的本质，揭示了生活的奥秘，并且提供了诸多见仁见智的思考。因此，说到《庄子》这部书的影响，南宋思想家叶适有过四句话的总结："好文者资其辞，求道者意其妙，汩俗者遭其累，奸邪者济其欲。"现代文史学家郭绍虞又加了一句："谈艺者师其神。"也就是说，无论你是什么人，不管你对自己的未来有怎样的期许，对自己的人生有怎样的定位，也不管你的人生之路是顺遂或是坎坷，读一点《庄子》都会使你得到意想不到的助益。那么，具体都有哪些助益呢？这里我想从一些日常生活事例出发略说一二。

一 "热门"与"冷门"

每年高考前后，总有亲戚、朋友来向我咨询孩子报考什么专业好。家长们一般倾向于选择"热门"专业，到底哪些是"热门"呢？他们心中自然没谱，只好求助于左邻右舍、亲朋好友。孩子则一方面想坚持自己的兴趣爱好，另一方面又担心因为缺乏社会经验而做出错误的选择。因此，高考填报志愿是件令全家人都很纠结的事情。但是，假如我们读过《庄子》，这类问题便可迎刃而解。

《庄子》认为，世间一切都是相对的，从根本上来说没有大小、美丑、贵贱、是非、好坏的区别。例如，人睡在潮湿的地方就会得风湿病，而泥鳅却不会，那么，潮湿的地方是好还是不好呢？这就得看是相对于人还是相对于泥鳅来说了；千里马可以一日千里，捉老鼠却比不上一只小猫，这两种动物哪个更有用呢？这也得相对于你当时的需要来说；西施和东施在人看来，一个是绝世美女，一个是绝世丑女，但是自然界的鱼呀、鸟呀、麋鹿呀无论见了她们中的哪一个都会赶紧逃走，相对于这些动物而言，西施的吸引力并不比东施多出一分，可见美丑的区别也是有条件的。"有条件"就意味着暂时、不固定，会随着对象、时间、空间等因素的改变而改变。我们来看《庄子·逍遥游》中的两个故事：

> 宋人资章甫而适诸越，越人断发文身，无所用之。
>
> 宋人有善为不龟手之药者，世世以洴澼絖为事。客闻之，请买其方以百金。聚族而谋曰："我世世为洴澼絖，不过数金。今一朝而鬻技百金，请与之。"客得之，以说吴王。越有难，吴王使之将。冬与越人水战，大败越人，裂地而封之。

战国时期的宋国，相当于今天河南商丘一带。庄子是宋国人，这两个故事的主角都是他的老乡。第一个故事讲的是一个卖帽子的商人。对于当时中原地区的人来说，帽子是人人必备之物，所谓"男子二十而冠"，成年男子都必须束发戴帽，否则便被视为不文明的野蛮人。但是做帽子生意的人很多，竞争激烈，于是这位老兄运了一车帽子前往越国，准备大发横财。到那里才发现越国的装束和中原大不一样，人们全都留短发，在皮肤上刺花纹。他大老远运来的帽子成了无用的废物，免费赠送人家还嫌占地方。第二个故事讲的是一个祖传秘方在不同的人手里发挥的不同作用。宋国有一户人家，拥有一个配制防冻药膏的祖传秘方，所以他们世世代代以漂絮为生。有个外地人听说之后，出重金买下这个秘方，便去游说吴王。碰巧越国对吴国有军事行动，吴王就派这人统率军队，冬天与越军发生水战，大败越军，立下赫赫军功，吴王划了一块土地封赏他。这两个故事中，同样的帽子因为空间环境的变化从有用变成了无用，同一个药方因为拥有者的不同从小用变成了大用。道理似乎很简单，可是在日常生活中我们却常常不善于这样去思考问题。

让我们回到刚才关于高考专业选择的话题上来。首先，人们总是认为选择"热门"专业是明智的、理所当然的，关键只是要搞清楚哪些是"热门"。可是，他们却没有想过，某个专业成为"热门"时，必定会吸引大批人才，竞争激烈不说，最后还会导致人才过剩，几年之后很有可能就会变成求职的冷门。大家不妨去网上搜索两篇文章，一篇是 2008 年 5 月 15 日人民网发表的《2008 年高考报考指南·未来十大热门专业纵览》，另一篇是 2014 年 6 月 26 日中国教育在线发表的《盘点 2014 年不好就业的十大高考专业》。两篇文章进行对比，就会看到一个令人惊讶的事实：仅仅六年时间，热门变冷门并不是个别的情况。2014 年不好就业的十大专业中"生物科学与工程""生物技术""法学"等，赫然名列于 2008 年的十大热门专业中。假如我们把对比的时间拉得更长一点，这种情况会愈加突出。例如，2014 年十大就业冷门之一"经济学"，在 2007 年就曾属于十大热门之一。想想看，当年选择这些专业的同学，如果不是出于个人的兴趣与特长，而是奔着"热门"两个字而来，该多么失望啊！是不是有点类似于那个倒卖帽子到越国的宋国商人呢?

其次,我们所学的专业就像故事中的"不龟手之药"一样,如果你是那个只会以漂絮为生的宋人,再"热门"的专业,对于你来说,也不过是一个可以谋生的手段而已;如果你是那个独具慧眼与才能的"客",在别人那里仅可谋生的手段,到你手中却可以成就一番风生水起的大事业。水稻专家袁隆平先生就是一个非常典型的例子。长期以来,我们的社会普遍存在着轻视农村、轻视农业的倾向,农学自然也成了专业选择的一大"冷门",但袁隆平先生却在这个"冷门"中凭着个人强烈的兴趣与崇高的使命感坚持不懈地耕耘,做出了卓越的成就,成为蜚声国际的水稻专家,于2001年、2013年两度荣获国家最高科学技术奖,并被提名角逐2014年诺贝尔和平奖。

所以,正如《庄子·齐物论》所说:"方可方不可,方不可方可;因是因非,因非因是。是以圣人不由而照之于天,亦因是也。"联系到有关专业选择的话题来理解,这段话的意思也就是说:当人们认为某个专业是"热门"时,它已经开始变"冷"了;当人们认为某个专业是"冷门"时,它已经开始变"热"了。所以,一个有智慧的人是不会一味从外在去分辨什么"热门""冷门"的,而是凭着自我内在的真实(即兴趣、禀赋和志向)进行取舍。

二 "有用"与"无用"

追求"有用",鄙弃"无用",这在日常生活中似乎是一种再普遍、再正常不过的心态。做"有用"的人,不做"无用"的人;要"有用"的东西,不要"无用"的东西;做"有用"的事,不做"无用"的事。这种心态体现在教育上,便有了一系列我们司空见惯的现象:

早在孩子牙牙学语的时候,许多家长就忙着教孩子认字、画画、背诗、数数……却并不鼓励孩子嬉戏打闹,因为他们相信学习是"有用"的,而嬉戏打闹是"无用"的。

孩子上学后,成绩与升学成为学校与家长关注的重心。每当看到孩子认认真真地读课文、背单词、做作业,爸爸妈妈的脸上就会露出无比欣慰的笑容,因为他们认为这些都是"有用"的,而课外阅读、社会活动、同学交往等"无用"的事情都受到一定程度的禁止或限制。

受着这样的教育长大的孩子,进入大学后通常也非常自然地习惯于"有用"与"无用"的分辨,选课、读书都紧紧围绕求职、考研、出国几个中心,只选"有用"的课,只读"有用"的书,就连参加校园活动也只是为了将来在求职或求学的简历上留下几条"有用"的记录……于是,在自认为"无用"的必修课上背单词,因为英语是"有用"的;热衷参加各种考证培训,因为职业资格证是"有用"的;毕业论文、毕业设计敷衍了事,把主要精力用于实习与兼职,因为工作经历是"有用"的……本该以全人教育、通识教育、终身教育为灵魂的大学,简单化为职业培训所、考研进修班和出国预备中心。当然,造成这种局面的主因并不在学生,而在于教育制度,乃至于笼罩全社会的片面追求"有用"的思想意识。

那么,对于"有用"与"无用"的问题,庄子是怎么看的呢?《庄子·外物》篇中记载了这样一个故事:

> 惠子谓庄子曰:"子言无用。"庄子曰:"知无用而始可与言用矣。夫地非不广且大也,人之所用容足耳。然则厕足而垫之,致黄泉,人尚有用乎?"惠子曰:"无用。"庄子曰:"然则无用之为用也亦明矣。"

惠子是庄子的老朋友,他俩经常互相抬杠。一天,惠子对庄子说:"您的言论没有用处。"庄子说:"只有懂得无用的价值的人,才可以与他谈论有用。您看,大地是如此辽阔,可是我们站立时却只用到一尺之地而已。显然,那一尺之外的广大土地,此时都是闲置无用的。假如我们将那些闲置无用的土地全部挖去,致使容足之外皆为深渊,那么,这块容足之地还有用吗?"惠子说:"没有用了。"庄子说:"那么,无用的用处不是很明显吗?"

第六讲　为什么要读《庄子》

是啊，容足之外皆为深渊则不可行矣！可是，在日常生活中，我们却只看到这块容足之地，我们总是被短期的利益蒙蔽了双眼，主观、盲目地对客观外物进行"有用"与"无用"的评判。所以，我们会围湖造田，因为在我们看来大片大片的湖水是无用的，只有能长出稻谷的良田是有用的；我们会毁林开荒，因为在我们看来整座整座的山林是无用的，只有变成梯田才是有用的；我们会捕杀豺狼虎豹，因为在我们看来它们不仅是无用而且是有害的……今天，人类过于自信的"替天行道"已渐渐显现出恶果，我们开始警醒，重新审视自己与自然界相处时这种过于功利的态度，并逐步加以矫正。然而，对于教育的功利性问题依然反省不够。大学生就业难是当今十分突出的社会问题，而与此同时，许多企业却纷纷感叹很难招到满意的员工。我曾经听一位成功的商界人士说："大部分工作需要的是百分之八十的常识与百分之二十的专业知识，而现在的许多年轻人恰恰就缺乏常识。"格兰仕副总裁俞尧昌也曾说，一个中层管理者，应该具备十大素质，比如协调能力，在一线敏锐地发现问题的能力等，他逐一列举的十项中，相应的文凭只占其中之一。（引自《冬吴相对论·错位的教育》）如果没有那百分之八十的常识，百分之二十的专业知识很有可能派不上用场；如果没有另外的九项素质，相应的文凭也只是废纸一张。常识需要处处留心、长期积累，所谓"世事洞明皆学问，人情练达即文章"；各种能力、素质也需要在多样化的生活经历中逐步培养。例如，现代心理学研究表明，被许多家长视为"无用"的嬉戏打闹，不仅能促进少年儿童身体的生长发育、满足他们的情感需要，而且能帮助他们学习自我控制，培养勇敢、坚毅的品格，萌发最初的领导意识和团队精神。可见，"有用"与"无用"原是难以拆分的，一味想当然地加以分辨，无异于画地为牢。

因此，在庄子看来，追求"有用"鄙弃"无用"是荒唐可笑的，因为"有用"可以是"无用"，"无用"也可以是"有用"，"有用"与"无用"从根本上来说是没有区别的，正如前文所说的大小、美丑、是非、善恶一样，是相对的，有条件的，会随着对象、时间、空间等因素的改变而改变。《庄子·山木》篇中的一个故事尤为生动地说明了这一道理：

> 庄子行于山中，见大木，枝叶盛茂，伐木者止其旁而不取也。问其故，曰："无所可用。"庄子曰："此木以不材得终其天年。"夫子出于山，舍于故人之家。故人喜，命竖子杀雁而烹之。竖子请曰："其一能鸣，其一不能鸣，请奚杀？"主人曰："杀不能鸣者。"明日，弟子问于庄子曰："昨日山中之木，以不材得终其天年；今主人之雁，以不材死；先生将何处？"庄子笑曰："周将处乎材与不材之间。"

一棵材质低劣的树因为"无用"而保全了生命，这是"无用之用"，即对人的"无用"转化为对树自身的"有用";一只会鸣叫的雁则因为"有用"而避免了被杀,这是"有用之用",即对人的"有用"成就了对雁自身的"有用"。所以,庄子既不崇尚"有用",也不崇尚"无用"。很多人讲这个故事时,往往都只讲到"周将处乎材与不材之间",听起来很像是诡辩。事实上,在这后面,庄子还讲了几句非常关键的话:

> 材与不材之间,似之而非也,故未免乎累。若夫乘道德而浮游则不然。无誉无訾,一龙一蛇,与时俱化,而无肯专为;一上一下,以和为量,浮游乎万物之祖,物物而不物于物,则胡可得而累邪!

意思是说,材与不材之间看起来似乎妥当,其实还是不能免于祸患,唯有顺其自然才是最好的选择。不要在意旁人的毁誉,不要一味追求"有用",也不要一味追求"无用",而要顺着时空环境的变化,以顺应自然为原则,主宰外物而不被外物所主宰。

三 "知止其所不知"

从以上的简述中,我们大致已经了解到《庄子》的两个主要思想,其一是相对主义,其二是自然主义。关于相对主义我们已经讲得比较多了,这里再对自然主义做一点补充。《庄子》认为自然就是天然的、不加任何人为干扰的状态。《秋水》篇中说,牛马天生有四只脚,这就是天然;络马首,穿牛鼻,就是人为。《庄子》主张顺应自然,反对人为。对于这一点,我们当然可以有不同的看法。但是,这里我要特别谈到的是,《庄子》为什么反对人为?我们先来读两段文字:

> 吾生也有涯,而知也无涯。以有涯随无涯,殆已!已而为知者,殆而已矣!
>
> ——《庄子·养生主》

> 吾在于天地之间,犹小石小木之在大山也。……计四海之在天地之间也,不似礨空之在大泽乎?计中国之在海内,不似稊米之在太仓乎?号物之数谓之万,人处一焉;人卒九州,谷食之所生,舟车之所通,此其比万物也,不似豪末之在于马体乎?……计人之所知,不若其所不知;其生之时,不若未生之时;以其至小,求穷其至大之域,是故迷乱而不能自得也。
>
> ——《庄子·秋水》

显然,《庄子》深切地体认到了大自然的浩瀚无穷与人类的渺小有限,怀着对自然的敬畏,站在宇宙的大背景上反观人类，思考人生。在《庄子》看来，人类绝不是宇宙的中心，而只是寄生于天地间的万物之一，与无边无际、无始无终的宇宙相比，犹如大山中一棵小树、太仓中一粒稊米、牛马身上一根毫毛。由于时间、空间以及生物属性等多方面的限制，人类对世界的认识，永远摆脱不了幼稚和片面，正如西谚所言："人类一思考，上帝就发笑。"因此，"知止其所不知"是最高的智慧。也就是说，真正智慧的人能清楚意识到生命的局限。知道自己并非无所不知，不盲目、徒劳地以有限凌驾于无限之上。

这样的大视野，使《庄子》有如先知之书，早在两千多年前就预见了我们今天所遭遇的种种困境，并提供了解决之道。例如，自英国工业革命以来，以西方为代表的人类社会一往无前地征服自然，带来了人类文明前所未有的突飞猛进，与此同时，资源枯竭、环境恶化，人类的生存前景堪忧。而《庄子》告诉我们："天地与我并生，而万物与我为一。"人与自然是不可分割的整体，伤害自然也就是伤害自己，人应该学会与自然和谐相处，而不是对立、征服。又如，现代化的高速发展中，人类越来越身不由己地被名、利、权以及其他诸多外在化、形式化的东西所绑架，本真的自我被严重遮蔽和扭曲，而《庄子》告诉我们：生命有它本来的价值，任何身外的功、名、利、禄皆无法与之相媲美。一切的价值判断都应立足于对生命的珍爱与护卫。再如，平等、自由是现代人追求的普世价值，而《庄子》告诉我们，真正的平等不仅仅是权利、金钱、地位的平等，而是一切事物在根源意义上的平等，真正的自由不仅仅是摆脱外在的约束，而是从自身的欲望中解脱出来。

然而，可悲的是，这些谆谆告诫依然没有被绝大多数人所接受。我们总是自以为是，总是主观盲目，总是处于可笑的迷乱与局限中而不自知。前文说到的对"热门"的追逐、对"有用"的崇尚，背后所隐藏的恰恰就是这样的思维陷阱：以为世界是凝固不变的，今天的"热门"将来永远都是"热门"；以为自己无所不能、无所不知，可以轻而易举地对事物做出"有用"与"无用"的判决。

《庄子》所包蕴的人生智慧，不是这一篇小小的文章所能尽述的，也不是识浅寡闻的笔者所能尽知的，这篇粗浅的文章试图表达的是：《庄子》不是一部教人羽化登仙、消极避世的"修道书"，而是一部见解独特、引人入胜、极具启示性的智慧宝典。它教会我们整体思考，避免胶着于片面、凝固的立场；立足长远，不为眼前利益迷惑；对抗异化，活出真实的自我；体认无穷，懂得生命的局限。总之，读《庄子》可以开阔视野，提升做人的境界。所以，让我们在繁忙的学习与工作之余，抽一点时间出来读读《庄子》吧！

【推荐书目】

1. 陈鼓应注译:《庄子今注今译》,中华书局。

2. 方勇译注:《庄子》,中华书局。

3. 崔大华:《庄学研究》,人民出版社。

4. 颜世安:《庄子评传》,南京大学出版社。

5. 曹慕樊:《庄子新义》,重庆出版社。

第七讲

为什么要读《鬼谷子》

中国传媒大学　王　永

各位读者朋友可能手机上都有微信，也都知道微信对我们创业、发展的传播意义。实际上，微信正是一个自媒体的平台，技术虽然是新兴的，但自媒的理念却古已有之。除了自媒以外，自荐、自鬻、自货等词指的都是这方面的意思。但是，自媒行为在古代是很受鄙视的。曹植在写给曹丕的上表中说："夫自炫自媒者，士女之丑行也；干时求进者，道家之明忌也。"不管是儒家还是道家，都把功利性地宣传自己当作是"丑行"和禁忌。可是，这其实只是儒道信徒的"二家之言"。在百家争鸣的春秋战国时期，地位尴尬的士阶层，主动炫耀自己的智慧、口才，甚至品德，并不是一件负面的事情。在诸侯面前毛遂自荐，在列强之间纵横捭阖，也是士人的一种荣光。

中国古代一直有一种"修"的传统。这个"修",比起印度佛教的"修行"之"修",有更深广的内涵。除了智慧、道德之修,才能之修也是重要的方面。对于自媒传播的成功榜样,如苏秦、张仪等纵横家而言,他们的修,就是修习自己的口才艺术。既然有志于在诸侯面前摇唇鼓舌、翻云覆雨的士人大有人在,那么教授口才艺术的专家和教材自然也不可或缺。传说苏秦、张仪等人的老师鬼谷子就是这么一个语言艺术的大师,而他的授课大纲,正是我们今天所能见到的《鬼谷子》一书。

一 自媒传播的首要原则:以对方为中心

今天我们打开各种求职的自荐表、文章和一些真人秀节目,就会发现,绝大部分不成功的自媒式表达都在于只想到自己要传播什么,但并没有想到受传者想要接收什么。如果你已经是知名人士,这当然无可厚非,反正你放上一句无聊的话都会有粉丝疯狂点赞。可是如果你打算与重要的人物进行主动沟通,那么就要注意一些原则性的东西了。先不谈理论,《战国策》中有《苏秦始将连横》一篇,我们看他是怎样兜售自己的。

作为东周王城的市井之人,苏秦对于这个没落的"央企"毫无兴趣,而是义无反顾地投身于新崛起的列强,这在当时是符合创新思维和全球战略的。在秦、楚等国"一体化"的进程中,"朝秦暮楚"也算是"良禽择木而栖"。他先去游说实力最强大的秦惠王,失败了,从他回来后的惨状——"黑貂之裘弊,黄金百斤尽"中可以想见,当年他也是为了这次游说下了血本的。我们回头去读他的游说之词,可以看出真的花了很多心力精心起草反复演练。鬼谷子将这样的准备称为"揣",他说:"古之善用天下者,必量天下之权,而揣诸侯之情。""权",就是分量,也就是实力和业绩,要想别人了解自己,首先自己要做功课了解别人,这是一个基本的原则。

大众传媒时代的信息,与过去很不同的一点就是即刻传播与空间传播,时间维度上藏之名山大川,期待后世知音的想法早已过时。所以,明白当代受众在搜寻些什么、公众情绪能量的状态和流向等,就非常重要。也就是说"以对方为核心",正是自媒传播的首要。

但是,资料检索和道听途说的信息未必可靠,所以还要很注重现场的观察。"揣情者,必以其甚喜之时,往而极其欲也;其有欲也,不能隐其情。必以其甚惧之时,往而极其恶也;其有恶者,不能隐其情。"揣情,就是用夸张的言辞给对方的喜惧之情推波助澜,让对方在情绪饱满甚至失控的时候流露出真情。

鬼谷子在这里围绕着"揣情"用了两个概念:一个是"摩",就是怎样用隐蔽的话接近对方的心理;还有一个是

"内符",就是用贴心的话迎合对方的心理。《左传》第一篇中记载:郑伯放逐了偏心弟弟的母亲,发誓不及黄泉不要相见了,但后来自己也感到悔恨。那么颖考叔是怎样进谏庄公的呢?他有意在郑庄公招待他吃饭的时候把肉羹放在一边,这引起了庄公的奇怪和发问,颖考叔回答说是为了留给自己的母亲。很显然,这引发了庄公对母亲的思念并形于声色。到这个时候,颖考叔方才水到渠成地提出自己的计谋,那就是"挖地及泉",在地道中相见,谁又能说庄公违背誓约了呢?庄公欣然采纳,母子相见甚欢。所以说话不在多,而在于创造和把握讲话的时机。

我们还是来看看苏秦的实践吧。在"量权"的环节,他错误地估计了秦国的实力,误判秦王有立即征服天下的野心。结果秦王不咸不淡地对他的精彩演说回应道:"我认为机会不到,请先生以后再说。"其实,清醒的秦王此刻已经道出了实情,但苏秦没有很好地解读和回应,还在强调"必须以武力吞并诸侯"的理念。其实,土豪出身的秦国压根儿就没有想过用文教来感化的策略,时机未到就是时机未到。鬼谷子说:"人言者,动也。己默者,静也。因其言,听其辞。言有不合者,反而求之,其应必出。"倘使苏秦能针对时机问题而不是理念问题及时"反应",或许能得到秦王更真实的顾忌,展露自己更多的才能。可惜,他没有抓住这个机会。成功的自媒宣传,往往不是来自于一成不变的重复,而是要把握稍纵即逝的机遇。

面对游说的困局,鬼谷子老师还有一招"回马枪",被他命名为"忤合"之术,简单说就是激将法。比如苏秦面对秦王的冷淡,丢下一句:"今之嗣主,忽于至道,皆于教,乱于治,迷于言,惑于语,沉于辩,溺于辞。以此论之,王固不能也。"但是,秦王没吃他这一套,还是不理他。鬼谷子说:"合于彼而离于此,计谋不两忠,必有反忤。"以触怒对方的方式来寻求最后的转机,正是"以忤求合"。不过,对"忤合"之术,尽管这次没有成功,后来游说韩王的时候却起了奇效。苏秦先是说:"夫以韩之劲,与大王之贤,乃欲西面事秦,称东藩,筑帝宫,受冠带,祠春秋,交臂而服焉,夫羞社稷而为天下笑,无过此者矣。是故愿大王之熟计之也。"后又说:"臣闻鄙语曰:'宁为鸡口,无为牛后。'今大王西面交臂而臣事秦,何以异于牛后乎?夫以大王之贤,挟强韩之兵,而有牛后之名,臣窃为大王羞之。"韩王果然被他所激怒,"韩王愤然作色,攘臂按剑,仰天太息曰:'寡人虽死,必不能事秦。今主君以楚王之教诏之,敬奉社稷以从。'"当即决定与楚国等联盟抗秦。

二 自媒传播的基本程式:先赞美后胁迫

作为一个成功的自媒体人,除了要摆脱自媒传播的羞耻之心外,还要有不怕挫折、不断超越的精神。《战国策》

有这样一个故事：从前曾参在费地，费地有个与曾参同名同姓的人杀了人。有人告诉曾参的母亲，说："曾参杀人了。"曾参的母亲说："我的儿子不会杀人。"她仍然照样织布。过了一会儿，一个人跑来说："曾参杀人了。"曾参的母亲仍然织布。又过了一会，又有人来说："曾参杀人了。"曾参的母亲便惊恐万状，扔掉梭子，翻过垣墙，逃跑了。

还有一个"三人成虎"的故事，讲的也是这个道理。魏国的庞恭要陪太子到赵国去做人质，但是很担心有人在他走后向魏王进谗言。为了坚定魏王对自己的信任，庞恭对魏王说："有一个人说街市上有老虎，您相信吗？"魏王说："难以相信。"庞恭："有两个人说街市上有老虎，您相信吗？"魏王说："我有些怀疑了。"庞恭又说："有三个人说街市上有老虎，您相信吗？"魏王说："我相信了。"庞恭说："街市上明摆着没有老虎，但是三个人说有老虎，就像真有老虎了。如今赵国到大梁的距离，比我们到街市远得多，而议论我的人会远远超过三个。希望您能明察！"魏王说："我自己知道的。"尽管魏王这样说，但庞恭走后，大量谗言还是疏远了他和魏王。两个故事是同一个道理：那就是信息的反复传播与多方到达会产生病毒式效应。

苏秦在秦国失意后狼狈回家，"妻不下纴，嫂不为炊，父母不与为言。"但是，苏秦没有怨天尤人，而是当夜翻出"太公阴符之书"，用心揣摩。我估计他是悟到了自媒传播中一个很重要的原则：锦上添花永远不如雪中送炭。或者说：人们对喜乐的向往永远没有逃离恐惧那么有紧迫感。一年后苏秦再次登程，游说赵王获得成功，继而是楚国、韩国、齐国等，团结了东方六国联盟抗秦，为各诸侯国所看重。

我们回头再来说《鬼谷子》，与其用"捭阖"来标识其自媒理论，还不如拈出"飞钳"更具体。用书中的话来说，"飞钳"就是"引钩钳之辞，飞而钳之"。一个"飞"字，统领了面对面自我传播之前所有的准备和努力；而一个"钳"字，则代表了自我传播中所有的应变和控制。两者中间，其实就是一个赤裸裸的"欲"字，而声名欲、功业欲、安乐欲是最核心的几种欲望，只要能围绕这些核心做出好的文章，功利性的自我传播就能够实现。

"飞钳"，其实就是先赞美后胁迫。赞美，就是"阳言"。鬼谷子说："故言长生、安乐、富贵、尊荣、显名、爱好、财利、得意、喜欲为'阳'，曰'始'。"这些都是"好话"，一个人如果不会说好话，激发不出别人的"正能量"，有权有财者尚可凭借实力驾驭，否则只能靠自残来获取社会资源了。那么"坏话"又有哪些呢？"故言死亡、忧患、贫贱、苦辱、弃损、亡利、失意、有害、刑戮、诛罚为'阴'，曰'终'。"好话要说，"坏话"又有什么用呢？要知道这个，需要我们看隐藏在"阳言"和"阴言"之后的两个字，"始"和"终"，鬼谷子说"言善以始其事"，又说"言恶以终其谋"。我们去自我推荐，一般而言当然一见面要说点让对方舒服的好话,但要注意的是,你此行绝不是单纯去"飞"(赞美)人的,难道你有奴性的恭维欲吗?但在接下来的对话中,找出对方目前的状态下所隐藏的危机,或者不可失去的机遇,这才是真正自我传播的契机,从而把自己的才能和用处展现出来,也就是说,像钳子一样紧紧地握住对方,实现密切的合作才算是完成了自我传播的使命。

这个规则,深谙游说之道的人自然就会领悟。这其实是以下说上的常态,以上说下的程序却可以相反。鬼谷子说:"故与阳言者,依崇高。与阴言者,依卑小。以下求小,以高求大。"如果你是强势的一方,恐怕需要先同情弱者的苦辱,然后再给予光耀的愿景,才是有效的程式。你永远是"空中飞人",正像鬼谷子所说:"用之于人,则空往而实来,缀而不失,以究其辞。"所谓"缀"即"缀去却语","缀去者,谓缀已之系言,使有余思也。故接贞信者,称其行、厉其志,言可为可复,会之期喜"。说白了就是留下彼此认同的感情,期待再会。"却语者,察伺短也。故言多必有数短之处,议其短验之。动以忌讳,示以时禁。其人恐畏,然后结信,以安其心,收语尽藏而却之。"其实就是触动对方的恐惧心,等着对方送上门。

《鬼谷子》是纵横家的行动指南,很多践行其理论的纵横家们得到了诸侯王的重用。但是,对他们的功业,儒家是很不屑的。如孟子的弟子景春一次对孟子说:"公孙衍、张仪,岂不诚大丈夫哉!一怒而诸侯惧,安居而天下熄。"话里充满了对纵横家的艳羡,但正是这句话,引来了孟子关于"大丈夫"的著名论断。究其核心原因,纵横家们缺少的是忠君爱国的原则性,他们的自媒传播,无非是个人猎取功名的手段。

三 自媒传播的成功法则:情绪迎合

从"道"的层面上看,也许纵横家确实还不够格,但从"术"的层面上看,他们对口才艺术的追求和实践,倒确实凌驾于诸家之上。反窥孟子,我们发现,孟子坚持以"说大人,则藐之"的反"飞钳"式话语传播学说,虽然获取了道德上的胜利,却导致了事实性的失败。孟子的论辩,气势汹汹,咄咄逼人,经常把梁惠王和齐宣王等人诘难得无言以对,但并不能从情感上获得君王的认同,最终没有使这些君王们真心地接纳他的建议。比如孟子所回忆的与梁惠王的一次谈话,梁惠王跟他讲自己继承了晋国的霸业,却四面受辱,战争不断失败,长子死在边境,自己很想为将士们洗雪耻辱。我们可以感受到梁惠王的痛心和急切,但孟子却答以迂远的王道。这固然是正理,但实际上不能抚平梁惠王国仇家恨中的浮躁情绪。从矫正霸道的意义上说,孟子是伟大的,但从说服效果的角度上说,孟子是失败的。

戴尔·卡耐基说:"在与人打交道时,请记住你并不是在于崇尚逻辑的动物打交道,而是在与情感动物,而且是满脑袋偏见并受到自负心理和虚荣心驱使的动物打交道。"人是一种情感动物,都是受情感的支配。对于说服者而言,首先要解决的不是道理是不是正确,方式是不是合逻辑,而是能不能在情感上接近对方,并进而控制对方的情绪。鬼谷子授徒,流传有苏秦与张仪为了出山而对老师"悲说坑下"的故事,只有把坑边的老师说得流泪了,才能允许他们离开,去闯荡天下。最后,还是苏秦成功地完成了使命,带着张仪下山了。

相比而言,纵横家显得比较务实。苏秦在燕国时,燕王请他去齐国把刚被夺去的十余座城池要回来。这是一个非常困难的任务,将士们出生入死,攻城略地,打下来的城池怎么可能轻易地返还呢?不过,苏秦还是接受使命出发了。他见到齐宣王,用了两种礼仪,先是庆贺,再是吊唁。齐宣王很糊涂,因为就齐国而言,扩张了领土自然值得庆贺,但是吊唁又是为什么呢?苏秦说:"燕国尽管是小国,但现在与秦国还有盟约,现在您夺了燕国的土地,秦国怎肯善罢甘休?到时候秦、燕联军,齐国难道可以抵抗得住吗?"齐王听后脸色都变了。苏秦说:"为大王考虑,不如把城池归还燕国,这样可以免除干戈。不仅如此，还可能使燕国转而结盟于你，这样其他国家先后归服，您的王业才可成就啊！"齐王一听，马上同意了苏秦的提议。

苏秦首先的"庆贺"和后来的"吊唁"，正是"飞钳"术的一个技巧。鬼谷子说："一般而言，开始时要以悦耳的礼仪和言辞；而最终要以祸患的警惕来使对方不得不听从自己的计谋。"齐国夺取了燕国的土地固然值得庆贺，但也为自己埋下了祸患。苏秦做出完全站在齐国的立场考虑问题的姿态，为燕国要回了土地，这是高超的"飞钳"术。

关键在于，我们把这种高超的技术用于何处？正如本文开篇提到的曹植《求自试表》在否定自媒行为的同时，却也指出，"臣敢陈闻于陛下（曹丕）者，诚与国分形同气，忧患共之者也。冀以尘雾之微补益山海；荧烛末光增辉日月，是以敢冒其丑而献其忠"。在正当合法的目标下，为什么一定要拒绝自我传播技艺的提升呢？

四 自媒传播前的自我设计

高超的自我传播，还可以从鬼谷子"抵巇术"中有所领悟，那就是利用甚至创造自我传播的机会。事物总是会有自身的漏洞，近在身边的人可能不知道，是因为我们对这样的事情太熟悉，所以习以为常了；外来的旁观者却不是这样，他能够根据自己的经验，看出问题，找到漏洞。

利用这种漏洞的办法有两种：一个是帮助填补，建成大功；另一个是推波助澜，成就王业。

两种办法，正好被三国时期的刘备和曹操演绎。汉末，天下大乱。刘备打着"匡扶汉室"的名义，建立起了自己的一方伟业；而曹操则东征西讨，最终为他的儿子奠定起了一代王朝的基础。

一般而言，太平之世漏洞较小，不易建功立业，应该隐居潜藏以待时机；乱世之中漏洞较大，容易翻云覆雨。智者应该先填补而后颠覆，以填补助颠覆，做成大事。

抵巇是一种壮大自己的艺术，也可以被广泛应用在单位或者公司中的个人发展。也就是说，当你所处的环境混乱时，你不必总是抱怨和逃避，而应该知道，只有在这样的时候，领导或老板才会非常需要有人出来帮助做事，才会有大把的机会锻炼自己。只要我们认真地对待工作，不管最终单位的命运怎样，即便领导走人，企业倒闭，但我们个人的实力还是在不断上升。

对于有志于以自媒传播方式创业的人而言，以下几个方面值得注意。

（一）保养旺盛的精神

自媒者首先要有一个旺盛的精神。毕竟，传播活动消耗能量巨大，对人的智慧爆发力要求更高，很难想象一个精力不足的人会总是处于说服别人的位置。来自说服对象的质疑和说服同道的竞争，要求说服必须从准备中做起。这是一个长期艰苦的工作，尤其是最后的说服活动，会面对很多意想不到的曲折和挑战，一个没有足够精力的人是很难完成这样的任务的。我们都知道"精气神"这个词，的确，精气神儿正是说服者的生理基础。有了从精到气再到神的身体储备，人自然就会有一种自信的气质，这样才可以实现说服的目的。

（二）磨砺高远的志向

养志，就是将心中的愿望保护好，并不急于实现，而是不断积累和提升。志向是由欲望所驱使的，欲望太多，心神就会散乱，志气就会衰败，心力就用不上劲，导致目标难以达成。因此必须使心力和志气凝成一股绳，然后思路自然就会通达，就不会胡思乱想，胸中也就不会有整日情与理的交战。这个环节对于自己来说是一个不断锻炼的过程，但也可以用它来观察和判断别人，从而明确自己的定位。如果你想说服别人做什么事情，一定要注意慢慢培养他的心志，观察他的志气的水准，分析他心中设定的目标，这样就会知道他能够做到的尺度。

(三) 外部资料的搜集

在今天，我们有非常便利的通信手段和检索渠道，但是很多人并不能珍惜和利用。看看古人，我们就知道这样的态度存在着多大的错误。因为古人在信息获取那么不便的情况下，依然冒着生命危险执着地搜求。

一个打算凭借自身的才智干出一番事业的人，一定会事先做好全局和目标的资料工作，尤其是对注定要去说服的环节，比如说升学的导师、面试的考官、商业的客户，甚至是要追求的恋爱对象、单位的上司等。如果这个工作做得不仔细，就会在对话的时候不知忌讳、没轻没重，看不出眉眼高低和对方隐藏的心理欲求与情绪变化。这样不仅事业做不成，甚至连正常的生活都有问题。就政治性说服而言，需要事先了解的包括行政单位的大小、智囊团的人数多少、经济实力高低、人口数量、土壤质量、地理状况、领导集团的内部关系、外交环境、所处的发展阶段以及民心向背、风土人情等。这些对于今天同类性质的工作依然有着借鉴意义。

(四) 内部实情的探知

要有一种"不入虎穴，焉得虎子"的精神。在说服对象情绪高涨的时候，用言语满足他的虚荣心，这个时候，人们很难掩饰自己真实的内心。在对方最背运恐慌的时候，用言语去攻击他所遭受的威胁方,这个时候,他在受到同情的状况下更容易流露实情。如果探知到工作受挫,就暂且舍弃正在谈论的事情,去了解当时还有谁站在说服对象的身边,还有什么可以令说服对象承受目前的情形而不依赖外人。说话听音,不一定要得到对方的口实,通过对方表现出来的细节同样可以得出对方隐秘的私心。当谋划政治方针的时候,需要多用"量权"之术;而在说服企业老板的时候,"揣情"则更为实用。"揣情"的目的是"饰言",也就是美化和设计自己的说辞,先打出草稿然后再正式去申论。

(五) 言辞的设计和美化

言语究竟需不需要修饰?人们通常反对花言巧语,认为这样的虚饰之词对于说服并不有利,孔子就反对这样的"佞言"。但是一切成功地说服语里都包含着一定的装饰,只不过那种盲目套用语言伎俩、修饰痕迹外露的语言不会讨好而已。

言辞的设计,常表现为以铺排增强气势,我们看苏秦说服诸侯的书信和言辞中,开篇一般会从各个角度讲到对象国的政治、地理、历史、军事、经济及人口形势。这些材料多数就是前一阶段资料调查的结果,其目的:一是进行语言上的催眠,二是拉近情感,三是表示自己下面要提出的主张是建立在充分的调查基础上。这样的传统一直持续到今天的书面说服中。

说服是一种语言艺术,为了使说服的理论明晰,运用修辞手段是必不可免的,但要注意的是必须注重实际的效果,不能只在乎修辞的过程。像孟子那样,话说得漂亮而又痛快,但总是惹人不高兴,说服的目的就不能实现了,除非说服者并不在乎目的,像孟子,追求的只是正气的张扬。

在经历了工业化和数字化的洗礼后,现在的说服更加注重引用数据和实例的平实风格,积极修辞让位给消极修辞,也就是尽量让语言简洁易懂,弱化它的文学性,强化它的说明性。

(六)气质形象的修炼

古时的纵横家非常重视形象的说服力。理论上而言,我们可以用荀子和孟子的话来参佐。

《荀子·非相》篇中说:"谈说之术:矜庄以莅之,端诚以处之,坚强以持之,分别以喻之,譬称以明之,欣欢、芬芗以送之,宝之珍之,贵之神之,如是则说常无不受。虽不说人,人莫不贵。夫是之谓为能贵其所贵。"这段话的意思是,在说服别人的时候,首先要尊重自己的理念,要态度严肃、庄重、正直、坦诚,通过持论、类比、逻辑、夸饰等方法来阐明自己的主张。这样才能把自己的理念经营得神乎其神,说服工作通常都会成功,即便不成功,别人也会尊重其观念。就是说,要通过强有力的手段来提升自己理念的地位。从这个意义上说,营销的重要性不在于营销个人,而在于营销理念。人因为自己的理念之先进而受重视,这样的重视并不完全附着个人。俗话说"人微言轻",一般来说,我们的说服工作多数都是以一个地位低下的陌生人角度开始的,在这时,提升自己的地位非常重要。

就气质而言,说服者的自信很重要,为了得到这样的气质,我们必须去"养气"。具体的手段是周游名山大川、出国访学、拜见名人、主动获取各种竞争和荣誉等,只有你的视野开阔了,见识高远了,自然就处于一种"怀才"的阶段,就可以等待机遇了。然而在这样一个"读图"时代,说服者首先会被说服对象"读图",也就是形象阅读。如果一个人衣着邋遢、行动懒散、反应缓慢、面有菜色、表达混乱、进退失据、丢三落四、缺少礼仪,那么他的形象首先就把他带到一个受人质疑的处境中,这需要花很长时间和精力才能挽回。这样的人即便有才华,也很难在短暂的接触中说服别人接受自己,毕竟人与人的交往中首先是对形象的认同,然后才到情感,最后才是思想的交融。

【推荐书目】

1. 许富宏:《鬼谷子集注集校》,中华书局。
2. 苏秦等:《战国纵横家书》,内蒙古人民出版社。
3. 何建章:《战国策注释》,中华书局。

第八讲

为什么要读《孙子兵法》

中国传媒大学　王　永

我们都知道孙武子是武圣,但他打仗并不崇尚武力,而是强调智慧。归纳起来,孙子兵法战争智慧有五大法则:速胜原则、全胜原则、先胜原则、自胜原则和奇胜原则。可是,在这些原则的背后,主将对自我情绪的克制、对士卒情绪的利用、对敌方情绪的阅读,都是战争智慧的落脚点。

人从来都不是孤立的。人之所以为人,是由于他的社会属性,也就是说,体现于他在人群之中的文化生存。这决定了人与人之间不可避免的对话关系,这种对话关系会在自身、家庭、乡里、邦国、天下等概念中逐层扩大。或小或大,每个人总会代言一个圈子,代言之后,对内是疏导和协调,对外则是竞争和挑战了。狭路相逢,猝然相对,在生存的实际博弈中,人们交换和展示的,却是一种爆发性的能量。人必须首先在直接的斗争中生存下来,才有可能实现最终的安定与统一。随着文化的发展,那种单纯依靠体力的暴力性身体对抗事件只存在个别区域罢了。对于大多数人来说,生活节奏的加快,外部交往的频繁,多层级、表面化的斗争氛围越来越明显。尤其是在这样一个经济时代,军事战争可能已经更多地让位给商业战争。

面对战争,《孙子兵法》中始终有一种慎战思想。《始计篇》曰:"兵者,国之大事,死生之地,存亡之道,不可不察也。"如何在战争中规避风险、稳操胜券、以最小的代价换取最大的利益,就是孙武子考虑的核心。

一 主将战争情绪的克制

孙武子告诉我们,战争的核心目的就是趋"利"避"亡",情绪化的战争必须避免。"非利不动,非得不用,非危不战。主不可以怒而兴师,将不可以愠而致战;合于利而动,不合于利而止。怒可以复喜,愠可以复悦;亡国不可以复存,死者不可以复生。故明君慎之,良将警之,此安国全军之道也。"(《火攻篇》)这么来讲,其实我们真的可以说《孙子兵法》的本质就是物资争夺的智慧,它的商

第八讲 为什么要读《孙子兵法》

战意味并不是我们今天强加给它的。在当时而言,孙武战争理念的最大进步就是鄙视了春秋初期诸侯的面子战争,而专注于财产的争夺。只不过,在当时而言,资本交易的中介物不是货币,而是长矛和铁枪。

战争胜利的一个条件是灵活,另一个条件是冷静。情绪化的东西是作战的时候最忌讳的。领导者不可以因为情绪的推动而发动战争,要依凭是否有利的原则或者是否关乎生死的原则来判断是否作战。这种伟大的理论,确实是事业成功的必要条件。当年屈原所在的楚国,拥有"横则秦帝,纵则楚王"的实力,是继齐国之后唯一能与秦国抗衡的超级大国,却因为楚怀王受了张仪的欺骗,一怒攻秦,最后国破家亡,客死他乡。再说大家熟悉的《三国演义》中的战例,蜀先主刘备因义弟关羽被东吴所害,一怒而发兵攻吴,最后大败而还。反过来说,司马懿却以超人的度量,忍受了诸葛亮的百般折辱,最后守住了营阵。如果不首先修养好自己的忍耐力,就不会取得成功。

打造一个强悍的自我,是很不容易的,不仅要克制恨,还要理性地付出爱。"厚而不能使,爱而不能令,乱而不能治,譬若骄子,不可用也"。(《地形篇》)对待手下,一定要给予充分的关爱和同情,但是要有节制和尺度,过分地保护和纵容,团队会成为一群骄兵悍将,恐怕就是灭顶之灾的前兆。"武圣修兵"的故事就是在诠释这一点。

孙武是舜帝的后裔,他的祖先由陈国流亡到齐国,改姓为田。田氏的一个继承人因伐莒有功,被齐桓公赐姓为孙。到孙武出生时,他们家已经做了齐国的几世重臣了。后来齐国发生内乱,田氏家族被驱逐,作为同族的孙武也被迫逃到吴国。

孙武仅比孔子小一二十岁,却正赶上春秋末叶动乱的年代。他青年时期就写了《孙子兵法》,并产生了一定的影响,但还没有受到诸侯的赏识。如果不是伍子胥的引荐,他还不能顺利得到吴王阖闾的接见。

伍子胥是因父兄之仇来到吴国的。他见到吴王阖闾有雄图大志,但苦于缺乏人才,就推荐了孙武,并把孙武的著作给吴王看。吴王一看见孙武的兵法著作就大为赞赏,并召见了孙武。

吴王对孙武说:"我已经拜读了先生的十三篇大作,但不知你是否可以实际演习一下?"孙武说:"可以!"吴王说:"可以用妇女来演习吗?"孙武说:"有什么不可以的呢?"

吴王便召集来宫中的 180 名美女。孙武把她们分成两队,并指定两位最受宠的妃子充当队长。孙武先向她们讲解军法,强调军法的严肃性,然后向她们讲解操练的要领和要求。孙武像模像样地让执行军法的刀斧手站在两边,命令美女们向右转。美女们感到滑稽,笑做一团。孙武表情镇定,他说军队不听号令是将领的过错,需要再向他们解释。再次讲解军法和动作之后,孙武命令她们向左转,又惹来美女们一阵娇笑。孙武说:"现在就是队长的过错了!"他命令刀斧手把两个队长斩首。

吴王在台上一听,吓得魂飞天外,马上传令说:"寡人已经知道先生的军法之妙了,还是饶恕两位爱妃吧,我没了她们饭都吃不下啊!"孙武对传令官说:"将在外,君命有所不受!"于是,他坚持处斩了两位妃子,命令两位排头的美女继任队长。再次操练,美女们没有一个不听话的了。

这个事件的寓意很是深刻。故事发生在古代,我们没有必要把关怀女性生命和关注弱势群体等现代观念强加给故事本身。它启示我们,对于残酷的战争而言,混乱、儿戏、软弱、人情等松弛的情绪状态都是要不得的,这都是战争失败的根由,必须首先去除。否则死的就不仅仅是这两条如花似玉的生命了。"投之亡地然后存,陷之死地然后生。夫众陷于害,然后能为胜败。"(《九地篇》)只有濒死的绝境体验,才能激发起人们求生的本能,这才是对敌的勇气。其实,战争所比拼的是情绪的一种紧张和兴奋程度,只要有足够的紧张和兴奋,即便实力稍逊,也一定会有足够的爆发力。

这次检验使吴王大为伤心。但吴王也认识了孙武的厉害,把他留在了身边作为军事顾问,领大将军的头衔。此后,伍子胥和孙武就成为吴王阖闾的左膀右臂,帮助他南征北讨,建立了霸业。

二　团队战斗情绪的激发

来自死亡威胁的求生本能,是最旺盛的作战力,可以概括为"负能量"积聚后的爆发。除了军队本身的律令外,主将为士卒所设置的危情与险境,也会造成更强大的效果。"兵士甚陷则不惧,无所往则固。深入则拘,不得已则斗。是故其兵不修而戒,不求而得,不约而亲,不令而信,禁祥去疑,至死无所之。吾士无余财,非恶货也;无余命,非恶寿也。令发之日,士卒坐者涕沾襟。偃卧者涕交颐。投之无所往者,诸、刿之勇也。"(《九地篇》)让士卒对生命、道德、神明等完全失去信仰,那么原始的冲动则会引领他冒险一搏。

当然,没有组织纪律性的军队即便都是一群亡命徒,也不具备胜战力,所以作为军队的统帅要思考的并不是怎样激发起个人的向死欲,而是整个军队的敢死精神,这需要协调作战力。《军争篇》引《军政》云:"夫金鼓旌旗者,所以一人之耳目也。人既专一,则勇者不得独进,怯者不得独退,此用众之法也。"勇、怯之差既平,加之放手一搏的决心,则无往而不胜。

除了"负能量"的激发外,"正能量"的酝酿也同样重要,而且是大道、常道、正道。《九地篇》又云:"视卒如婴儿,故可与之赴深溪;视卒如爱子,故可与之俱死。"士卒对统帅有牢固的认同感,才会在战争中将自己与国家的安危休戚与共,自动屏蔽恐惧情绪的干扰。要得到这种忠诚和勇气,就必须从平日的关怀做起,历史上的名将如李广、岳飞等之所以有强大的作战力,都与他们平日对士卒相濡以沫、战时又能身先士卒有关。当然,在这一点上,最重要的还是国君的治国之道。《始计篇》将战争的要素归为五点,即道、天、地、将、法。"道者,令民与上同意也,故可以与之死,可以与之生,而不畏危"。统帅可以打造军队的战斗力,但如果国君不能令士卒愿意为家园浴血死战,终究还是如楚霸王项羽一般"百战百胜而轻用其锋",关键战役上却一败涂地。除了忠与爱的力量外,对功名财物的追逐,也算是一种士卒的"正能量"。"故杀敌者,怒也;取敌之利者,货也。车战得车十乘以上,赏其先得者而更其旌旗。"(《作战篇》)看来对于部下,也不能忽视其猎取战果方面的欲望带来的力量。

三 对手战争情绪的利用

以上已经谈了自我情绪和士卒情绪的克制与激发。这已经"先立于不败之地"了。要取胜,还要正确地解读对手的情绪和利用对手的情绪。孙武子并不主张暴力战争,而强调"和平统一"。孙子曰:"夫用兵之法,全国为上,破国次之;全军为上,破军次之;全旅为上,破旅次之;全卒为上,破卒次之;全伍为上,破伍次之。是故百战百胜,非善之善也;不战而屈人之兵,善之善者也。"(《谋攻篇》)他教给了我们一个简单的辩证法:战争,就是要占有对方,既然如此,那么破坏对方简直就等于在消耗自己未来的财产,这是多么愚蠢的事情啊!

孙武子云:"兵者,诡道也。故能而示之不能,用而示之不用,近而示之远,远而示之近;利而诱之,乱而取之,实而备之,强而避之,怒而挠之,卑而骄之,佚而劳之,亲而离之。攻其无备,出其不意。此兵家之胜,不可先传也。"(《始计篇》)孙子兵法,强调一种"诡道",强调"兵以诈立"原则,其实就是用虚假的情绪状态来迷惑对方。

就"怒而挠之,卑而骄之,佚而劳之"这三点,我们可以看一个战例。

公元前700年,楚国和相邻的小国绞(位于今湖北省郧县西北)发生了一场战争。两国军队相持在绞国的南门。楚王认为,对付这样的小国很容易,只需投入少量的兵力参战,即可获胜。大夫莫敖看穿了楚王的心理,觉得这种必胜的意志固然是好的,但轻敌的心态却很危险。于是献策说:"绞国虽然弱小,但很轻躁好战,又没有什么谋略。我们先派出一些不带武器的士兵,化装成拾柴捡粪人的模样引诱绞兵上当。然后，聚而歼之！"楚王尽管觉得无谓，但还是接纳了莫敖的建议。

第二天，楚军派出30名士兵乔装打扮成捡柴拾粪的普通人，到南门外诱惑敌人。果然，绞军看见他们是楚人，就不分青红皂白把他们抓走了。次日，楚军派出40名化了装的士兵，又被绞军抓走。这样一连三天，绞兵都如此，绞国君洋洋得意，放松了戒备。到了第四天，楚军一面继续派出化装拾柴、赶路的士兵迷惑敌人，一面派出阻击部队埋伏在绞城北门外，并在山里集结了大股兵力，形成口袋式的伏击圈。结果，绞兵很快进入了楚军的伏击圈，突然之间，万箭齐发，火光冲天，数千楚兵从四面八方杀向敌阵，好比天兵天将勇猛无比。绞军方知中计，但为时已晚，终于抵挡不住勇猛无比的楚军，顷刻瓦解，死的死、逃的逃。楚国迫使绞国订立投降条约，绞国亡。

再举"能而示之不能"之例。

黄巾军大起义中，刘、关、张三兄弟依附曹操获得了军功。战争平定后，刘备也得到了汉献帝"皇叔"的尊号，与曹操同殿称臣。

刘备审时度势，预感到多疑的曹操一定会猜忌自己，于是每天在家里种菜浇园，麻痹曹操的耳目。这一点，他连自己结义的兄弟都没有透露。关、张二人对他都很不满，可是刘备依然我行我素。即使这样，曹操依旧不放心，还是上演了一出"煮酒论英雄"的好戏，刘备以逼真的表演使曹操放松了警惕,最终安全地离开了曹操的控制区。

再看"亲而离之"之例。

唐穆宗长庆元年(821),53岁的韩愈重返京都,政治地位渐升,曾任吏部侍郎。这时,他在政治上的表现主要是为国家的统一出力。韩愈宣抚镇州(今河北正定)兵变,曾被苏东坡称赞为"勇夺三军之帅"。

次年秋,韩愈升任兵部侍郎。在此之前,成德兵马使王廷凑叛乱,杀了原节度使田弘正自立。朝廷命令牛元翼等前去征讨,谁知一直不能获胜,反而被叛军兵马包围。后来朝廷无能为力,只得封王廷凑为成德节度使,并派韩愈前往宣抚。

这几乎等于让韩愈去送死,甚至有大臣发出"韩愈可惜"的感叹。穆宗也后悔了,特诏韩愈不必进入对方军营。但韩愈认为既为朝廷宣抚,不能顾忌个人安危。

他进入镇州,直入叛军大营。王廷凑如临大敌,让士兵披甲带盔,持枪按剑,"迎接"韩愈,先给韩愈一个下马威。进入公堂后,他又故意让大批将士拥入,威胁韩愈,授意士兵责问说:"我们承德军先太史曾替朝廷击败宋诣,血衣至今还在,有什么对不起朝廷的?为什么现在把我们当成叛军讨伐?"

韩愈镇定地说:"我还以为你们不记得先太史的事情了呢,原来大家都还记得,这就太好了!究竟是忠顺好还是叛乱好,不必讲远,就拿天宝以来这几十年的例子说吧。

安禄山、史思明、李希烈、朱谣、吴元济、李师古这些叛臣,现在还有子孙在世吗?还有做官的后代吗?"士兵回答:"没有了。"韩愈又问:"你们的先太史王武俊归顺朝廷后,被封为节度使,一直升到中书令。子孙都封了官,个个富贵荣耀,这些都听说过吧?"士兵们答道:"都听说了。只是继任的田宏正太苛刻,所以才反他。"韩愈说:"就算如此,你们不是已经杀害了他,还把他的全家都杀光了吗?你们还有什么说的呢?"众士兵都认为韩愈说得有道理。王廷凑看到阵营将要瓦解,心里也怕了,便对韩愈说:"我之所以杀掉旧主自立,也都是因为他们的怂恿。你这次来,到底要我怎么样呢?"韩愈反问:"你们把牛元翼围困这么久到底想干什么?"王廷凑说:"我马上就撤除包围。"韩愈一看此行目的已达到,便说:"真要这样,你也就没事了。"正好牛元翼这时自己突围出去,王廷凑下令不追。韩愈回朝后禀报皇帝,王廷凑接受朝廷的统辖,就这样,韩愈平息了一场可能爆发的叛乱。

合"亲而离之、乱而取之",再看一例。

2009年7月4日,美国总统奥巴马在即将访问俄罗斯之前发表了一番关于现总统梅德韦杰夫与前总统普京的言论,暗示梅德韦杰夫不只是普京的傀儡,他有自己的进步主张。

白宫发言人还表示,在三天的访问时间里与梅德韦杰夫会面的时间将长达9小时。据美国官员称,与普京会面的时间为 90 分钟左右（后来实际见面为 2 小时）。就这一战略，《纽约时报》的报道将其概括为"差别化待遇"策略，并表示这是要将梅德韦杰夫变成普京的潜在对手。

其实，这个"差别化待遇"正是"亲而离之"战计的第一步，所针对的敌方盟友即是梅德韦杰夫与普京。

这个战计运用得非常巧妙。梅德韦杰夫是俄罗斯现任最高领导人，而普京是已经下台的前领导人，奥巴马对两人的不同评论乃至差别待遇尽管充满侵略性，但其中的不妥，俄罗斯人也难以说出口。众所周知，普京下台就是因为宪法规定总统不能连任三届，而普京很可能是正在准备第三次大选的"事实总统"。按照一般的惯例，对待这样的"实权派"应该予以特别的尊重，但是奥巴马有意无视这一内幕，无视亚欧政治权力中某种特殊的权力潜规则，让普京和很多俄罗斯人有苦难言。

奥巴马设下了一个语言圈套，普京如果说自己与梅德韦杰夫没有不同的立场，等于向奥巴马妥协；而如果坚持自己的独立立场，则等于伸头去戴奥巴马已拿在手中具有"冷战思维"的幕后总统这顶帽子。

与之针锋相对的是，普京在会见奥巴马之前给美国前总统布什打电话祝贺其 63 岁生日，这显然是"以子之矛，攻子之盾"的反攻。

事实上奥巴马将了普京一军，他通过把两种不同思路附加于两位领导人，有力地冲击着二人的盟友关系。在政治上很难有真正的盟友,差别只是是否公开内部矛盾而已。作为现任总统,梅德韦杰夫在俄罗斯权力上确实处于劣势,如果没有外界的力量介入,权力交回的过程很可能是波澜不惊的,然而奥巴马的话引发了人们对于二人关系以及梅德韦杰夫地位的关注,这必然加剧二人在公开场合发表言论的难度。普京的讲话要尽力避免越权之嫌但也不能失掉强悍,而梅德韦杰夫在证明自己与普京的友好和并非傀儡领袖之间只有一条充满陷阱的通道。

以此种方式意图制造俄罗斯政坛内部权力纷争将是一个持久性的策略,其目的就是"乱而取之",即在他国内部纠纷中获得自己的利益。

韩愈与奥巴马二例,合起来看,正如孙子兵法所说:三军可夺气,将军可夺心。是故朝气锐,昼气惰,暮气归。善用兵者,避其锐气,击其惰归,此治气者也。以治待乱,以静待哗,此治心者也。(《军争篇》)

四 情绪信息对资产竞争的佐助

孙武重视信息战,在《用间篇》中已经得到了充分的体现。实际上,除了客观的信息之外,在其他篇章中,对敌方主观心态的解读也受到充分的关注。《军争篇》云,

"佯北勿从,锐卒勿攻","归师勿遏,围师遗阙,穷寇勿迫"。锐、卒、归师、穷寇,都属于对方怀着敢死之心的情绪状态,与之交战,代价自然是惨重的。而佯败的假象要识破,困在包围圈的对手也要给予一个突围的愿景。

《九变篇》云:"故将有五危:必死,可杀也;必生,可虏也;忿速,可侮也;廉洁,可辱也;爱民,可烦也。凡此五者,将之过也,用兵之灾也。覆军杀将必以五危,不可不察也。"这里告诉我们,作为主将,要警惕五种关乎存亡的致命心态。一是(个人的)敢死精神,这是容易被敌方利用,把军队送上死路的。二是贪生怕死,可能会引来对方生擒他的圈套。三是暴躁亦怒,会被对方以激将战术利用。四是矫情于声名,会由于对方的羞辱而发动无谓的"正名"之战。五是过分仁爱子民,对手会通过骚扰边境来使你疲于救援。只要你不传递这样的心态,你就不会招致对方针对性的布局,从而丧失轻易战胜你的信心。

除了主观心态的修正和保密外,对方心态的迷惑也需要警惕。《行军篇》讲了一系列判断法门。就距离上而言,"敌近而静者,恃其险也;远而挑战者,欲人之进也;其所居易者,利也"。近敌的安静坦然,必定是有什么东西让他有恃无恐;远敌的公然嚣张,则一定是诱敌深入之术。就外交上而言,"辞卑而益备者,进也;辞强而进驱者,退也"。卑微的言辞却可能是进攻的缓兵之计,咄咄逼人的气势可能是退兵的征兆。"兵怒而相迎,久而不合,又不相去，必谨察之"。急着来迎战，却不挑战，又不退却，必定有什么猫腻。

真实的信息往往隐藏在客观的声音和形象之中。"夜呼者，恐也；军扰者，将不重也；旌旗动者，乱也；吏怒者，倦也；粟马肉食，军无悬甀，不返其舍者，穷寇也；谆谆翕翕，徐与人言者，失众也；数赏者，窘也；数罚者，困也；先暴而后畏其众者，不精之至也。"听到敌人夜间惊叫，要知道这是恐慌的表现；敌营惊扰纷乱，是敌将没有威严的表现；旌旗摇动不马整，是敌人队伍混乱的表现；敌军军官易怒，是全军疲倦的表现；用粮食喂马，杀马吃肉，收起汲水器具，部队不返营房，这是要来死拼的意思了；敌将低声下气同部下讲话，是敌将失去人心的表现；敌将不断犒赏士卒，是敌将无计可施；敌将不断惩罚部属，是敌人处境困难；先粗暴然后又害怕部下，是好冲动的将领。

大数据时代，所有客观的信息都难以隐藏，而主观情绪的信息对竞争的意义还未受到充分关注。其实，数据体现的事实一般都是过去时，都是难以重复的案例，真正创造奇迹或制造偶然的，却往往是主观情绪的集合与变化。举例来说，开车的人不怕成年的路人，因为他的行走路线是有规律的，但是最怕小孩子，因为他们的行动无逻辑。为什么？就是因为小孩子的情绪多变，一时兴起就可以横冲直撞，感性的执行力远远大于理性的行动力。我们基于数据,得到的是理性的指南,但只有基于儿童式的随性,才能出奇制胜。同理,我们也应关注对手内部情绪对他们的决策带来的影响,有备无患。

小结:情绪、兵法与商战

情绪是什么呢?其实就是人心喜怒哀乐的不同色彩,对待他人时的好恶态度,对待外物执着与否的欲念,也就是古代所谓的七情。就情绪本身而言,儒释道、诸子百家都有一套自己的观念,其中包括圣人、凡人,基于此,各自建立起理想的精神王国。《孙子兵法》基于竞争的目的,建构起一整套主将、士卒、对手的情绪把握和利用原则。鬼谷子也好,孙武子也好,甚至韩非子与儒墨道法四家及佛禅都不同,不多谈是非、善恶,而专注于利害。这个"利",尽管谈的是军事,也通于今天的经济之利。

人性从古至今,都有一个情绪层面的存在问题,它既不像物质存在那样直观,也不像精神存在那样虚幻,但七情六欲却每天真实地伴随着我们。我们每个人,都想永远存在于肯定自我和否定他人的感性状态下,这是不争的本性。这种情绪分开来看,就是自我赞美、自我同情、调侃他人和批评他人的情绪心态。如果你认可自己是这样的人,那你就要知道所有人都想得到这种意味上的情绪解放,而不是活得很理性、很压抑,去被动地肯定他人和否定自我,把每个他者都当作神去膜拜。

情绪之于商道,是一个大的兵法。如何利用人群之感性,并提供人群之感性条件,让每个人在你创设的平台下获得自我肯定,这正是从情绪的角度上创意浮现的上商至道。

从这个意义上说,找到自己和团队的长处,从自我肯定的心态出发,就是你利用自己情绪正能量创业的基石。困境中用危亡的敏感激发自我,顺境中用分享的利益激励团队,这正是企业崛起的精神力量。当然,还要时刻关注社会情绪的变化、社会人群情绪的差别、同行对手竞争情绪的起伏等,才能保证企业的长久存在。

【推荐书目】

1. 杨丙安校注:《十一家注孙子校理》,中华书局。
2. 中国人民解放军军事科学院战争理论研究部《孙子》注释小组编:《孙子兵法新注》,中华书局。
3. 李零:《兵以诈立:我读〈孙子〉》,中华书局。

第九讲

为什么要读《韩非子》

华东师范大学　方笑一　李　枫

在中国的历史上，可能没有哪个时代像春秋战国那样，长达五百年的割据混战，惊心动魄却又异彩纷呈；在春秋战国的著作中，或许也没有哪部作品像《韩非子》那样摄人心魄、异彩纷呈。把人性的阴暗看到骨子里，把心机手段研究到集大成，却恰恰成为乱世中的一剂良药、君主政治的策略宝典，甚至作为中国治理思想的教科书滋养着今人。

大家可能觉得奇怪，孔丘称孔子，老聃称老子，为什么韩非不称"韩子"，而称韩非子呢？事实上，在唐代以前，人们就是称"韩子"的，因为中唐时期出了著名的古文家韩愈，后世也称"韩子"，为了避免混淆，在唐代以后，就将韩非称为韩非子了。

《韩非子》和其他先秦诸子的著作一样,并不都出自韩非之手,有些篇章是后人添加的,不过它总体来说应该是韩非的著作。孟子说"知人论世",因此我们要了解《韩非子》这部书,自然先要来了解韩非这个人。

一 韩非的命运:权力阴影下的个人悲剧

韩非的生平主要记录在《史记》的《老子韩非列传》里。他是战国末期韩国的一个贵族公子,从小就生活在宫廷权力斗争的环境中,又偏偏患有口吃,不善言语,却长于写作。这种现象,被钱锺书先生称为心理学上的"补偿反应"。(《管锥编》第一册"老子韩非列传")一个观察深刻、思想敏锐的人,偏偏要遭受不能言说之苦,我们不能确知这对他的学说构建有多大影响,但无疑使他本就深重的"孤愤"之感更加汹涌。压抑与痛苦撼动着他对现实世界乃至人性最低限度的信任,直至后来被自己的老同学李斯陷害。这也在某种程度上证明了,韩非对人性的怀疑和对现实世界的疑惧并非没有道理。

在群雄争霸的时代,韩非作为韩国的公子,目睹祖国一步步衰落,自然急切地想要有所作为。他屡屡上书,进谏韩王,希望国家修明法制、举贤任能,以求富强。但是韩王听不进他的意见，韩非愤然写下《孤愤》《五蠹》《内外储》《说林》《说难》等文章，有十余万字，今天我们在《韩非子》一书中都能找到这些篇章。

韩非在本国不得志，在别国却有了知音，这个知音就是秦王嬴政，也就是后来的秦始皇。韩非的著作流传到秦国，被秦王读到了，这位野心勃勃的君王不禁大呼："哎呀，我要是能见到这个作者，和他交往，就是死了也甘心呐！"这时，韩非的老同学李斯就告诉秦王，说这是韩非的著作。秦王为了得到韩非，猛攻韩国。韩王无奈，只好让韩非出使秦国，秦国乘机将其扣留。

因为他韩国贵族的身份，秦人并不信任他。又因为他的才能，秦国认为放虎归山遗患无穷，于是将他关在狱中。当然这大半是拜李斯所赐，诱使秦王召韩非来的是他，诱使秦王不信任韩非甚至将韩非下狱的也是他。然后，李斯给狱中的韩非送去毒药，韩非想面见秦王，又见不到。后来秦王醒悟，赶快派人释放韩非，可惜晚了一步，韩非已经死了。

一位伟大的思想家就此逝去，司马迁沉痛地说："余独悲韩子为《说难》而不能自脱耳。"说韩非能写出《说难》这样的文章，也就是说对君臣关系有如此深刻的理解，最后竟然无法解救自己，真是可惜。然而，韩非对于自己的死，难道就一点责任都没有吗？那也未必。《战国策》里记载，秦王要封姚贾为千户，将他列为上卿，这件事原本跟韩非没有关系，可是韩非忍不住，在秦王面前指出了一些姚贾的罪行。谁料姚贾伶牙俐齿，不仅承认自己干过这些事，还一一找出理由，说服了秦王，希望他不要听信韩非的谗言。可见，韩非的失言也为姚贾日后参与构陷自己埋下了祸根。

二　韩非的思想：由性恶论导出的法、术、势的结合

我们再说说韩非的思想。

东周时期，天子对诸侯的掌控能力逐渐衰弱，各路诸侯展开角逐，都试图寻求富国强兵之策，思想家成为他们争夺的重要资源。也因此，春秋战国时代的学术思想空前活跃，出现了百家争鸣的局面。

诸子百家其实并没有一百家，汉代史学家班固在《汉书·艺文志》里，将诸子分为九流十家。九流，即儒家、道家、法家、名家、墨家、阴阳家、纵横家、杂家、农家。十家，就是在此基础上加上小说家。其中，真正对中国文化产生重大影响的是儒家、道家和法家。

我们都知道，儒家是讲"仁义"的，但过分强调礼仪和血缘，就会导致办事效率不高。道家则恰好相反，《老

子》讲"小国寡民""鸡犬之声相闻,老死不相往来"之类,又走向另一个极端。"无为而治"从某种意义上来说的确棋高一着,但终究有其局限。于是出现了法家。

法家源于道家。司马谈说:"法家不别亲疏,不殊贵贱,一断于法,则亲亲尊尊之恩绝矣。"公平是公平了,但是"可以行一时之计,而不可长用也,故曰'严而少恩'"。的确如此,后世单以法家思想治国的朝代,都不可避免地短命,秦朝就是最好的例子。法家先驱比较重要的有商鞅、申不害、慎到等。商君任"法",法就是法律、法令,是要求臣民必须遵守的;申子用"术",术是君王控制驾驭臣民的手段和策略;慎到重"势",势是威势,君王以此凌驾臣民。而韩非结合了法、术、势三者,因此一般认为他是法家思想的集大成者。

韩非的这一套理论,首先建立在他的人性论的基础之上。我们知道,儒家是主张性善的,孟子说"人之初,性本善",因为羞恶之心(羞耻心)和恻隐之心(同情心)是人皆有之的。但到了荀子那里,这一主张发生了变化,《荀子·性恶》篇这样说:

> 人之性恶,其善者伪也。

就是说,人性是邪恶的,人性中善的部分都是人为伪装出来的。因为人天生喜欢利益,于是争夺利益,人性的恶由此而生。但是,荀子认为,人性的恶可以通过后天的学习来改变,所以《荀子》一书有《劝学》篇。

韩非是荀子的学生,继承了老师的性恶论。在他看来,生当大争之世,人们的行为无不受着自利之心的驱动,都是为自己考虑。比如王良爱马,勾践爱人,是希望马能为自己奔跑,士兵能为自己作战。制造车辆的人造车,就希望别人富贵能购买他的车子;做棺材的工匠希望人们早死,这样才能有棺材生意做。韩非说:"父母之于子也,犹用计算之心以相待也,而况无父子之泽乎?"(《六反》)所以君臣之间,人君与后妃、夫人、太子之间,处处都只有赤裸裸的利害关系:"害身而利国,臣弗为也,害国而利臣,君不行也。"(《饰邪》)他认为这是无法改变的,所以不赞成用改造思想的方法引人向善,而主张对人的自为心加以利用。正是基于人的自利之心,韩非提出以法治国。因为人趋利避害,那就可以用赏罚来约束他们。韩非说:"凡治天下,必因人情。人情有好恶,故赏罚可用。赏罚可用,则禁令可立而治道具矣。"(《八经》)他提倡令行禁止,用严酷的法令来治理国家。

韩非所提倡的"法",与我们今天的法律制度有一定的相似之处,但是也并不完全相同。有学者将韩非子所说的"法"的特征概括为六项:长效性、客观性、公开性、简易性、强制性、公平性。法必须保持稳定,不能不停更动,最忌讳朝令夕改,使人无所适从。法必须做到客观,不能根据个人的心情变化来主观决定法的施行,不可"释法术而任心治"(《二柄》),法必须让人们充分了解,及时公开。法不能过于烦琐,而应当简便易行。法必须强制执行,"令出必行"(《扬权》),不能讨价还价。法还必须做到公平,王公大臣和百姓一视同仁。

韩非在强调、提倡、推行"法"的过程中,用"术"和"势"来保证"法"的实行。

他给"术"下过这样的定义:"术者,因任而授官,循名而责实,操生杀之权,课群臣之能者也,此人主之所执也。"(《定法》)"法"更多是为官吏所用;而"术"则是"人主",即君王所用。关于"法"和"术"的区别,韩非说:"人主之大物,非法则术也。法者,编著之图籍,设之于官府,而布之于百姓者也。术者,藏之于胸中,以偶众端,而潜御群臣者也。故法莫如显,而术不欲见。是以明主言法,则境内卑贱莫不闻知也,不独满于堂;用术,则亲爱近习莫之得闻也,不得满室。"(《扬权》)"法"是公开的,让老百姓都知道,才能遵守;而"术"是隐秘的,藏在君王胸中,来暗地里统御臣下。正是通过"术",君王给臣子官职,考察他们的实绩,决定他们的生死,评定他们的能力。

为什么有了"法"还要用"术"呢?因为在韩非看来,臣子中常有坏人存在,坏人有各种各样的坏招来破坏君主的权威,来祸乱国家,比如在《八奸》篇中,韩非总结了八种成奸之术:一是"同床",就是臣子通过君王宠幸的女

第九讲　为什么要读《韩非子》

人乘其醉饱之时刮枕边风，提出自己的要求。二是"在旁"，就是通过君主身边的亲信侍从等施加影响，让他们再去影响君主。三是"父兄"，就是通过嫔妃的儿子和朝廷重臣去影响君主，达到自己的目的。四是"养殃"，就是用声色犬马去讨好君主，通过顺从君主的欲望来迷惑他，以达到个人的目的。五是"民萌"，就是将国家的财产送人来收买人心，让老百姓来歌颂自己。六是"流行"，让能说会道的人来制造舆论，欺骗或者恐吓君主。七是"威强"，就是培植自己的班底，豢养亡命之徒，以恐吓百姓。八是"四方"，就是借用其他国家的势力来给自己国家的君主施加压力，使其就范。

正是因为奸臣有如此险恶阴毒的招数，为君者自然要想办法对付，不然大权旁落，地位不保。这就是韩非重视"术"的原因，在《内储说上》中，韩非总结了君主驭臣的"七术"：一是"众端参观"，即根据多种头绪来综合分析；二是"必罚明威"，即对罪犯必须加以惩罚来显示君王的权威；三是"信赏尽能"，赏赐有功者必须兑现，以使人竭尽自己的才能；四是"一听责下"，就是一一听取臣子的言论来督责臣下；五是"疑诏诡使"，传出可疑的诏令，使用诡诈手段来测试臣子是否忠诚；六是"挟知而问"，拿已经了解的情况去向臣下询问，以考察他们报告的是否属实；七是"倒言反事"，故意说与自己本意相反的话，做与本意相反的事，以刺探臣下是否有企图和阴谋。

假如说前面四条还属于正常的范围，那么后面三条就越看越像阴谋诡计，使大臣摸不清君主的真实意图，从而不敢阳奉阴违，轻举妄动，这样君主就可以达到控制臣下的目的。

除了"法""术"两者之外，韩非子还特别强调君主治理国家时必须依仗的"势"。通过人为的方式使君主的权力得到放大和加强，使法令具有充足的威慑力，这就是"势"。韩非子认为，"势"本身并无好坏，被不同的人使用会有不同的效果。"夫势者，非能必使贤者用己，而不肖者不用己也。贤者用之则天下治，不肖者用之则天下乱。"（《难势》）这就明确了"势"作为一个工具的属性。既然谁都可以拿来用，那么得势者，才能产生自己的影响。"夫尧舜生而在上位，虽有十桀纣不能乱者，则势治也。桀纣生而在上位，虽有十尧舜亦不能治者，则势乱也。"（《难势》）如果尧舜的地位低微，连邻人都不愿听他调遣，又怎能治理天下呢？而事实上，像尧舜桀纣这样的人，千世才出一个，真正要学习治乱之道的，是"中主"，既没有尧舜那么贤能，也没有桀纣那么昏庸的君主。君主在上位，是天赋的势，但还需要与法和术结合，来产生人为的势，并保护天赋之势。"中者，上不及尧舜，而下亦不为桀纣，抱法处势则治，背法去势则乱。今废势背法而待尧舜，尧舜至乃治，是千世乱而一治也。抱法处势而待桀纣，桀纣至乃乱，是千世治而一乱也。"（《难势》）这说明，抱法处势比待贤而治靠谱得多。

通过"法""术""势"三者的结合，君主便拥有了绝对的权威，不管是出于自愿还是迫于威势，整个国家被牢牢控制于君主一人手中。

三　韩非的治人术：选人、用人与驭人

韩非的理论体系中虽有相当一部分属于阴谋诡计，体现了君主专制制度下可怕的君臣关系和险恶的政治环境。但是，从另一个角度来说，韩非的确也为国家治理提供了许多有价值的理论。撇开维护君主专制这一目的，仅手段和方法而言，韩非在选人、用人、驭人这三个方面还是为我们提供了不少可资借鉴的东西。

先说选人。选拔人才对于君主成就事业来说是无比重要的，韩非对此提出了一些重要的原则，我们不妨来看一看：

第一条原则是任人唯贤。要实现任人唯贤，首先要做到不避亲疏，不看出身。

《说疑》篇有"内举不避亲，外举不避仇"的说法，就是在举荐人才时，对内不必回避自己的亲属，对外则不应排斥自己的仇人。这看起来是很简单的道理，做起来却并

不容易。春秋时期有个"祁奚荐贤"的故事：祁奚请求退休。晋悼公问祁奚谁可接任，祁奚推荐仇人解狐。正要立解狐，解狐却死了。晋悼公征求意见，祁奚推举自己的儿子祁午。正当此时，祁奚的副手羊舌职也死了。晋悼公又问："谁可接任？"祁奚答道："其子羊舌赤适合。"晋悼公便安排祁午做中军慰，羊舌赤佐助。有德行的人称赞祁奚，因为这件事足可说明他能推荐贤人。推举仇人，不算是谄媚；拥立儿子，不是出于偏爱；推荐直属的下级，不是为了袒护。《尚书》说："无偏无党，王道荡荡。"说的就是祁奚了。

韩非子在《八说》篇中讲道，君王所任用的人，往往不是能说会道、聪明伶俐的人，就是品德优良、廉洁奉公的人。任用人，就是使他有一定的权势。但是，聪明的人不一定忠诚。这种人如果利用他聪明的计谋，再凭借他所握权势的有利条件，来干他自己的要事，以权谋私，那么，君王就一定会被他欺骗。同样，品德好的人也不一定就聪明。这种人有蠢人的糊涂，又处在掌握权力的管理者的位置，去干他们所认为正确而实际是愚蠢的事。

再说用人。我们从《韩非子》的《用人》篇和其他篇目一些相关的内容中，可以概括出这样一些要点：

其一，韩非非常注重物质上的鼓励。因为他认为人是喜欢利益的，所以很讲究论功行赏，这样才能办成事情。他说："明主之为官职爵禄也，所以进贤材劝有功也。故曰：贤材者处厚禄任大官；功大者有尊爵受重赏。官贤者量其能，赋禄者称其功。是以贤者不诬能以事其主，有功者乐进其业，故事成功立。"（《八奸》）这是很有见地的言论，尤其在今天市场经济条件下，更应该注重用物质去鼓励人才的积极性。太过谨小慎微、注重平均是无法成事的。

其二，一人不兼官，一官不兼事。为明确职责，避免官吏间的推诿、争权，韩非反复强调官吏应专职专责，各尽所能。他说："明主之道，一人不兼官，一官不兼事。"（《难一》）"人臣安乎以能受职，而苦乎以一负二。"（《用人》）"人臣之忧，在不得一，故曰：右手画圆，左手画方，不能两存。"（《功名》）他又说："明君使事不相干，故莫讼，使士不兼官，故技长，使人不同功，故莫争。"（《用人》）意即英明的君主分工明确，一人不兼多事，也不要让多人不加分工地做同一事，不仅可以提高他们的管理技能和工作效率，而且可避免争讼、争权、争功等现象的发生。

其三，尽其所能，补其所短。在前文讲选人时，我们已经明确了人各有长短这一认识。那么用人的时候就要对其长短做恰当的安排。为发挥人的特长，韩非主张使用官吏应如"使鸡司夜、令狸执鼠"那样"皆用其能"（《扬权》）。像如今一些单位的轮岗制度，对于新人熟悉环境尚可使用，但若长期如此，对专门人才的成长是不利的。而对其短处，应通过人才互补来消除弱势。《观行》篇讲："以有余补不足，以长续短之谓明主。"

其四，驭人。相比于"选人"和"用人"，"驭人"简直是赤裸裸的心机手段了。读《韩非子》，我们不免惊叹于他怎么会将人性看得如此黑暗，对权术如此烂熟于心。但是，离开了权术，韩非子一书也绝对不可能如此精彩。在一个群雄逐鹿的混乱时代，要想有所作为，仅靠儒家的仁义和道家的无为是绝对不可能的，搞不好你的辛苦经营就成了为别人做嫁衣。

韩非对人的控制是非常具体的。在此归纳两条《韩非子》的"驭人术"。

首先是君主必须做到虚静无为。在《主道》一篇中，他说："是故虚静以待令……虚则知实情，静则知动者正。有言者自为名，有事者自为形，形名参同，君乃无事焉，归之其情。"君主只有做到内心空空而无成见，就能观察了解事实真相；安静而不急躁，就能掌握事物的规律。让下级自己来发表言论，自主地工作，君主不要事先规定他们该怎么做，也不要横加干预，只是考核他所做的事和他所发表的言论是否相符合。这样，臣下就会讲真话、办实事了。

"有言者自为名"，"有事者自为形"，这两句话是韩非上面这段话的要害所在。对臣下的言论不加干涉，才有可能广开言路、集思广益。对臣下的职责不横加干涉，才有可能充分调动臣下的积极性，发挥他的聪明才智。

韩非在论述了"虚静"的内涵以后，又强调了"虚静"

的功能。他说:"人主之道,静退以为宝。不自操事而知拙与巧;不自计虑而知福与咎。是以不言而善应,不约而善增。"(《主道》)"静退"的"退"不是指在原则、法制面前让步,而是指在具体工作上。这个"退"是为了更好地"静"。请试想一下,领导者如果事事都亲自构思,那么,对于下属与自己意见相左的计谋、方案还能客观公正地对待吗?如果领导者"事必躬亲",对下属分管的工作不断地加以干扰,这样,下属的业绩到底归谁?对这一业绩,由于自己插手,也难以做出客观公正的评估。而一退一静,可知下属的"拙与巧""福与咎",可以使下属"善应""善增",其功能应该是十分明显的。

鉴于这样的分析,韩非肯定地做出如下结论:"虚静无为,道之情也。"(《扬权》)诸位切莫对"无为"望文生义产生"无所作为"的误解。无为是指按照客观规律办事,在这里是指按用人的规律办事,具体就是前文所提到的"退"。

但是我们要注意,韩非讲的"虚静无为",是一种权术,带有伪装的成分。他的根本目的在于,不让君主轻易表态,这样就会使臣子无从迎合、无从揣度、无从伪饰。最后达到"明君无为于上,君臣竦惧乎下"(《主道》)的效果。在朝廷大臣意见对立,甚至派系林立时,不轻易表态,利用各派的矛盾使其相互牵制,君主才能坐收渔翁之利。回顾历史,很容易找到这样的例子。不过现在领导和下属的关系毕竟与古代的君臣关系不同,假如领导一味隐藏内心的真实想法,令下属丈二和尚摸不着头脑,也就没法建立起彼此的信任,办不成大事。所以当领导的"虚静无为"要有一个度,过了反而弄巧成拙。

其次就是对赏罚的合理运用。要做到赏罚公允且有力。"明主赏不加于无功,罚不加于无罪。"(《难一》)一切奖惩必须依据考核,由"名""实"相符的程度而定。而且,在赏罚面前人人平等。如此,才能服众。赏罚还要有一定的力度。"赏莫如厚,使民利之;誉莫如美,使民荣之;诛莫如重,使民畏之;毁莫如恶,使民耻之"。在当时严重混乱的环境下,厚赏重罚对稳定社会秩序、遏制邪气发挥了重要作用。即使在今天,赏罚不达到触动当事人利益的程度,也是不会起作用的。另外,把奖赏同荣誉紧密结合,使惩罚与恶名连在一起,也是促使赏罚有力的途径。韩非明确提出了"赏誉同轨,非诛俱行",这在一定程度上注意到了物质激励与精神激励的辩证关系。同时还要做到信赏必罚。韩非在《外储说左下》篇讲:"有术之主,信赏以尽能,必罚以禁邪。"并通过几个小故事说明了君主讲信用的必要性,现选出正反各一例,讲给大家。晋文公带兵攻打一个叫原的地方,说了去十天,到了第十天攻不下,尽管从原出来的人和自己的大臣都说快要成功了,晋文公也坚决撤兵,说:"得到原而失掉我的信用,我不做这样的事。"听说这事,原人也来降,卫人也来降,晋文公的收获已经远远超出一座城。而楚厉王遇到紧急情况就击鼓召集百姓来防守,一次酒后错击了鼓,让大家空跑一趟,以后有事击鼓,大家再也不来了。

韩非从法家先辈那里汲取了关于国家治理的种种理论,用自己的聪明才智加以统合与创新,成就了自己的思想体系。虽然其思想是完全为了维护君主一己之权力而服务的,但也为后世提供了丰富的治理思想资源,是中国古代治国理政思想中不可忽略的一部分。

【推荐书目】

1. 张觉:《韩非子·帝王的法术》,上海古籍出版社。
2. 马世年:《〈韩非子〉的成书及其文学研究》,上海古籍出版社。
3. 刘乾先等译注:《韩非子译注》,黑龙江人民出版社。

第十讲

为什么要读《黄帝内经》

上海中医药大学　章　原

今天要聊的话题是"为什么要读《黄帝内经》"。相信大家都听过《黄帝内经》,知道这是中医学的经典著作,但是到商学院来聊中医,似乎有点风马牛不相及。其实不然,二者还是有许多相通之处的,比如二者的理想人格都与儒家思想相关,商界推崇儒商,而医家则以儒医为最高的赞誉;又比如,二者都推崇"道",商有商道,医亦有医道……今天就打算围绕着《黄帝内经》,与诸位一起坐而论道,看看对于非医专业的现代人而言,古老的《黄帝内经》到底在讲什么,究竟有什么阅读的价值和必要。

第十讲 为什么要读《黄帝内经》

一 拂去《黄帝内经》的神秘面纱

关于《黄帝内经》,你或许没读过,但一定听说过,因为它的知名度确实不小。不信的话大家可以去看看,不论是实体书店或者网上书店,最热门的古籍排行榜中常常包含两本,一本是《周易》,一本则是《黄帝内经》。乍看起来很奇怪,这两本古籍都以深奥著称,但在现代社会居然如此流行?但细一想,便不难理解,因为在不少人的印象里,《周易》是算命的书,有谁不想走捷径,提前洞悉未来的命运如何?而《黄帝内经》畅销的原因也很简单,因为人们视其为养生宝书,在这个得不起病的时代,谁不想更长寿、更健康呢?

当然,这样的认识其实存在某些曲解乃至错误,但从另一个方面看,这的确也满足了人们现实中的某些需求。所以自古以来,像《周易》《黄帝内经》这样多少有些晦涩的书既能登士人的大雅之堂,也能流行于市井百姓之间,也称得上是一项文化景观了。

而在"五四"新文化运动之后,人们提到《黄帝内经》,往往会有极端的两个态度:一个是崇拜,将其视为无价珍宝,认为是古代圣人所传,可谓是字字珠玑,甚至还有人说《黄帝内经》是外星人留在地球上的,理由是这么高深奥妙的书与当时地球人的知识水平不符合,只有高度发达的外星文明才会有;另一个则是鄙夷,将其视为故纸堆的文物,认为其处处荒谬,毫无科学价值可言,只是中医在装神弄鬼、故弄玄虚而已。当然,这种对立情绪的背后,其实并不是针对《黄帝内经》这本书,更多地反映了对于中医截然不同的立场与态度。但是,《黄帝内经》作为中医最重要的典籍,被尊为"医家之宗",它在中医领域的地位就如同《论语》之于儒家、《道德经》之于道家,对它的态度,事实上也就体现了对中医的看法。

《黄帝内经》距今已有数千年,除了古今文化差异之外,《黄帝内经》本身仍有许多不解之谜,流传过程中也有很多舛错,加上人们有意无意地神化,更为它增加了些许神秘的色彩。有一种说法可能诸位听说过,说是中国古代有三大奇书:《易经》《山海经》与《黄帝内经》,也有一种说法是《易经》《道德经》《黄帝内经》。不管是哪种说法,《黄帝内经》都名列其中。

《黄帝内经》真的有这么奇特吗?答案是肯定的,它的确有不同凡响之处,"奇书"之称,当之无愧!

那么它究竟奇在何处呢?我以为至少有三奇。

首先,来历奇。关于它的作者,至今仍是一团迷雾,甚至无所措手,到目前仍然毫无线索。很长时间内,都认为这样的奇书不是一般人能写出来的,只有像轩辕黄帝这

第十讲 为什么要读《黄帝内经》

样的圣人才能写出来,否则为什么叫《黄帝内经》呢?这当然是不可能的事情。在黄帝的时期,甲骨文都还没出现呢,更不可能出现这样大部头的著作。所以大家去看看现在对于《黄帝内经》作者的署名,其实是不统一的,严谨的干脆空白,但有些则署名"黄帝",还有的则署名"上古真人"。除非能在考古领域有重大发现,否则这只能是一个不解之谜,这么一部经典著作,以内容而言绝对精神,以篇幅而论堪称大部头,但在同时代的其他文献中居然毫无线索可循,也算得上是一个奇迹了。

根据现有的研究来看,一般将《黄帝内经》的成书定为西汉中晚期。《黄帝内经》由《素问》与《灵枢》两部分组成,每部分均有八十一篇长短不一的论文,合计一百六十二篇,大多数的内容分布也较为分散,同一个问题会在不同的文章中出现,而同一篇文章中可能论述到不止一个问题,故此,可以推断《黄帝内经》并非成于一时一人之手,而是在秦汉之时由多位专家撰写而成,最后可能由某人编纂而成。

做出这一结论自然有着多方面的依据,但不论是从医学的实践发展来看,还是医学理论发展的轨迹来看,在这一时期出现,都是水到渠成的。所以,在最早记录《黄帝内经》的《汉书·艺文志》中,与《黄帝内经》性质相似的医书还包括《白帝内经》等十余部。可惜的是,这些书早就散佚无存,迄今为止,关于它们除了留下的书名之外,人们对其内容一无所知。这是多么遗憾的事情啊！单单一部《黄帝内经》已经撑起一个学科，如果能够全部留存，那对于医学而言是多么珍贵。

事实上，《黄帝内经》的出现绝非凭空而来，在此之前，已经有着长期的医疗实践经验的积累，《黄帝内经》是人类在医学领域从感性到理性的结果，是一个必然的结果，并非偶然。即使没有《黄帝内经》这本书，也一定会有其他类似的医书出现。《汉书·艺文志》中类似性质的书远不止一种，无疑就是最好的证明。

其次，内容奇。世界上较为著名的文明国家传统医学中多少都有其医学典籍，但是与之相比，《黄帝内经》无论是从深度还是广度上都是独一无二的。《黄帝内经》确是一本系统的治病的法书，从疾病的原因、人体所发生的变化、治疗方法、预防养生等方面都非常完备，称它为中医学经典，确实名至实归！而且其是建立在相当扎实的医学实践基础之上的，比如书中对于人体脏腑的大小、坚脆、容量、血脉长短、清浊等都有描述，其中，如消化道与食管长度之比的比例与现代医学解剖学的测量基本相等，在古代技术手段尚不发达的情况下，能取得如此详尽、确切的数据显然是相当不容易的。

但是，《黄帝内经》又不仅仅是一本治病的书。它并不是只对医学有价值，它的价值超乎任何一本医学书籍，如果仅仅将其视为医学领域的著作，则又太低估了它的价值。

第十讲　为什么要读《黄帝内经》

《黄帝内经》的学术体系，与古代人文、自然科学知识的渗透密切相关，受到了天文、地理、气象、数学、哲学等多学科的浸染，特别是哲学的影响更为深远，其作为医学著作，在阐发医理时却引入了哲学领域的概念与范畴，不论是阴阳学说，还是五行学说，这些本都是哲学的内容，却被引入来阐发医理。因此，后世诸多学科在研究本学科的发展时都会从《黄帝内经》中寻找材料。与其说《黄帝内经》是一本医书，还不如说是一部古代的关于生命的百科全书更为恰当，而由此对于中医的要求也不只是掌握医学知识，更应该"上知天文，下知地理，中知人事，可以长久"(《素问·著至教论》)。

最后，生命力奇。《黄帝内经》这样一部数千年前的典籍，它的价值并不在于故纸堆的文献和考古价值，不只是一部记载学问的文献这么简单，还承载着中国传统医学的兴衰，其影响一直延伸至今。

《黄帝内经》问世之前的医学处于零星的不成系统的医疗经验积累阶段，尚无理论可言。而《黄帝内经》的出现，也标志着中医理论体系的正式确立，奠定了中医学的发展基础。在世界医学史上，曾经有过多种传统医学，如希腊、罗马、印度、埃及、阿拉伯等。但是经过漫长的历史，除了中国的传统医学得到延续之外，其余几乎全部沦为民间医学，或者断层。在西方科学技术的强大冲击下，中国传统科学技术的主要门类，如数学、天文学等纷纷被消解、吞并、融合，只有中医学仍然一枝独秀，经受住了现代医学的强大冲击，至今仍保持着鲜活的生命力，成为中国传统科学技术的代表，迄今仍有着有强大生命力，并在医学领域中牢牢占据着自己的一席之地，与现代医学一起成为我国医疗体系的组成部分。这与《黄帝内经》在医学体系中的凝聚力是密不可分的，要知道，在《黄帝内经》之后，历代相关的医理著作为数众多，但其内容多是《黄帝内经》理论的延伸与发挥，并没有突破其传统范式。

当然，《黄帝内经》之奇绝不止于上述三点，这里只是撮其大要而已。

二　《黄帝内经》与医道

从性质上来说，《黄帝内经》当然是医学典籍，用现在的话来说，当然是医学领域的专业书籍。如果是现代分科日趋细密的时代，医学的专业书籍恐怕绝大多数人都会望而生畏，其他不用谈，单是其中的专业名词和缩略语就足够让人头大不已，更不用说各种实验、公式等。但对于阅读《黄帝内经》而言，专业的界限显然不是主要的障碍，因为《黄帝内经》是阐述医理的书不假，但是它用以搭建起来的骨架和结构却是传统哲学的范畴与概念。

第十讲 为什么要读《黄帝内经》

这其中的原因并不难理解，因为中医学是在医疗实践基础上不断地积累成形，可是，当它要形成理论、构建体系之时，则完全借助了传统哲学的框架。中医学的理论三大核心：气一元论、阴阳学说、五行学说。显然都源自古代哲学。因此，提到医学的时候会说，医学的历史很长，自有人类就有了医学，可是，往往下面还有一句话——标志着中医学理论体系形成的时间则是汉代（也就是《黄帝内经》形成的时间）。这个时间段非常有趣，先秦时期诸子百家正好是思想上空前勃发的一个阶段，是所谓的"轴心时代"，正是这段思想史上第一个高峰期，不但带来了哲学上的空前兴盛，也客观上促进了医学理论的勃兴。《黄帝内经》这样一部阐述医理的著作诞生在此时期，可以说是情理之中的事：一方面，中医学在形成的过程中，大量吸收了传统哲学中的概念与理论，加以改造；另一方面，中医理论也发展和丰富了传统哲学，是中国哲学大花园中一枝重要而独特的奇葩。

古代有一句话，叫"秀才学医，笼中捉鸡"，意谓秀才如果要学医的话，就好像在笼子里面抓鸡一样容易。这表明了中医学和传统文化的密切关系，只要有基本的文化功底，很容易便可理解和掌握医学的精髓，如同笼中抓鸡一样轻松。所以在历史上，许多的名医都是儒生半路出家去学的，而且不少均取得了很高的成就，如"金元四大家"之一的朱丹溪，他本来是学理学的，差不多 40 岁才开始去专心研究医学,广泛求教,很快便成为一代名医。而至于文人墨客,对于医学感兴趣、可以开方治病的就不计其数了,像大文豪苏东坡、陆游等都是医药的爱好者,唐代大诗人杜甫,在饥寒交迫时,还曾经靠卖药材为生,这当然也需要略通医药才行。旧时一般的文人,如果科举不中,又不想去耕田经商,迫于生计,一般要么去当私塾先生,或者就干脆去学医谋生,因为在儒生看来,医乃仁术,并不算是丢了身份,所以才有著名的"不为良相,便为良医"的谚语了。

因此,即便在座诸位未必有任何医学上的专业背景,相信阅读《黄帝内经》也不会有大的障碍。因为《黄帝内经》是一部道、术皆有的著作,不止讲医技,更主要的内容在于阐述医道,多与哲学、文化观念息息相关,属于医学大文化的范畴。适当了解《黄帝内经》医道,不仅能增益知识,而且对于各位的修身养性,也都会有所裨益。

《黄帝内经》中所涉及的医道极为广博,如天人合一、上医治国、治未病、为医之道、医患关系、用药如用兵等,由于时间关系,我们无法一一展开,姑且围绕着最基本的概念"气""阴阳"来对《黄帝内经》的生命哲学进行扼要的介绍,这实际上也是了解《黄帝内经》医道的最基本的途径。

首先来看"气"。

"气"的概念在《黄帝内经》的学术思想中,占有重要地位,甚至可以说,《黄帝内经》中几乎无篇不言气,全书中总共出现了近3000次,与气有关的词目达到了千条之多。在论述生理、病理、药理、诊断和临床治疗中,都处处离不开气的作用。

那么,什么是气呢?或许你会觉得这个问题滑稽:自打记事起,就离不开空气,怎么会不知道气?

但是在传统文化领域中,"气"的内涵与我们今天理解的迥然不同。著名的科技史专家李约瑟在谈及中国的"气"范畴的时候这样表示:"它(气)虽然在许多方面类似希腊的空气,我还是宁肯不进行翻译,因为它在中国思想家那里的含义是不能用任何一个单一的英文词汇表达出来的。它可以是气体或水汽,但也可以是一种感应力,像现代人心目中的以太波或辐射线一样精微。"

大体而论,《黄帝内经》中的气可分为三类:宇宙本原之气、自然界之气与人体之气。自然界之气好理解,那么什么是"宇宙本源之气"与"人体之气"?

《黄帝内经》认为气是客观存在的一种物质,天地万物都由气所构成,即所谓宇宙本源之气。这也正是《黄帝内经》宇宙观的基础,如《素问·宝命全形论》中勾勒出了一幅"气生万物"的宇宙图景:"天地合气,别为九野,分为四时,月有小大,日有短长,万物并至,不可胜量。"万事万物看似纷繁,但归根到底都是由气化生而成,存身其中的人类自然也不例外,即便是贵为万物之灵,同样也是天地合气的产物,"人生于地,悬命于天,天地合气,命之曰人""人以天地之气生,四时之法成"(《素问·宝命全性论》)。正因为如此,所以中医学中的所谓"天人合一""生气通天"等方才有了医理上的依托与基础。

所谓"人体之气",顾名思义,即是存在于人体内的气。它是一种不断运动着的极细微的物质,既构成人体,又推动和维持人体生命的正常运转。气是构成人体的本源,是生命的原动力。就这一点而论,与一般哲学意义上的气论是相通的,既是宇宙的本原,同时又是推动万物生化的动力,时刻处于不断的运动之中,其情形如《灵枢·脉度》所言:"气之不得无行也,如水之流,如日月之行不休。"由于气的推动,体内的营养物质得以运转,从而滋养脏器组织,激发各器官的功能,完成正常的生理活动。

气可以养人,亦可伤人,与疾病的产生有着密切的关系。气在人体的运动升降出入(气机)正常时,人体整体上处于平衡协调的状态,也就是健康的"平人";而当气机发生偏差、失调时,人体就会陷入失衡状态,产生疾病。气机失调的表现有很多种,情形各异,如《素问·举痛论》在论述"九气为病"的机理时所云:"怒则气下,喜则气缓,悲则气消,恐则气下,寒则气收,炅则气泄,惊则气乱,劳则气耗,思则气结。"列举了种种气机失衡的表现,由于气机失调与疾病的产生有密切关系,所以《黄帝内经》有"百病皆生于气"的说法。

第十讲 为什么要读《黄帝内经》

在诊治疾病过程中，尽管有许多具体的方法，但其核心理念不外乎调节失衡的气机，使气的运转恢复平衡协调的状态。如《素问·至真要大论》所云："调气之方，必别阴阳，定其中外，各守其乡，内者内治，外者外治，微者调之，其次平之，盛者夺者，汗之下之，寒热温凉，衰之以属，随其攸利。"但不论采用何种治疗手段，都会遵循调气的原则，"调其气，使其平也"。

所以中医是一门既简单又复杂的学问，说它复杂，是因为疾病变化无端，又因人而异；说它简单，其基本法则无非就是通过各种手段让失衡的气机重新恢复平衡。所以大家去看看史书中关于扁鹊、华佗这样高明医生的介绍，他们治病的方法往往简单却有效，可以就地取材。比如扁鹊当时名满天下，他到赵国邯郸，了解到当地人特别尊重妇女，就做起主治妇女病的医生来；到洛阳时，了解到周人特别孝敬老人，就做起主治老人耳聋眼花，四肢麻痹、酸痛的医生；到了咸阳，了解到秦人特别宠爱孩子，就做起主治儿童疾病的医生，总是能随着各地的习俗来改变自己的医治范围，真正做到了随心所欲的境界。

其次，阴阳也是《黄帝内经》的核心理念。

阴阳常常与五行连用，二者与中医学的关系如此密切，成为中医的象征性符号。所以在近代"废除中医"的论争中，反对中医的人往往最喜欢拿"阴阳五行"开刀，冠以"不科学""迷信"等帽子。一方面是所谓反对中医者其实多半并不通医学，无法针对医学发表评论，但阴阳五行却似乎是谁都可以发表看法的；另一方面，也是因为看准了阴阳五行对于中医学的重要性。

《素问·阴阳应象大论》云："阴阳者，天地之道也，万物之纲纪，变化之父母，生杀之本始，神明之府也，治病必求于本。"意为阴阳是自然界事物变化的规律，事物的一切变化都源于阴阳这相对的两方面作用的结果，故阴阳是事物发生、发展与消亡的根本因素。人作为宇宙中一分子自不例外，"治病必求于本"，不论是什么病症，不管采取何种方法治疗，均必须遵循阴阳平衡的法则。

阴阳之道在医学领域中一个基本的方式就是区分人体脏腑、组织、部位的属性，"人生有形，不离阴阳"（《素问·宝命全形》）。《素问·金匮真言论》中有一段较集中的描述：

> 夫言人之阴阳，则外为阳，内为阴。言人身之阴阳，则背为阳，腹为阴。言人身之脏腑中阴阳，则脏者为阴，腑者为阳。肝、心、脾、肺、肾，五脏皆为阴，胆、胃、大肠、小肠、膀胱、三焦，六腑皆为阳。……故背为阳，阳中之阳，心也；背为阳，阳中之阴，肺也；腹为阴，阴中之阴，肾也；腹为阴，阴中之阳，肝也；腹为阴，阴中之至阴，脾也。

不难看出，《黄帝内经》对人体阴阳属性的划分是相对的，只有确定了划分的对立面，方能进行判断。比如以阴

第十讲 为什么要读《黄帝内经》

阳来对人整体进行区分的话，体外为阳，体内为阴；如以人体划分，则身体上部为阳，下部为阴，人体背部为阳，腹部为阴；如以四肢来进行划分，则外侧为阳，内侧为阴；如以脏腑来划分，则六腑属阳，五脏属阴等，其判断标准与哲学意义上的阴阳属性是一致的，最为首要的一点是要确定划分的依据，如果没有确立对立面，单独拿出一个部位是没法确定阴阳属性的。如六腑与五脏相比，由于其功能上的差异，六腑主传化水谷属阳，五脏藏而不泻属阳，但是如果与体表相比，体表属于阳，而位居体内的脏腑无疑都属于阴。可见，阴阳属性只有确立了划分角度的前提下才具有意义。

从理论上看，阴阳具有无限可分性。其情形正如《庄子·天下》所云："一尺之棰，日取其半，万世不竭。"一尺之杖只是一有限物体，但却可以无限地二分下去。阴阳的划分也是如此，阴阳之中的每一面又可以划分阴阳，以此类推，可以一直划分下去。事实上，由于认识的局限性，《黄帝内经》虽然认识到了阴阳的无限可分性，如《素问·阴阳离合论》所说："阴阳者，数之可十，推之可百，数之可千，推之可万，万之大不可胜数，然其要一也。"但在实践中，一般对阴阳的分类只进行到四分的层次即可，即所谓"阳中之阳""阳中之阴""阴中之阴""阴中之阳"。

阴阳除了用以区分人体的部位及脏腑属性之外，还用来阐明生理与病理变化、指导疾病诊断、防治等。"医道虽繁，而可以一言以蔽之者，曰阴阳而已"。大家如果去中医院就诊过，都知道中医讲究望闻问切，有经验的医生往往看一眼，通过望诊就能判断病症的阴阳属性，这也是最基本的判别。正如《素问·阴阳应象大论》所言："善诊者，察色按脉，先别阴阳。"一般而言，如果病人表现出发热、面红、目赤等症状，则归属于阳证；反之，出现畏寒、面白、发冷等症状，则属于阴证。

  阴与阳性质相反，但并非各自为政，互不干涉，而是既相互对立，又彼此制约，使得整体始终处于动态的平衡之中。所谓动态的平衡，就是强调在维持总体范围的平衡之下，阴阳之间的势力并非一成不变，而是处于不断地此消彼长的运动变化之中，比如自然界中日月星辰的运行、春夏秋冬的更替等规律性的变化，都是阴阳此消彼长的结果，《素问·金匮真言论》以一日为例，描述了阴阳消长的过程：

  阴中有阴，阳中有阳。平旦至日中，天之阳，阳中之阳也；日中至黄昏，天之阳，阳中之阴也；合夜至鸡鸣，天之阴，阴中之阴也；鸡鸣至平旦，天之阴，阴中之阳也。故人亦应之。

  这段话很好理解，一日之中，通常而言，白昼为阳，夜晚为阴，然而这并不意味着白昼就没有阴，夜晚就没有阳，二者只是在一天的不同时间段的比例有差异而已。上午是阳的力量不断累积增加，到正午阳的势力达到最高峰，

第十讲　为什么要读《黄帝内经》

故此为"阳中之阳";下午阳的力量逐渐消减,阴的力量慢慢增加,但整体而言,仍是阳占上风,故此为"阳中之阴"。同理,在夜晚也有"阴中之阴"与"阴中之阳"两种情形的出现。阴阳消长可以说是事物内部的调节机制,既有推动内部机体运转的需要,也有适应外界环境变化的机理,可以说是事物正常运转必不可少的。

阴阳消长变化具有一定的幅度范围与规律,如果超出正常范围或者节奏紊乱,就会出现阴阳平衡打破,偏阴或者偏阳的状况,任何一方出现异常,都会引起另一方的变化,从而影响到整体。以人体而言,"阴阳乖戾,疾病乃起",阴阳的失衡意味着身体的健康出现了状况。如《素问·阴阳应象大论》所言:"阴胜则阳病,阳胜则阴病。阳胜则热,阴胜则寒。"那么,治疗疾病的原则当然就是"谨察阴阳所在而调之,以平为期"(《素问·至真要大论》),即寻求阴阳失衡的地方,进行调节,使之重新恢复动态平衡的状态。

上述所介绍的气与阴阳都是理解《黄帝内经》医道的最基本的概念,虽然涉猎不多,但是见一叶而知秋,相信大家对于医学与传统文化特别是与哲学的水乳交融的关系已经有所了解。按照现代学科的分类,医学属于自然科学,哲学归为社会科学,两者似乎并无交集。但对于中医而言,哲学与医学的水乳交融恰是一大特点。有人将中医视为"哲学医",甚至将中医理论看成是自然哲学理论,这种说法是否准确值得商榷,但从一个侧面反映了中医与哲学不可分割的联系。

《黄帝内经》也好,传统哲学也罢,毕竟都距今年代久远,对于从小受着科学教育长大的人来说,只知有分子、原子,而听到气、阴阳之类,或许会一时难以接受,这毫不奇怪。因为二者不但时代迥异,而且宇宙观不同,完全属于两个学术体系,产生陌生感完全正常。但需要特别提出两点:其一,《黄帝内经》所创立的医学体系已经绵延数千年,其生命力之所以顽强当然不是仅凭侥幸就能够生存下来,关键在于其实践疗效得到了认可与肯定;其二,《黄帝内经》的医道,本质上而言是传统文化的一个折射面,与中华民族长期所形成的种种特质与风貌是相通的,身为中国人,虽然现在未必能意识到,但内心深处其实都有着亲近的文化基因。所以,阅读《黄帝内经》,不仅能了解医道,于身心有益,同样,也是亲近传统文化、回归本心的上佳途径,可谓一举多得。

【推荐书目】

1. 郭霭春编著:《黄帝内经素问校注语译》上、下册,贵州教育出版社。
2. 郭霭春编著:《黄帝内经灵枢校注语译》上、下册,贵州教育出版社。
3. 姚春鹏:《黄帝内经——气观念下的天人医学》,中华书局。
4. 章原、邹纯朴:《黄帝内经十日谈》,上海辞书出版社。

第十一讲

为什么要读《史记》

华东师范大学　王冉冉

为什么要读史书，可以举出一大堆名人名言，什么"以古为镜，可以知兴替"啦，什么"读史使人明智"啦，什么"一切历史都是当代史"啦……《史记》作为一部世界级的史学名著，这些当然都适用。但是，为什么要读《史记》，更是因为它独特的魅力与价值。

哈佛大学著名学者史华慈教授曾组织教授们形成一个专门阅读全世界各民族经典的高级研修班，其中，《史记》赫然在列。清华国学院著名的"四大导师"之一的梁启超先生曾称司马迁为"史界之造物主"，鲁迅先生不仅从史学价值上将《史记》定位为"史家之绝唱"，还从文学价值上把《史记》叫作"无韵之离骚"。而且，我们完全可以说，《史记》还是储藏着丰富思想资源的宝库，它不仅仅传授给你知识,更重要的是,它能启迪你的智慧,使你灵性发越,见远识卓。

本着上商国学"上善若水,上商若道"的理念,我们不妨来看看《史记》中是怎样对"上商若道"进行历史书写的吧。

司马迁是最早关注经济史的史家,他的经济思想吸收了不少黄老之学的观念主张,要探讨司马迁的经济思想,必须先对黄老之学有一定的了解。

黄老之学与道家虽然关系密切,但二者并不相同。在《老子韩非列传》中,司马迁概括老子的学说云:"其学以自隐无名为务",又称:"老子,隐君子也",这些皆可谓今人所理解的道家特点。但是,道家在不同历史时期有不同的接受与影响,今人理解的道家与魏晋人所阐发的道家相近,魏晋时期的学术主流是玄学,玄学最重要的经典"三玄"中有两"玄"都是道家著作——《老子》与《庄子》。其实,"三玄"的另外一"玄"《周易》也不能简单地说就是儒家人著作,它本是王官之学的经典之一,散入民间其实不仅影响了儒家,也渗透到了道家思想之中,如《庄子》中有直接引自《周易》的文句,《老子》中也有不少《易》理的发挥。虽然道家在塑造中国人民族精神时起到了非常重要的作用,也是"三教"之一,但是,作为一种学说,先秦时的"显学"是儒家与墨家,并不包括道家。作为一种学说,道家具有极其重要地位在魏晋时期,但其影响主要表现为道家追求个体自由、逍遥出世的"治身"思想。按照冯友兰在《中国哲学史新编》中的说法,道家学说分"内""外"两部分,"内"讲治身,"外"讲治国;"内"作用于私域,"外"作用于"公域"(所谓"内圣外王之道"其实最早是在《庄子·天下》中提到的)。

我们现在一般所理解的道家其实只是道家的"内圣"之学,道家的"外王"之学则在汉代表现为"黄老之学"。如司马谈《论六家要旨》所概括的道家学说并不玄虚抽象,而是具有"务为治者也"的特点;班固《汉书·艺文志》明确地把道家学说称为"君人南面之术";司马迁将老子庄子与法家人物申不害韩非并立一传,并称法家"归本于黄老。"

在《史记》中,"道家"是可以与黄老之学互换的。如《魏其武安侯列传》中说:"太后好黄老之言,而魏其、武安、赵绾、王臧等务隆推儒术,贬道家言,是以窦太后滋不说魏其等。"又如《陈丞相世家》中已指出陈平学黄帝老子,又记载陈平以道家观念做出预言:"我多阴谋,是道家之所禁。吾世即废,亦已矣,终不能复起,以吾多阴祸也。"

司马迁还记录了黄老之学从战国到西汉的传承谱系:"乐氏之族有乐瑕公、乐臣公,赵且为秦所灭,亡之齐高密。乐臣公善修黄帝、老子之言,显闻于齐,称贤师……乐臣公学黄帝、老子,其本师号曰河上丈人,不知其所出。

河上丈人教安期生，安期生教毛翕公，毛翕公教乐瑕公，乐瑕公教乐臣公，乐臣公教盖公。盖公教于齐高密、胶西，为曹相国师。"（《史记·乐毅列传》）

从司马迁的记述中，我们还可以看到黄老之学在西汉的发展轨迹：

（曹参）闻胶西有盖公，善治黄老言，使人厚币请之。既见盖公，盖公为言治道贵清静而民自定，推此类具言之。参于是避正堂，舍盖公焉。其治要用黄老术，故相齐九年，齐国安集，大称贤相。

——《史记·曹相国世家》

然孝文帝本好刑名之言。及至孝景，不任儒者，而窦太后又好黄老之术，故诸博士具官待问，未有进者。

——《史记·儒林列传》

上乡儒术，招贤良。赵绾、王臧等以文学为公卿，欲议古立明堂城南，以朝诸侯。草巡狩封禅改历服色事未就。会窦太后治黄老言，不好儒术，使人微伺得赵绾等奸利事，召案绾、臧，绾、臧自杀，诸所兴为皆废。

——《史记·封禅书》

第十一讲 为什么要读《史记》

> 太后好黄老之言，而魏其、武安、赵绾、王臧等务隆推儒术，贬道家言，是以窦太后滋不说魏其等。
> ——《史记·魏其武安侯列传》

曹参为相，政绩颇受司马迁称赞，从司马迁的记述可知，其为政的指导思想就是黄老之术。孝文帝所好的"刑名之言"即"形名之言"是黄老之学的重要组成部分；孝景帝时期，由于窦太后的缘故，儒术不行，治国之术主要还是黄老之学。武帝虽说崇尚儒术，但窦太后在世的时候，他也无法贯彻自己的意志，几位企图兴儒学的大臣如赵绾、王臧被窦太后逼得自杀了。甚至，就连权倾朝野的魏其、武安等人"隆推儒术"也都没有好果子吃。

对于汉初以黄老之学为治国指导思想的政绩，司马迁予以相当高的评价；而对汉武帝的尊儒兴学，司马迁却颇不以为然（可参阅《平津侯主父列传》《叔孙通列传》《儒林列传》）。这就难怪班彪、班固父子指责司马迁"论大道则先黄老而后六经"。只不过，司马迁对于儒学与黄老之学并不是简单的厚此薄彼。对于儒学，司马迁亦有许多肯定、称道之处，例如他对孔子这样的圣人、对于"六经"这样的儒家经典其实评价很高：并无侯国、封地的孔子被列入"世家"，而老子却被归在《列传》。而且，孔子摄鲁相事在"迭见法"中多次出现；儒家的经典"六经"是司马迁作史时的重要参照与整理目标——"考信于六艺""协厥六经异传""正《易》传,继春秋,本乎《诗》《书》《礼》《乐》之际"。

前人在为司马迁进行辩护时有这样一种观点,"先黄老而后六经"的是司马谈,这笔账不应算在司马迁头上。如黄淳耀《史记评论》中云:"世多谓太史公序《六家要旨》,进道德而绌儒术。余按此非迁意,乃述其父谈之言也";何焯《义门读书记·史记》中云:"至于'先黄老而后六经',自是史谈所论,谈当文景之后,当黄老者,随时也。至迁则不然矣。老子与韩非同传,仲尼为世家,《自序》言'礼以节人'云云,止言六经,不及黄老,父子自不同。"这种观点有一定道理,不过,司马迁在自己的著作中全文引述乃父的文章,按照古人的孝道,这本身就是对乃父观点的认同。另外,司马谈《论六家要旨》中说儒家"累世不能通其学,当年不能究其礼""博而寡要,劳而少功",司马迁在《孔子世家》这本是推崇儒学的篇章中也批评儒学"累世不能殚其学,当年不能究其礼",连行文都与司马谈在《论六家要旨》中所说的几乎相同,可见在思想上与乃父是相当一致的。

司马迁所记述的黄老之学的核心观点是:"无为,又曰无不为,其实易行,其辞难知。其术以虚无为本,以因循为用。无成势,无常形,故能究万物之情。不为物先,不为物后,故能为万物主。有法无法,因时为业;有度无度,因物与合。故曰:圣人不朽,时变是守。虚者道之常也,因者君之纲也"(《太史公自序》)。

要体会这段话的深刻内涵,首先要抓住两个关键词:"虚无""因循"。

先看"虚无"。文中其实已经谈得很清楚:"虚无"是"无为"之本。众所周知,"无为"是道家学说的核心范畴,可是,这一范畴又常常遭人误解。"无为"不是消极的不去作为。《庄子·骈拇》云:"凫胫虽短,续之则忧;鹤胫虽长,断之则悲。"为什么呢?因为"性长非所断,性短非所续","续"和"断"是"有为",可是,这是违背物之本性、违背客观规律的"有为",与其要这样的"有为",还不如要"无为"。黄老之学把"无为"这一范畴引入治国之术,强调治理国家时不要做违背人性人情、违背客观规律的事情。"虚无"是"无为"之本,但"虚无"不是空幻,不是零,而是"人法道",是效法"道"虽"虚无"却又无处不在、虽化成万物却又不是任何一物的特点,是"无成势,无常形",即无固定、反僵化。强调不作任何固定的硬性规定,然而恰恰可以作任何规定,这便是所谓的"有法无法""有度无度",强调的是灵活性、弹性、具体问题具体对待的原则。

汲黯是黄老之学的一位代表人物,《史记》中讲述了他这样的两件事情:有一次,闽越人和瓯越人发生攻战,武帝派汲黯前往视察。汲黯并没有到越地,走到吴县便回来了,禀报说:"越人相攻是当地民俗,不值得烦劳天子的使臣去过问。"河内郡发生了火灾,绵延烧及一千多户人家,武帝又派汲黯去视察。他回来禀告说那里的灾情不算严重,不必多忧。倒是在路上亲眼看到河南郡遭水旱之苦的灾民多达万余家,灾情严重到父子相食,于是他就凭自己所持的符节,下令当地开仓赈灾。汲黯并没有遵照武帝旨意,而是相机而为、便宜行事(《汲郑列传》),正是"无成势,无常形"的很好例子。司马迁还明确指出陈平是学黄老之学的,可我们看一看《陈丞相世家》中反复突出的"奇计",不都是以灵活性、弹性为特点吗?

难能可贵的是,司马迁还把黄老之学从治国之术运用到经商之道,表现出许多超越时代局限的经济思想。《货殖列传》中,他记述商人鼻祖白圭的话:"吾治生产,犹伊尹、吕尚之谋,孙吴用兵,商鞅行法是也。是故其智不足与权变,勇不足以决断,仁不能以取予,彊不能有所守,虽欲学吾术,终不告之矣。"强调要具有伊尹吕尚治国、孙吴用兵、商鞅行法那样的灵活性才能学好经商之道。《货殖列传》中,司马迁还记述了成功的商人们并不是通过某种固定模式、僵化地对别人亦步亦趋而获取巨额财富的,他们的致富途径很有弹性:有的靠冶铁赚得盆满钵圆,有的因从事渔盐而赢利数千万钱,有的凭有理有利有节地放贷而"富埒关中",有的靠倒卖粮食而"富者数世"……甚至,还有人从卖羊肚、做兽医、为人磨刀等被视为"贱业"的行当起家,成为钟鸣鼎食的大富豪。

第十一讲 为什么要读《史记》

在《平准书》中，司马迁对汉武帝时的财经政策如频繁改动币制、盐铁官营官卖、算缗告缗、卖官鬻爵、财贷抵罪等多有批评，却对均输法评价颇高，称之为"民不益赋而天下用饶"，究其原因，还是因为均输法实际上是一种弹性赋税政策，符合黄老之学的"虚无"原则：均输法规定所缴纳的赋税不像旧时那样税有定物（如绢、麻、粟等），而是"以其物贵时商贾所转贩者为赋，而相灌输"。需要注意的是，这里所说的"物贵"并非指当地的价格比较昂贵，而是指转贩于别处价格比较昂贵。道理很简单——"商贾所转贩"的物品必然是贱买贵卖。而且还有很多旁证，《史记集解》引孟康论"均输"曰："谓诸当所输于官者，皆令输其土地所饶，平其所在时价，官更于他处卖之。输者既便，而官有利"；王安石变法曾欲效桑弘羊等行均输法，其对均输法的具体规定是："均输之法，所以通天下之货，制为轻重敛散之术"（《宋史·食货志》）；"均输法者，以发运之职改为均输，假以钱货，凡上供之物，皆得徙贵就贱，用近易远，预知在京仓库所当办者，得以便宜蓄买"（《宋史·王安石传》）。

有意思的是，司马迁所记述的黄老之学的这种智慧，与当代许多优秀企业的企业文化颇多"英雄所见略同"之处。

例如，在微软公司，每个员工都拥有自己的办公室，都能按照自己的喜好布置、装饰办公室，办公室中常常是应有尽有，就是没有时钟。为什么呢？因为微软公司采用"弹性工作制"，员工们可根据具体情况自由安排工作时间。微软公司还有所谓的"牛仔裤文化"，就是指公司不硬性规定统一着装，员工们可根据心情随意打扮自己。据说有一次 IBM 公司与微软公司谈判，两个公司的员工形成了鲜明的对比：纪律观念极强的 IBM 公司是整齐划一的白衬衣黑西裤，而对个性极为重视的微软公司员工们则穿着图案缤纷的 T 恤衫与休闲牛仔裤，非常之不修边幅，从此之后，微软公司的"牛仔裤文化"名声大噪。甚至，对一般公司来说等级森严的上下级关系，微软公司也有一句名言："没有永远的领导与下属"，简直把"无成势，无常形"的原则发挥得淋漓尽致。

再看看黄老之学的"因循"。"因""循"在古汉语中皆有"顺应"之意。在黄老之学看来，"道"从不把自己的主观意志强加给万物，因任顺应万物的生长与发展，所谓"生而不有，为而不恃，长而不宰"。而圣人就要效法"道"这种"因循"的特点，所谓"圣人常无心，以百姓心为心"，顺应人性人情。黄老之学的著作《慎子》中专门列有《因循》一篇，其中有这么一句："因也者，因人之情也"，更明确点出了黄老之学中"因循"的此种内涵。

《鲁周公世家》中有一个"伯禽报政"的故事：

> 周公卒，子伯禽固已前受封，是为鲁公。鲁公伯

第十一讲 为什么要读《史记》

禽之初受封之鲁,三年而后报政周公。周公曰:"何迟也?"伯禽曰:"变其俗,革其礼,丧三年然后除之,故迟。"太公亦封于齐,五月而报政周公。周公曰:"何疾也?"曰:"吾简其君臣礼,从其俗为也。"及后闻伯禽报政迟,乃叹曰:"呜呼,鲁后世其北面事齐矣!夫政不简不易,民不有近;平易近民,民必归之。"

把这段记述与《齐太公世家》所说的"因其俗,简其礼"结合起来,可以看出,司马迁对齐太公的治国之术是非常称赏的,而所谓"从其俗为也""因其俗",不也正是"因循"之一种吗?——强调的是对人性人情的顺应。所谓"俗",正是人性人情较集中的体现。

《齐太公世家》中还有一段值得注意:

管仲病,桓公问曰:"群臣谁可相者?"管仲曰:"知臣莫如君。"公曰:"易牙如何?"对曰:"杀子以适君,非人情,不可。"公曰:"开方如何?"对曰:"倍亲以适君,非人情,难近。"公曰:"竖刀如何?"对曰:"自宫以适君,非人情,难亲。"管仲死,而桓公不用管仲言,卒近用三子,三子专权。

此段描写中最值得注意的是三个"非人情",按管仲的逻辑,不就是说不近人情就不可能顺应人情,不顺应人情就不能为相治理国家吗?这是以"反面教材"强调"因循"。而《太史公自序》中云:"(礼)要以近性情,通王道,故礼因人质为之节文,略协古今之变。作《礼书》第一。"《礼书》中强调"缘人情而作礼,依人性而制仪",则又是从正面强调"因循"。无论正面反面,都是强调对人性人情的顺应。

强调对人性人情的顺应在《史记》的《循吏列传》中颇有表现。在此篇中,楚国有这样一种"俗"——爱乘矮车。楚王认为矮车不便于驾马,欲下令把矮车改高。国相孙叔敖说:"政令屡出,百姓会无所适从,这不好。如果您一定想把车改高,臣请求让大家把门槛加高。乘车人都是有身份的人,他们不能为过门槛频繁下车,自然就会把车改高了。"楚王答应了他的请求。过了半年,老百姓便都自动把坐的车子造高了。不肯硬性规定把矮车改高,宁肯绕个弯子让大家先把门槛增高,孙叔敖是吃饱了撑的吗?个中原因是这样的:爱乘矮车是楚地的风俗人情,对这样的风俗人情绝不能粗暴地强加干涉,因为那样会引起民众的抵触情绪,效果肯定不好。所以国君即使有发号施令的权力,也不能做这种吃力不讨好的事情。而人性都有一种自尊的需求,都想活得体面,所谓增高门槛其实正是对这种人性的顺应,因为在中国古代,门槛高意味着门第高贵,所以让大家把门槛增高,没人不乐意。而门槛高了之后,乘坐低矮的车马进出家门就很不方便了,于是,虽然没有强行规定大家把矮车改高,大家自然而然会有这样的改进。孙叔敖作为一代贤相,有那么多的军国大事可以写,司马迁却选择了这样一件近乎琐屑的小事为他立传,归根结底还是因为他特别强调顺应人性人情的治国之道。《循吏列传》中还有这样的记述:鲁相公仪休吃了自家栽种的蔬菜感觉味道很好,就把自家园中蔬菜都拔下来扔掉;他看见妻子织的布好,就立刻把妻子逐出家门,还烧毁了织机。这些行为乍看起来很难理解,似乎不近人情。其实,据司马迁记载,公仪休这样做的原因是"难道要让农民不能卖掉他们的蔬菜,让织妇无处卖掉他们的布帛吗?"可见,这样的做法于私可谓不近人情,于公则是为了不与民争利,在更高的层面(超越于"私"之上的"公")顺应了趋利避害的普遍人性。《货殖列传》中,司马迁明确指出,"富者,人之情性,所不学而俱欲者也""天下熙熙,皆为利来;天下攘攘,皆为利往",充分肯定了人追求利益与财富的欲望是正常的人性人情,提出了"善者因之,其次利道之,其次教诲之,其次整齐之,最下者与之争"的经济思想,并以此为原则,又在《平准书》中批判了统治者与民争利的贪婪行径。

顺应人性人情的原则与当代优秀企业文化所强调的人性化管理、服务又是"英雄所见略同"。例如,人性是追求快乐的,雄踞世界企业500强之首的沃尔玛公司创始人山姆·沃尔顿曾提出所谓"吹口哨哲学"——"因为我们工作如此辛苦，我们在工作过程中，都希望有轻松愉快的时候，使我们不用总是愁眉苦脸。这是'工作中吹口哨'的哲学，我们不仅仅会拥有轻松的心情，而且会因此将工作做得更好"。沃尔玛公司因此也非常强调营造轻松愉快的工作氛围，注重员工的娱乐生活。公司常常组织各种各样的游戏娱乐自己也娱乐顾客，像小朋友钻草堆寻宝啦，跳草裙舞啦，做啦啦队操啦。其中尤为著名的两件趣事：1985年亚拉巴马州一分店的助理经理订货时多订了好几倍的馅饼，本来也吓坏了，因为这东西无法长时间存放。后来灵机一动，想出了吃馅饼比赛的主意，结果出乎意料地好。不仅多订的馅饼没有浪费，还增加了许多订单。现在，圆月馅饼竞吃大赛已成了沃尔玛每年秋季的大事。还有一件事情是，副董事长查理·塞尔夫虽然打赌输了，却还是很高兴地按照赌约规定，穿着粉红色裤子，戴着金色假发，骑着白马，在闹市区招摇过市。尽管自己出乖弄丑了，却娱乐了员工，娱乐了顾客，还为公司做了活广告。看到公司如此富有人情味，更多人愿意到公司工作，也有更多人愿意购买公司的商品了。

　　黄老之学的"因循"还有一个内涵，那就是"有法无法，因时为业"，即顺应时势。

　　司马迁在《齐太公世家》中写，盟津之会，诸侯皆曰："纣可伐也"，太公与武王却作《太誓》不伐，为什么？从上下文来看，史公的言下之意不是说时机尚未成熟吗？武

第十一讲 为什么要读《史记》

王将伐纣,占卜的结果却不吉利,众人皆惧,太公却力排众议,结果取得了牧野之战的胜利。太公与众人的这两次对比不正体现出太公能够洞察时势、顺应(因循)时势吗?《货殖列传》中,优秀商人们的成功之道也是因为能够"因循"时势。如计然指出"时用则知物",强调要顺应时势地买进卖出,"其行如流水。"白圭"乐观时变,故人弃我取,人取我与……趋时若猛兽鸷鸟之发。"任氏当秦末大乱之际,在别人趁火打劫地夺取金玉之时窖藏粮食,很快地,由于农业生产因战乱遭到极大破坏,粮价奇高,别人焦头烂额抢来的金玉这时如水归海,都汇聚到了任氏那里……

许多优秀企业家的成功也离不开把握时势、顺应时势。以李嘉诚先生为例,在创业阶段,他偶尔读到英文版《塑胶》杂志,看到一则不太引人注意的小消息,说意大利某家塑胶公司设计出一种塑胶花,即将投放欧美市场。李嘉诚立刻敏锐地意识到,塑胶的这种产品物美价廉,正合时宜,于是决意投产,很快就使他的长江塑胶厂成为世界上最大塑胶花生产基地,赢得了"塑胶花大王"的美誉。就在大家羡慕、模仿之际,他又急流勇退,转投生产塑胶玩具。结果,在两年后塑胶花产品严重滞销的时候,"长江"又居香港塑胶玩具出口业之冠。1965年,香港发生了严重的金融危机,1967年又发生了反英暴动、银行信用危机、房地产价格暴跌,房地产公司纷纷倒闭。就在大家对房地产业避之唯恐不及的时候,李嘉诚却看到了新的时势,在

203

人们贱价抛售房产的时候，大量购入地皮和旧楼。不到3年，房产价格即暴涨。李嘉诚将廉价收购来的房产，高价抛售获利，并转购具有发展潜力的楼宇及地皮，到70年代初，他已在房地产业大显身手。后来，他又把握时势，进军金融业、电信业等领域，取得了辉煌成就。

《史记》中，齐桓公之所以能够"霸功显彰"，管仲的治国之术起到了决定性作用。《管晏列传》中这样评价管仲的政绩："其为政也，善因祸而为福，转败而为功"。并举了一些本篇其实亦有记叙的例子："桓公实怒少姬，南袭蔡，管仲因而伐楚，责包茅不入贡于周室。桓公实北征山戎，而管仲因而令燕修召公之政。于柯之会，桓公欲背曹沫之约，管仲因而信之。"这一系列的"因"是"因循"的另外一种内涵——不是本能地对抗负面因素，而是连负面因素也要接纳顺应，从而把负面因素转化成正面因素。

《货殖列传》中的成功商人们也颇能表现出黄老之学的这种智慧。如齐地人很为奴仆们的奸黠而头痛，对他们避之唯恐不及，而刀间却独具慧眼，不仅收留他们，还让他们充分发挥聪明才智去经商，在使这些刁奴们致富的同时也借他们之力成为雄甲一方的大富豪。又如蜀地人卓氏，秦王朝将富豪们迁出原籍，富豪们纷纷给官吏们行贿，希望能离家乡近一点。卓氏却主动申请到远处，因为他从中看到了商机……

第一个靠做互联网成为富豪的创业者丁磊也是一个擅

长"因祸而为福,转败而为功"的人物。2000 年,网易股票挂牌,此时科技股已开始崩盘,网易的股价从第一天开始就节节下滑。2001 年,最有可能购买网易的香港有线宽频因网易财务问题放弃收购,网易没卖成。雪上加霜的是,网易因财务问题被摘牌,丁磊已几乎濒临绝境。面对"败"与"祸",丁磊没有打硬仗,直接与这些负面因素对抗,而是接纳顺应了这样的客观现实,在此基础上通过发展在线游戏、提供短信服务、股票点播等发展战略,终于扭亏为盈,在第二年就打了漂亮的翻身仗。丁磊的这个经历更让人信服这样一种"失败理念"——所谓失败,不过是成功比较另类的一种机会。

"因""循"在古汉语中还有"按照""依据"之意,《史记》中表现出黄老思想的《循吏列传》中的"循"便有这个意思。此篇中,司马迁明确提出"奉法循理"与"奉职循理",强调"为治"要按照、依据的不是君主的意志,而是"职""理""法"。

《循吏列传》中,司马迁记述了循吏们严格按照职责规定行事的事迹。如楚相石奢有一次外出,途中恰遇凶犯杀人,他追捕凶犯,发现竟是自己的父亲。他放走父亲,把自己囚禁起来。派人向楚王请罪,楚王赦免了他,石奢却说:"您赦免我的罪责,是主上的恩惠;服刑而死,则是为臣的职责。"于是他以生命履行了他所认定的职责,刎颈而死。

《循吏列传》中,司马迁也记述了循吏们严格按照"理"来行事的事迹。如晋文公的法官李离误判了人命,发觉后马上把自己囚禁起并自判死刑。晋文公为他开脱,说误判是李离你手下官吏的过失,但李离坚持认为,自己身为长官,不曾把高位让给下属;领取的官俸很多,也不曾把好处分给下属。如今却要把死罪推诿给下属,这不是按照"理"来办事,最后,他拒绝接受文公的赦令,自刎而死。

《循吏列传》中,司马迁还记述了循吏们严格按照"法"来行事的事迹。除了前面所说的石奢与李离,还记叙了鲁相公仪休这样一件趣事:他很爱吃鱼,可当有人送鱼上门时,他不肯收纳。客人说:"听说您很爱吃鱼才送鱼来,您为什么不接受呢?"公仪休回答说:"正因为很爱吃鱼,才不能接受啊。现在我做国相,自己还买得起鱼吃;如果因为今天收下你的鱼而犯法,将来便会被免官,今后谁还肯给我送鱼?所以我绝不能收下。"

司马迁还把黄老之学奉法循理的观念运用到经济领域,反对"奸富",也对奸商们在灾荒年月囤积居奇谋取暴利的做法予以了抨击。

说起"因循"来,大家都知道它常常和"守旧"联系在一起的。《循吏列传》中有这样一段记述:楚王认为楚国原有的钱币太轻,就下令把小钱改铸为大钱,没多久,管理市场的长官向国相孙叔敖报告市场极不稳定,人心惶惶。

第十一讲 为什么要读《史记》

孙叔敖问:"这种情况有多久了?"官员回答说已有三个月了。孙叔敖说:"不必多说了,我现在就让市场恢复原状。"于是他对楚王进谏,请求恢复旧的币制。楚王同意了,结果,恢复旧币制的命令才颁布了三天,市场就恢复了原貌。

有人恐怕会说了,这不是典型的"因循守旧"吗?是的,这确实是"因循守旧",不仅这是"因循守旧",此篇中公仪休"无所变更,百官自正"也是"因循守旧",著名的"萧规曹随"也是"因循守旧"。问题是,我们要认识到,"因循守旧"并不总是一个贬义词,它有时候恰恰是一种智慧。

不妨说松下公司的"只改进不发明"原则。即不把战略重点放在"发明"新产品上,而是注重改进别人的发明。松下幸之助认为,这种做法至少有三个好处:一是节省时间,二是降低费用,三是保证效益。比如,他们曾经成功地改进了索尼公司的"贝塔马克斯"录像机。虽然索尼公司的录像机先行进入市场,但是,因为松下改进后的录像机容量大、体积小、性能可靠,且价格低,最后还是松下赚了大钱。

可以看出,相对于"改进"来说,原来的"发明"是"旧"的。可是,对原来"发明"的改进并不是把"旧"全部抛掉,而是保留了很多的"旧"。此时的"因循守旧"与完全重打锣鼓另开张的新"发明"相比要省力得多,有效率得多。

同样，恢复旧币制也好，"无所变更，百官自正"也好，"萧规曹随"也好，只要旧的政策制度确实能发挥好的效力，"因循守旧"又有何不可呢？此处的"因循"其实是政策的持续性发展，而一下子做改天换地的大变动反倒会吃力不讨好。

《老子》中有一句妙语，"治大国，如烹小鲜焉"。意思是说，治理大国就如同烹调小鱼一样，不要一会儿翻过来，一会儿翻过去，那样小鱼很快就会支离破碎，乱七八糟，难成一道菜了。这其实也就是警告，作为国家的政策制度是不能朝令夕改、大幅度变化的，《循吏列传》中孙叔敖说得好："令数下，民不知所从"。

于是我们就可以反思改革进程中的一种错误理念了。这种理念认为：所谓改革，就是求新、求变，就是向"旧"宣战。其实，并不是所有的"旧"都需要改变，当"旧"有其合理性时，对"旧"因循恰恰是必要的。为了形式上的新与变所做的"改革"其实只是"折腾"，祸国殃民，损人不利己。

司马迁记述曹参对"旧"的因循时还用了一个词——"清静"。《曹相国世家》里是这样说的："参为汉相国，清静极言合道。然百姓离秦之酷后，参与休息无为，故天下俱称其美矣。"可以看出，"清静"与"无为"意思差不多，都是曹参不对"旧"改弦更张而是"因循"的结果，没有新的政令发布，没有"折腾"老百姓，这便是"清静""无为",但这样的"清静""无为"是"合道"的,"故天下俱称其美矣"。

《汲郑列传》中又谈到了另一种"清静""无为",文中这样载道:"黯学黄老之言,治官理民,好清静,择丞史而任之。其治,责大指而已,不苛小……治务在无为而已,弘大体,不拘文法。"此种"清静""无为"也是甚为司马迁称赞的:"岁余,东海大治。"

这种"清静""无为"是黄老之学高层领导要无为而下属要有为这一原理的运用。《慎子·民杂》中有这样一段话:"君之智,未必最贤于众也,以未最贤而欲以善尽被下,则不赡矣。若使君之智最贤,以一君而尽赡下则劳,劳则有倦,倦则衰,衰则复反于不赡之道。"这段话是说,君主未必是最贤能的人,不可能把下属的样样事都办好。即使君主最贤能,如果对下属的样样事都亲自去办,那肯定会疲倦力衰,仍然不能把事情办好。所以,真正高明的君主不是事必躬亲,而是擅长让臣下把事情办好,所谓"君臣之道,臣事事而君无事,君逸乐而臣任劳,臣尽智力以善其事,而君无与焉,仰成而已"。《史记·陈丞相世家》中又有这样一个故事:有一次,孝文帝问右丞相周勃:"全国一年中判决的案件有多少?"周勃谢罪说:"不知道。"孝文皇帝又问:"全国一年中钱粮的开支收入有多少?"周勃又谢罪说不知道,急得汗流浃背,惭愧自己不能对答如流。于是皇上又问左丞相陈平。陈平说:"有主管的人。"皇上说:"主管的人又是谁?"陈平说:"陛下若问判决案件的情况,可询问廷尉;问钱粮收支的情况,可询问治粟内史。"皇上说:"如果各自有主管的人,那么您所主管的又是些什么事呢?"陈平谢罪说:"主管群臣。陛下不知我才智低劣,任命我勉强担任宰相的职位。宰相一职,对上辅佐天子调理阴阳,顺应四时,对下养育万物适时生长,对外镇压和安抚四夷和诸侯,对内爱护团结百姓,使公卿大夫各自能够尽他们的职责。"孝文帝听了后称赞他回答得好。

可以看出,这些例子其实都强调高层领导的职责不在于办具体、微观的事情,而应当把握宏观的"大体",还要擅长知人善用,让下属们各司其职,把事情办好。不办具体、微观的事情,这是"清静""无为",但这样的"清静""无为"又能够把样样事情办好,这便是"无为而无不为"。

这样的"清静""无为"很符合现代管理原则,如有一位企业家曾经说过这样的话:"你如果有一个50人的公司,那你应当把自己定位在员工之前;如果变成了1000人的公司,那你应当把自己定位在员工中间;如果变成了10000人的公司,那你应当把自己定位在员工之后。"这句话的意思是,你还是一个基层管理者时,你应当身先士卒,把具体事情做好;但随着你所处管理层次的提高,你也应当逐步退出具体事务,最终成为"幕后人物",让基层各司其职,把具体事情做好。

总之,司马迁将黄老之学的治国之术运用到经商之道,在他看来，无论是商业活动还是治国安民，都应该是对"道"的效法，要像"道"一样的"虚无"与"因循"。因篇幅所限，尽管我们还只是管窥蠡测，但已经能够看到，司马迁以客观而生动的历史书写，为我们真切地诠释了何为"上商近道"。

【推荐书目】

1. （汉）司马迁：《史记》，中华书局。
2. 王冉冉：《史记讲读》，华东师范大学出版社。
3. 《文史知识》编辑部：《名家讲〈史记〉》，中华书局。

第十二讲

为什么要读禅宗

华东师范大学　成　玮

佛教起源于印度，传到中国之后发展壮大，成为独具特色的中国佛教，好似一个跨国子公司，对于总公司宣告独立，创立了自己的新品牌。产品特点偶或残留些总公司的影子，但最核心的技术，早已推陈出新，足以独当一面了。而在中国佛教中，再推选最具本土特色的宗派，无疑当属禅宗。它是中国思想的重镇，直到今天，还能给我们带来不少人生启迪。

谈禅宗，不妨先抄一段问答作个引子：

　　师（长庆大安禅师；中唐以后，禅僧渐以四字为称，前两字指所居地名或寺名，后两字指法号）即造百丈（怀海），礼而问曰："学者欲求识佛，何者即是?"丈曰:"大似骑牛觅牛。"师曰:"识得后如何?"丈曰:"如人骑牛至家。"师曰:"未审始终如何保住?"丈曰:"如牧牛人执杖视之,不令犯人苗稼。"

这段对话中,"佛"指的是禅宗所追求的终极智慧。长庆大安早年向著名的禅僧百丈怀海求教,问到了这个最大也是最后的问题:"终极智慧到底该到哪里去找?"怀海的回答却意外轻松:"这就好像骑着牛找牛一样。"那个终极智慧就在我们身边,不,身上,根本不是什么遥不可及的东西。费尽力气苦苦寻觅,简直有点没事找事的味道。大安又问:"那么找到这个终极智慧后,是什么境界呢?"是天女散花,异香绕室,一片瑰丽神奇的景象么?是醍醐灌顶,心开眼明,一阵超凡脱俗的神圣感么?怀海的回答又是意外乏味:"那就好像骑着牛回家一样。"熟悉、家常、亲切,总之看起来没有任何特别的地方。倘若换个平常人,受到这两次"打击"估计已经失望透顶,嚷嚷着:"这家伙胡说八道,真是浪得虚名",拂袖下山去了。然而大安禅师看来也是极有慧根的,非但不曾灰心,反而若有所悟,发觉这确实是禅宗的至高境界。他接着问:"那么我得到这个境界后,又怎么保住它呢?"骑牛到家,就像我们每天下班回去,无非吃点饭、洗个澡、看一会儿电视,最终把自己放平。这种境界谁不能达到,还需要刻意保持吗?可这一次,怀海的回答倒是异常严肃:"要好像牧人放牛一样,手里握着棍子,时刻提防,别让自己的牛损坏了别人的庄稼。"这又是何等战战兢兢、高度警惕的状态!

怀海与大安的对话,每个回合都如此不按常理出牌,后世禅家却反复提及、参证,"牧牛"从此也成了禅师表述自己修行过程的常用比喻。禅宗的修行态度、思想内涵与特殊表达方式,在这段问答里集中呈现出来。下面就分这三个方面,具体说说禅宗带给我们的启迪。

一　勇猛

我们看禅宗的早期传说,定会被那些杰出人物求法、护法的坚忍卓绝给吓到。

比如禅宗公认的中土第一代祖师达摩,在嵩山少林寺修行,面壁九年之久。据说他专心至极,小鸟都在他肩上筑起巢来,但他依旧毫无知觉。

这种专注力当然令人佩服,只是这么一来,可害苦了第二代传人慧可。他听说达摩在少林面壁,便经常跑过去就学,怎知达摩一心苦修,对他不闻不问。慧可就从早到晚杵在那里。寒冬十二月的晚上,天降大雪,他在外面站了整夜,黎明时,积雪都漫过了膝盖。宋代儒家"程门立雪"的典故,大概是同一故事的另个版本。但儒家毕竟温文尔雅,在雪地里站站也就罢了,慧可呢,更惊人的举动还在后头。达摩看他站了一晚,心生怜悯,终于开口问他来干什么。慧可说求法,达摩一开始婉言劝阻,慧可为表决心,抽刀砍下自己左臂,放在达摩面前,终于打动后者,做了入室弟子。

第四代传人道信受第三代传人僧璨点拨开悟,皈依门下,勤勤恳恳服侍了后者九年,才学到佛法最精微的部分。又据说道信长修一种不睡觉的心法,近六十年从未躺下来过。如果说慧可的坚忍,表现为瞬间的暴烈决断,那么道信的坚忍,则表现为长期的耐劳耐磨,在某种意义上更加难以企及。

第六代传人慧能的传说更为惊心动魄,他初到第五代传人弘忍那里,也只做些砍柴舂米的粗活,还没有师生的正式名分。这样过了八个月,弘忍命弟子各自作偈(佛教的一种唱词),考考大家悟道的深浅。所有人都知难而退,全指望他的得意门生神秀。不料神秀苦思冥想作的偈语,阐发也不够透彻,慧能偶尔得知,说出一偈,却把禅宗的道理给讲明白了。弘忍读过大为欣赏,去他舂米的作坊,拿手杖在水碓上敲了三下。慧能会意,当晚三鼓时分潜入弘忍卧室,后者唯独将甚深妙义一股脑儿教给了他,又把代表正统传承的法衣相交付。大家听到这儿,是否有些耳熟呢?没错,《西游记》第二回,菩提祖师秘传孙悟空长生要道的某些情节就是从这则禅宗故事挪用去的。千万别小看了这妙义和法衣,那可是无数弟子求之不得的宝贝,所以弘忍要慧能连夜逃遁。一众僧徒得知后,果然四处追逐,而慧能早就远走故乡广东了。他在广东隐姓埋名十余载,不敢公开说法,足见形势之严峻。当初那个神秘的夜晚,弘忍就预言过:"若传此衣,命如悬丝。"明知如此,仍旧毅然担负起"法统",宁肯忍受生命的威胁与长年的孤寂,这就是慧能的勇气。

慧能是禅宗史上非常关键的一个转折点。他的生平与弘法内容结集成书,叫作《坛经》。要知道在佛教中,通常只有记载佛祖释迦牟尼言行的典籍才能称为"经",《坛经》是唯一的例外。慧能在禅宗以至整个中国佛教里的地位,由此可见一斑。《坛经》这书薄薄一册,有几个不同版本,篇幅从一万二千字至二万字不等,总之半天就能翻完,影响却极其深远。所有希望了解禅宗乃至中国思想的人,都应该"偷得浮生半日闲",读上一读。从慧能开始,禅宗明确一分为二,神秀所代表的称为"北宗",慧能所开创的称为"南宗"。慧能后来被尊为禅宗"六祖",也就是第六代嫡系传人,表明南宗最终压倒北宗,成为主流。这是他冒死传下的,不过在他生前,南宗势力还不够强,声望还不够高,真正发扬光大,要等到他的弟子神会。

假如说慧能主要还是取守势,那么神会取的就是攻势,主动出击,大张旗鼓地同其他非南宗禅的僧徒激烈争辩。唐开元二十年(公元732年),神会在滑台(今河南滑县

第十二讲 为什么要读禅宗

东)大云寺举行的无遮大会(无遮是没有入场限制的意思,无遮大会是从印度开始就有的一种谁都可以参加、观摩的公开法会)上,站在南宗立场,对北宗展开了疾风骤雨般的批判,言辞之尖锐,令与他对阵的辩手、僧人崇远又害怕又吃惊,忍不住问:"如此相非斥,岂不与身命有仇""修此论者,不为求名利乎"?神会马上回说:"身命尚不惜,岂以名利关心?"碰上这样勇往直前、近乎半疯癫状态的对手,谁还敢回嘴呢?毫无悬念,神会赢得了辩论的胜利。

这些故事里少不得有修饰、编造的成分,但从中还是可以看出早期禅宗的大致性格。禅家宗旨,在求"自心清净",可这些禅宗史上早年的要角,一个个言行都这么刚猛,真让我们大跌眼镜。必须承认,禅宗的生长环境并不好:起步时在中国佛教里属于小字辈,又不受皇帝待见,常被其他派别或明或暗地打击、压制。据说开山祖师达摩先后被人下了六次毒,到第六次上,终于被毒死了。后来好不容易站稳脚跟,自家却又分裂成两大派,互掐得不亦乐乎。许多禅僧坚持自己的思想是赌上身家性命的。所以我们看这些禅宗故事,无一例外地都显示出一种神经质的精神紧张,不乏反应过激的地方,有时简直像患上了被迫害妄想症。但那都是浮云,拨开浮云,我们看到的是一种择善固执,为秉持自己真实的信念,不惜站到全世界对立面的刚毅。这些禅僧抛下了舒适,比如道信;抛下了富贵,比如达摩,他曾被南朝笃信佛教的梁武帝请去论道,却丝毫不肯迎合武帝,话不投机,便飘然渡江北返;抛下了在宗派内部安定的一席之地,比如慧能;抛下了自己的躯体,比如慧可;也抛下了生死,比如神会。一切只为了领会、坚守禅的真谛。疯狂吗?是够疯的。然而就像京剧里行话说的:"不疯魔,不成活!"执着于一个东西,某种程度上总得有股一根筋、百折不挠的劲头,才会真有所得。

现代社会倡导价值多元化,这自然是理应大力弘扬的处世原则。它教会我们与不同的,甚至不喜欢的立场和谐共处。我相信自己的想法很好,你却和我不一样,甚至是我的反面。没问题,只要你不曾触犯社会公认的底线,我就承认我们双方的想法都有相同的存在权。这个原则,在18世纪法国启蒙思想家伏尔泰那句名言中表露无遗:"先生,我完全不同意你的看法,但我愿用生命捍卫你表达自己看法的权利。"只是要小心,价值多元化往前再走一步,就会变为价值虚无主义,反正公说公有理,婆说婆有理,那么一切坚持都丧失了必要性,干脆什么都别相信好了。有什么立场值得信守不渝?这是现代人经常有的新困惑。上面那些禅师对信念的态度,恰好提供了一剂治疗的良方。即使别人不和我站在一起,只要我信,这些观念对我来说便是真实的,我就要持守不疑,并在可能的条件下尽量依此行事。这是他们带给我们的一个启迪。

禅宗祖师的坚韧,不仅体现在求法过程中,而且体现在求得之后的保有功夫中。我们在开头引的那段对答说，得法后要如牧人监督着牛那般，一刻不能松懈。道信近六十年从不躺平，就是一个例子。有些事是要终身践行的，阶段性的成功，并不是放松中断、不再勇猛精进的理由。这是禅家带给我们的另一个启迪。

二　自在

南宗禅最终占据了禅宗的主流位置，也是佛教中国化最为彻底的一派。那么，南宗禅和之前禅宗、特别是北宗禅的区别，究竟是什么呢？

让我们回到南北分流的起点——慧能与神秀那里。当年后者绞尽脑汁的偈语，被前者轻松完胜。这两首偈语是这么说的：

> 身是菩提树，心如明镜台。时时勤拂拭，莫使惹尘埃。（神秀）
>
> 菩提本非树，明镜亦非台。本来无一物，何处惹尘埃？（慧能）

两人好像语言水平都不高。神秀本来想说心如明镜，结果说成心如明镜台，一个常规的比喻，无端弄得费解起来。慧能呢，我们知道是大字不识的，更好不到哪儿去。明镜当然不是台子，人家神秀也没有这样说，这不是废话是什么？然而两首偈语主体意思还是清楚的，并且正表现出了北宗与南宗的核心差异。

禅宗追求"自心清净"，然则，什么是"心"呢？两派从这个路口起，便分道扬镳了。神秀认为心是真实的存在，求清净就是常把这固定的心擦上一擦；慧能则认为，心本来就不是个固定的"物"，只有体会到它的无固定性，才算获得了真正的清净。说心没有固定性，是什么意思？慧能的弟子神会说，这就是"无念"。什么叫"无念"？神会说："不作意即是无念。"不作意就是心不缠绕在任何特定事物上。所谓不缠绕，不是毫不关心，而是在干什么就专注什么，不带杂念，不想别的；但干完也就完了，不留恋在这儿，完全转移到另一件正在做的事情上去。套用现在流行的说法，这叫"活在当下"。空口白话似乎容易，其实，这是很高的一种境界，现在把它挂在嘴边的人，我敢说，没有谁能彻底做到。我搭成一套很难的积木，会有点成就感，在南宗禅看来，这是错的；假设下一秒，就有人把这积木碰倒了，我会生气，至少会为之惋惜，在南宗禅看来，也是错的；只因为，我不应该留恋。我吃一道菜，会和其他菜比较，哪个好吃，哪个一般般，在禅宗看来，还是错的。吃这个就该专心吃这个，不应想到其他不在当下的东西。一生当中，始终要求自己处于这种精神状态，是不是很难？

在这时候，事物都是独立、绝缘的，也就无从比较高下。反过来，任何手头在做的事，又都可成为自己悟入的契机。比如下面这则对话：

> 赵州（从谂）行脚时参师（临济义玄），遇师洗脚次。州便问："如何是祖师西来意？"师云："恰值老僧洗脚。"州近前作听势。师云："更要第二杓恶水泼在。"州便下去。

"如何是祖师西来意"，乃是禅宗的一个问烂了的老问题。"祖师"指中土初祖达摩。禅宗自诩继承了印度佛教的精华，"祖师西来意"即达摩特地从西天（印度）赶来东土传播的理念，其实就是指禅宗的精义，每位修禅者自然都想问个究竟。然而在禅宗对话里，这问题出现几十次，从无一次得到正面回应，所有禅师，莫不顾左右而言他。为什么？因为重点在自己的本心，达摩是历史人物，一问他的西来意，已等于把心思投向外部，投向了不在现前的事物，这正是禅宗之大忌。所有顾左右而言他，都不是乱说乱动，都是要把问者的心念拉回当下。义玄也不例外，从谂一问，他便将自己当时做的事——洗脚——拿来作答。后者心领神会，凑上去作倾听洗脚水声状，表明自己也是只有现在的。洗脚水这一样在世人眼中不登大雅之堂的东西，由此也成了悟道的方便法门。事实上，禅宗对这同样一道问题，还有更粗鄙的答法，在此就不细谈了。

在这一思想指导下,南宗禅的修行方法,也与以前大不相同。"禅"原本由"禅那"缩略而来,"禅那"则是梵文 Dhyāna 的音译,指一种静思修心的方法。禅宗发源于修"禅",因此早期非常重视静坐,达摩面壁九年的故事就反映出这一点,一直到神秀还是这样。他们把"心"视为自己的一种固有物,要时时擦拭,擦拭的方法,便是静坐自修。南宗禅既然消解掉"心",没有东西需要擦拭,静坐也失去了意义。在南宗看来,所谓心净只是一种处世态度,只有在实际行动中方能显现、印证,不做事一味静修,根本是南辕北辙。这一派的实践性格,因而也最为突出。

相传马祖道一早年未悟道时,整日价静坐参禅,南岳怀让为了点化他,拿块砖头在门前石上磨来磨去。道一奇怪,问他:"磨砖头干什么?"怀让回答:"想磨块镜子出来。"前者更奇怪了:"砖头怎能磨成镜子呢?"后者反问他:"磨砖既不成镜,坐禅岂得成佛?"这则有名的故事,最能见出南宗对坐禅的态度。可是,将静坐这种确凿而较易效法的修行方式打破之后,又该怎么办呢?有人叩问云门文偃:"乞师指个入路。"指给我一条进入禅的道路罢。文偃只答了四个字:"吃粥吃饭。"换句话说,做你每天做的日常事务,就在这些事务上求道罢。对方反应如何,没有记载,可能是领受了。当然,你懂的,人总会偶尔碰到一些不开眼的家伙,没法一点就透,非得打破砂锅问到底。于是我们又有了下面这段问答:

> 源律师问:"和尚修道,还用功否?"师(大珠慧海)曰:"用功。"曰:"如何用功?"师曰:"饥来吃饭,困来即眠。"曰:"一切人总如是,同师用功否?"师曰:"不同。"曰:"何故不同?"师曰:"他吃饭时不肯吃饭,百般须索;睡时不肯睡,千般计较,所以不同也。"律师杜口。

"律师"在佛教中指精研、持守戒律的一派僧人,不属于禅宗。他们自家严格守戒,不免觉得禅师的修行法太随便。一上来就问的问题,其实有点挑衅的意味。慧海也不示弱,毫不谦虚地自称的确很用功。怎么个用功法呢?吃饭、睡觉而已。这和云门文偃的答案像是一个模子刻出来的。这位律师明显很迟钝,听到这儿依然不开窍,继续追问:"那跟普通人有什么分别?"慧海无奈,只好把话再讲透一点:分别在于,我做什么,就全神贯注在什么上面,而一般人心里总做不到那么单纯。直说到这地步,大律师才晓得禅宗的饭不是好吃的,觉也不是好睡的,终于闭嘴了。

我们开头引的怀海答大安禅师问,也说悟彻以后,像是骑牛至家,寻常亲切,表面看来绝无特异之处,正符合禅宗一贯的宗旨。当然,所谓日常事务,也不只有吃饭、睡觉这等便宜事,还包括打扫、工作之类辛苦活。尤其在中晚唐,战乱频仍,民生凋敝,化缘化不来多少,逼得禅僧必须自力更生，劳动更是免不了的。百丈怀海受到南岳怀让磨砖成镜的启示逐渐开悟以后，兜兜转转，最后驻在江西百丈山传法。他在那里订立了第一套系统的禅僧团体管理制度，名为《禅门规约》。里面就规定"上下均力"，即无论位阶高低，人人必须参加劳作，主要是农业生产。据说他还提出"一日不作，一日不食"，极端强调劳动的重要性。每天早起晚睡，洒扫耕耘，想要静修更加不可能了。就在吃喝、作息之中修行，是剩下的唯一选项。

这项修行全是"内心戏"，不似静坐那样看得见，摸得着，但是其严格的程度，却绝不亚于静坐。再看一节对答：

> 仰山（慧寂）禅师夏末问讯沩山（灵祐）次。沩山云："子一夏不见上来，在下面作何所务？"师（慧寂）云："某甲在下面锄得一片畲，下得一箩种。"沩山云："子今夏不虚过。"师却问："未审和尚一夏之中，作何所务？"沩山云："日中一食，夜后一寝。"师云："和尚今夏亦不虚过。"道了久吐舌。沩山云："寂子何得自伤己命？"

灵祐与慧寂师徒二人交流夏季所为，前者吃饭睡觉，后者耕地播种。依南宗禅的观点，只要心思投注在当前行事上，无论前者还是后者，都不失为得道。所谓"不虚过"是指这个，而不是指做了世俗意义上有用的事。本来两个说得都好，可惜慧寂讲完后，又一转念说：吃、睡是"不虚过"，师父会不会误以为我在讥讽他呀？不觉吐吐舌头。这一转念就坏了，就脱离了当下，有了高低计较之心，就跌出禅宗境界，堕入了俗见。灵祐眼里也不揉沙子，把吐舌头这小动作看得一清二楚，马上向弟子指出他已自损了"慧命"。如此明察秋毫，如此从严要求，令我们不禁长叹一声：最难演的，果然还是"内心戏"哪！

南宗禅在实际事务上修行的取向，深刻影响到后来的中国思想。宋明理学家尽管排斥佛教，在暗地里却受到禅宗很大启发。宋代程颢说："某写字时甚敬，非是要字好，即此是学。"明代王阳明说："人须在事上磨，方立得住。"都是在具体做事中求道的例子，都处在禅宗思维的延长线上。

仔细想想，我们若能将这种态度贯彻到工作、生活中去，那可太了不起了。投注当下，是对于任何在做的事均有一份认真；然而做完后，这件事就不再属于当下，心思也别再绑住它不放，"我挥一挥衣袖，不带走一片云彩"。既执着，又洒脱，拿得起，放得下。现代美学家朱光潜先生主张："以出世的精神，做入世的事业。"他的人生修养，跟一千多年前的禅师正是遥相呼应。出入自在，这是何等高明的境界！这个境界虽然不易达到，我们却不妨努力靠拢。每向它走近一分，必定会有一分受用。

三　诗意

禅宗修炼"自心",讲究返身内求、自证自悟,外界一切因缘,包括祖师教诲,都不是最要紧的,所以这一派天然有削弱权威、经典的倾向。黄檗希运说得好:"达摩西来,无风起浪;世尊拈花,一场败阙。到这里,说什么阎罗老子?千圣尚不奈你何!"呵佛骂祖,那是禅僧的家常便饭。南宗要在事上修行,便越来越把书本看成碍事的东西。人家问临济义玄:"三乘十二分教,岂不是明佛性?"佛家三藏十二部,林林总总的典籍,难道不是在讲佛理么?义玄答道:"荒草不曾锄。"那都是一地没用的杂草呀。又问:"佛岂赚人也?"佛祖难道是骗人的吗?每部佛经,除了记载慧能言行的《坛经》外,皆用"如是我闻"四字开头,意思是我听佛祖释迦牟尼说的,因此传统上,把这些佛经全都当作释迦牟尼的话。佛经没用,不等于说佛祖是骗人的?义玄却反问:"佛在什么处?"是呀,站在禅宗的立场上,佛祖外在于我的本心,根本没什么特殊地位,端出他来也是白搭。问的人就无语了。又据记载,德山宣鉴曾把大量佛经的疏钞("疏"是注释,"钞"是节选)堆在法堂前头,一把火烧个精光。现在我们明白,这种秦始皇或希特勒式的行为,背后实际上有禅宗的一套独特道理的。

不仅书本,更进一步,所有口头语言也靠不住。后来禅师编造说,释迦牟尼在灵山说法,拈花示众。大家都默然,未曾领会佛祖奥义,唯有迦叶尊者面露微笑。释迦知他悟到了,单独传给他一套微妙法门,说是"不立文字,教外别传"。这便是著名的拈花微笑故事。黄檗希运提到"世尊拈花"指的正是这个。禅宗自认的中土初祖是达摩,再往上追,在西天的初祖,就是迦叶尊者。这则传说意在表明,禅宗从头开始,便是不依赖佛祖之"教",即佛经来传法的,也不依赖一切语言文字。我们看禅僧的开悟记录,不少都像佛祖和迦叶一般,不用说,用做来打哑谜,散发出强烈的行为艺术的味道。其中许多哑谜,未必像傻笑一下那样平和,以致今天还留下一个成语叫"当头棒喝"。大吼大叫、狠敲猛打,都是禅师常干的事儿。比如百丈怀海在马祖道一门下修禅,就曾被后者"振威一喝",足足耳聋了三天;又比如雪峰义存自述曾向德山宣鉴参问,被宣鉴一棒打下,"我当时如桶底脱相似"。桶底脱落,则整个桶子都通透,上下无碍,这是形容自己开悟之彻底。被揍竟有如此妙用,可谓"挨君一顿打,胜读十年书"了。

自然,禅僧也不可能老不讲话,前面我们引的那些问答便是证据。怎么办呢?禅宗的办法是我说,但尽量不正面、不直接地讲禅理,因为禅理是讲不出来的,更准确地说,讲出来也没用,关键是在事上磨炼。所以,必须旁敲侧击,指东打西;必须"不犯正位""绕路说禅"。前面引的问答,有些还有理路可言,有些就比较"脑筋急转弯"乃至"无厘头"了。这篇文章开头引大安与怀海对话,每一回合均令人意想不到,但还不难弄懂,那在禅门里算是简单的,是南宗禅处于中级发展阶段的产物。大体上,越是无厘头的,出现年代越晚,这是南宗禅日益成熟、个性日益凸显的一个标志。禅僧的开悟言行流传下来,称为"公案"。它像官府的审判案例一样,是辨别禅理邪正的例据。这些言行中反常意外的地方,往往却是切入禅理的机缘,则称为"机锋"。

禅宗,特别是南宗禅的出现,为中国人提供了一种前所未有的灵动、跳跃的思维方式。这种新的思维方式本质上带有某种诗意,对于文人士大夫阶层特具吸引力。参公案、斗机锋是唐宋以来许多文士喜欢玩的高级游戏。而禅宗"绕路说禅"的那些出人意料的表达,有一部分倒也颇接近于中国文人那种传统的诗意话语,比如"山花开似锦,涧水湛如蓝""云生碧岫,雨降青天""独松岩畔秀,猿向下山啼"等。当然,禅宗清净洒脱的宗旨,也给予他们的心灵以慰藉。多方面相结合,促使文人与禅僧日渐亲近起来,有些还干脆被列入了禅宗传承脉络之中。文士的立身行事、文艺创作,也和禅宗思维存在着千丝万缕的联系。

举个例子,北宋大诗人黄庭坚就是晦堂祖心禅师的入室弟子。他的诗风,以"不走寻常路"著称。我们不妨读

第十二讲 为什么要读禅宗

首名作,感受一下,诗题是《王充道送水仙花五十枝,欣然会心,为之作咏》:

> 凌波仙子生尘袜,水上轻盈步微月。
> 是谁招此断肠魂,种作寒花寄愁绝。
> 含香体素欲倾城,山矾是弟梅是兄。
> 坐对真成被花恼,出门一笑大江横。

前五句将水仙花比作曹植笔下的洛水女神,风姿何其绰约,措辞也极秀美。到第六句上,情调却急转直下,替女神结拜起兄弟来,用语粗豪,仿佛《西厢记》里混入了一段《水浒传》,分外扎眼。第八句也意外得很,通篇写水仙花,结尾却面朝一条大江泠然独笑,不但"跑题",而且大江的汹涌浩渺,同水仙的幽静细润,风格上恰形成鲜明的对比。清代方东树形容:"山谷(黄庭坚)之妙,起无端,接无端,大笔如椽,转如龙虎。扫弃一切,独提精要之语,往往承接处中亘万里,不相连属,非寻常意计所及。"讲的正是这类来去无踪、断续莫名的艺术思维。这类思维造就了新的诗风,拓宽了中国人对"诗意"的理解。它的根源,便藏在南宗禅特有的思想方式里。禅宗这种思想方式,又随时间而发酵,慢慢地进入了中国文化的基因,现已成为大家耳濡目染、"日用而不知"的共享资源。比如,我们虽然不能说周星驰对于禅宗很有研究,但他电影中那招牌式的"无厘头"作风,就一定潜移默化地分享了中国文化这一部分的传统。

禅宗是中国文化的内在组成部分,至今还发挥着或显著或潜在的作用。了解一点禅学,更能给我们带来丰富、有益的人生启迪。所以,我在上面谈了些自己的粗浅认识。或许有人会问:南宗禅不是拒绝语言文字,至少不赞成正面说法的吗?你絮絮叨叨讲这么多,又有什么意义?这样问,我也无话可答。善哉善哉,我告退了。

【推荐书目】

1. 尚荣译注:《坛经》,中华书局。
2. 赵跃辰、释传明:《花出青嶂》,陕西师范大学出版社。
3. [日]铃木大拙:《禅学入门》,林宏涛译,海南出版社。
4. 葛兆光:《门外谈禅》,人民文学出版社。
5. 周裕锴:《中国禅宗与诗歌》,上海人民出版社。

/ 下 篇 /

经典作品赏析举隅

第十三讲

读张若虚《春江花月夜》

南京大学　莫砺锋

春江潮水连海平，海上明月共潮生。
滟滟随波千万里，何处春江无月明！
江流宛转绕芳甸，月照花林皆似霰；
空里流霜不觉飞，汀上白沙看不见。
江天一色无纤尘，皎皎空中孤月轮。
江畔何人初见月？江月何年初照人？
人生代代无穷已，江月年年望相似。
不知江月待何人，但见长江送流水。
白云一片去悠悠，青枫浦上不胜愁。
谁家今夜扁舟子？何处相思明月楼？

> 可怜楼上月徘徊，应照离人妆镜台。
> 玉户帘中卷不去，捣衣砧上拂还来。
> 此时相望不相闻，愿逐月华流照君。
> 鸿雁长飞光不度，鱼龙潜跃水成文。
> 昨夜闲潭梦落花，可怜春半不还家。
> 江水流春去欲尽，江潭落月复西斜。
> 斜月沉沉藏海雾，碣石潇湘无限路。
> 不知乘月几人归，落月摇情满江树。
>
> ——（唐）张若虚《春江花月夜》

张若虚的《春江花月夜》，现代读者谁人不知、谁人不晓？它是公认的唐诗名篇，但事实上这首诗曾经长期不被重视，作者也其名不彰，以致我们对张若虚的生平只能作一个极其简单的介绍。张若虚，生卒年不详，扬州人。文辞俊秀，与贺知章、包融、张旭齐名，号称"吴中四士"。曾官兖州兵曹，此外的生平事迹无从考知。近人胡小石先生曾撰《张若虚事迹考略》，也十分简略。因为文献不足，所以早在明代，高棅在《唐诗品汇》中已将他列入"有姓氏，无字里世次可考"之列。正像南朝的钟嵘在《诗品》中评鲍照所云："嗟其才秀人微，故取湮当代。"张若虚的文集，在《旧唐书》的《经籍志》和《新唐书》的《艺文志》中都没有著录，可见早已散佚。在收录唐诗较多的《文苑英华》《唐文粹》等总集中也不见张若虚的作品。幸

第十三讲 读张若虚《春江花月夜》

亏南、北宋之交的郭茂倩所编的《乐府诗集》中收录了其《春江花月夜》，这篇杰出的诗歌才得以保存下来。清人编纂《全唐诗》，只收集到张若虚的两首诗作，一首就是《春江花月夜》，另一首则是平常无奇的《代答闺梦还》。张若虚在现代成了无人不知的唐代著名诗人，全靠《春江花月夜》这一首作品。正如近人王闿运所说："孤篇横绝，竟为大家！"

"春江花月夜"原是乐府旧题。据《乐府诗集》的记载，它原属"清商辞曲"之"吴声歌曲"，最早写作此题的是陈后主，但其作品已佚。现存早于张若虚作《春江花月夜》的有三人：隋代的隋炀帝和诸葛颖，初唐的张子容，作品共五首，皆为五言四句或五言六句的短篇。张若虚的《春江花月夜》则是长篇的七言歌行（共三十六句），在体制上具有很大的创新意义。从内容来看，陈后主所写的《春江花月夜》虽已不存，但《乐府诗集》的解题中称其为"尤艳丽者"，可以推知与其《玉树后庭花》等属于同样的风格倾向，仍然是所谓的"宫体"。但是后人的拟作则逐渐偏离了宫体的倾向，例如隋炀帝的二首："暮江平不动，春花满正开。流波将月去，潮水带星来。""夜露含花气，春潭漾月辉。汉水逢游女，湘川值两妃。"虽然还有一些南朝乐府的风格倾向，但毕竟词句清丽，与南朝的"宫体"逐渐分道扬镳。到了张若虚的《春江花月夜》，则不过沿用乐府旧题这个旧瓶子，装在里面的全是新酒了。闻一多先生认为张若虚"向前替宫体诗赎清了百年的罪",程千帆先生更准确地指出张若虚已经与宫体诗彻底划清了界限,除了题目相同之外,他的《春江花月夜》已经和陈后主的原作不可同日而语了。

《春江花月夜》全诗共三十六句,如从押韵的情况来看,每四句组成一个小节,都押同一个韵,共分九小节,每一节都像一首独立的七言绝句,然后串联成一个整体。但从内容来看,则可分成五大段,它们的句数分别为八句、八句、四句、八句、八句。第一段入手擒题,总写在明月之夜春江潮涨,以及江边的花林芳甸等美景。第二段写诗人在江边望月所产生的遐思冥想。第三段总写在如此情景中思妇与游子的两地相思。第四段单写思妇对游子的思念。第五段单写游子的思家之念。全诗由景入情,由客观景物转到人间离情,但始终不离题面中的五个元素。正如明人王世懋、钟惺、谭元春等人所指出的,全诗都围绕着"春""江""花""月""夜"五字做文章,扣题很紧。如果更细致地品读,则可发现全诗的核心主题只有一个,那就是"月"。清人王尧衢对此诗做过一个统计:"春字四见,江字十二见,花字只二见,月字十五见,夜字亦只二见。"其实即使是没有出现"月"字的一些诗句,又何尝不是描绘月亮来着?例如:"空里流霜不觉飞,汀上白沙看不见。""玉户帘中卷不去,捣衣砧上拂还来。"这两联简直就是运用"禁体物语"的方法来咏月的杰作,也就是句中虽不见月

第十三讲 读张若虚《春江花月夜》

字,却又字字都在写月,是典型的"烘云托月"。《春江花月夜》对月光的描写,已达到出神入化的程度。比如写月亮在流水上泛起的光彩是"滟滟随波千万里";写月光给人带来的寒冷感是"空里流霜不觉飞";写月光缓慢的移动是"可怜楼上月徘徊",都使读者身临其境。此外,举凡人们望月时常会产生的联想,诸如碧空银月是否亘古如斯,明月是无情还是有情,离别的情人在月夜为何会格外相思,也都得到了充分的表达。可以从总体上说,《春江花月夜》通篇都围绕着一个"月"字,是唐诗中最早出现的咏月名篇,是一首月亮的颂歌。下文试将全诗分成五段进行解读。

> 春江潮水连海平,海上明月共潮生。滟滟随波千万里,何处春江无月明?
> 江流宛转绕芳甸,月照花林皆似霰。空里流霜不觉飞,汀上白沙看不见。

第一段是全诗的开端,勾勒出一个充满诗情画意的美丽境界。春天多雨,江水迅涨,东流的江水遇到从大海西上的潮汐,互相鼓荡,浩渺无边。一个"平"字,言简意赅地写出了江水与海水连成一片的奇特景象,表面上平淡无奇,其实一字有千钧之力。伴随着奔腾而来的潮水,一轮明月也冉冉升起。地球上的潮汐本是海水受到月球的引力而产生的自然现象,诗人未必明白这个科学原理,但是他用细致的观察得出了相似的结论。谁说诗歌与科学没有相通之处?更值得注意的是"海上明月共潮生"的写法,使潮水与明月都充满了生气,仿佛是两个有生命的物体,全句也呈动态之美。从第三句起,诗人的目光随着逐渐西行的月亮溯江而上,发现千万里的江水都沐浴在月光之中。江面上泛起滟滟的波光,江边上则是春花烂漫的芳甸。在月光的笼罩下,繁花似锦的树林蒙着一层洁白的细雪,这是春天的月夜才得一见的奇特之景。"空里流霜不觉飞"一句实有双关的含义:月光洁白晶莹,月光给人带来一丝寒意。妙在诗人并不说月光如霜,而是直说"空里流霜",从而把诗人在月光中久久站立的感觉真切地传递给读者,读之浑如身临其境。末句"汀上白沙看不见",意指整个江岸都沉浸在月光之中,并与月光融成一片。这八句诗从江海写到花树,一切都沐浴在皎洁的月光中,最后只见月光。由大至小,由远及近,笔墨随着诗人的目光逐渐凝聚,最后集中到月光自身,有画龙点睛之效。

    江天一色无纤尘,皎皎空中孤月轮。江畔何人初见月?江月何年初照人?
    人生代代无穷已,江月年年只相似。不知江月待何人,但见长江送流水。

  第二段承接上文展开联想。澄澈清明、幽静寂寥的境界,最有利于人们的遐思冥想。诗人久久地凝望着月亮,不由得神思飞扬。闻一多先生说得好:"更迥绝的宇宙意识！一个更深沉，更寥廓，更宁静的境界！在神奇的永恒前面，作者只有错愕，没有憧憬，没有悲伤。"他又说："对每一个问题，他得到的仿佛是一个更神秘的更渊默的微笑，他更迷惘了，然而也更满足了。"的确，诗人面对着神奇美丽的大自然，不由得对宇宙的奥秘和人生的哲理进行一系列的追问。他最想探索的是月与人的关系：是谁最早在江畔看月？江月从何年开始照耀世上之人？正如闻一多先生所说，这样的问题当然是没有答案的，于是诗人更加迷惘了，也更加满足了。迷惘不是糊涂，而是对宇宙奥秘的理解和钦佩。诗人理解人生短促而宇宙永恒的道理，但他并没有陷入悲观、绝望的心境。他明白个人的生命虽然是短促的，但代代相继的生命却是永无穷已的，所以人类的存在仍是绵延长久的，他们仍能年复一年地与江月相伴。这样，诗人就跳出了生命短促所引起的悲伤主题的束缚，从而获得了满足。他甚至开始展望遥远的将来：江上明月是在等待何人呢？这样，诗人就把眼前的感受延伸到未来，也就是融入了天长地久的时间长河，末句所写的长江流水，正是孔子产生"逝者如斯夫"之叹的自然环境啊。

白云一片去悠悠，青枫浦上不胜愁。谁家今夜扁舟子，何处相思明月楼？

《春江花月夜》共有两大主题，前十六句写诗人江畔望月之情景，后十六句写游子思妇的月夜相思，夹在中间的第三段仅四句,这是一个转折。凡长诗的转折,必须承上启下,又必须转变自然。《红楼梦》第七十八回写贾宝玉奉贾政之命写作《姽婳词》,前面用数句描写女将军林四娘之美貌,后面应转入主题即咏林之英武善战,宝玉先拟一句说"丁香结子芙蓉绦",贾政认为此句又是写美女之装束,下句断难突然转至武事,没想到宝玉吟出"不系明珠系宝刀"的下句,众人拍案叫绝。为什么?就因为虽大开大阖,却转折得非常自然。张若虚也有同样的本领。上段的末句说"但见长江送流水",此段以"白云一片去悠悠"接之,同样是目随景移,同样是思绪远扬,况且浮云漂泊无定,正如游子之萍踪难觅,诗人自然而然地联想到相隔天涯的游子与思妇,今夜对此明月,当是怎样的两地相思?于是顺理成章地转折到游子思妇、月夜相思的第二主题上,末句"何处相思明月楼",下启第四段的首句"可怜楼上月徘徊",转接无痕,章法妙不可言。

可怜楼上月徘徊,应照离人妆镜台。玉户帘中卷不去,捣衣砧上拂还来。
此时相望不相闻,愿逐月华流照君。鸿雁长飞光不度,鱼龙潜跃水成文。

第四段写思妇对游子的思念,全部情景都在高楼明月的环境中逐步展开。自从曹子建写出"明月照高楼,流光正徘徊"的名句之后,诗人皆喜用"徘徊"二字形容月在

第十三讲 读张若虚《春江花月夜》

天上似静似动的状态。此处也是如此,但又不是简单地沿袭。"可怜"二句,把月亮写得情意宛然,它在楼头徘徊不去,当是出于怜悯思妇之故。月亮把清辉洒向闺房,照亮了窗前的妆镜台;可惜思妇无心梳妆,看到镜台反而触景伤情。古人认为"女为悦己者容",如今良人远离,思妇又有什么心思坐在镜台前梳妆打扮!于是她决意驱走这恼人的月光,她卷起珠帘想把帘上的月光随帘敛藏,她一遍遍地拂拭捣衣的砧石想拂去石上的月光,可惜月光如水,拂而不去,驱而复来。失望之余,她只好望月怀远,思念远方的游子。她希望随着普照大地的月光飞向远方,照亮远在天边的游子。可惜这只是痴想而已。那么就给游子寄封书信来倾诉内心的幽情密意吧,可是又能让谁去千里传书呢?相传鱼雁都能传书,可是在这个月夜,鸿雁也难以飞越那广漠无边的月光,鱼龙则在水底潜跃而在水面上激起阵阵波纹。一句话,鱼雁也无法为她传书啊。写到这里,思妇的相思之苦已难以复加,诗人也就戛然停笔。此时无声胜有声,就让思妇的一片素心与天上的明月相伴吧。

昨夜闲潭梦落花,可怜春半不还家。江水流春去欲尽,江潭落月复西斜。

斜月沉沉藏海雾,碣石潇湘无限路。不知乘月几人归,落月摇情满江树。

最后一段转写游子的月夜情思。游子远在异乡,思家心切,昨夜曾在梦中回到家乡,看到潭水里漂满了落花,及至梦醒,方想到春天又已过半,而自己尚在天涯漂泊。此时他漫步江边,看到江水东流,仿佛春天也将随着江水消逝。他又举头望月,看到江潭上空的那轮月亮已向西倾斜。春光将尽,良夜将逝,人生的少壮时节又能维持多久?于是游子满腹惆怅,他眼睁睁地看着月亮在西天越落越低,终于消失在沉沉的海雾之中。从北方的碣石,到南方的潇湘,天各一方,路远无限,自己何时才能飞越这千山万水,返回家乡,与楼头望月的思妇相聚?在如此广漠的大地上,今夜又能有几个幸运的游子能乘着月色返回家乡?他找不到答案,他陷入了迷惘,他的离情迷离恍惚,无处着落,最后伴着残月的余晖洒落在江边的树林……如果说第四段中的思妇之离情是抱怨山长水阔,主要的着眼点在于空间的维度,那么此段中游子之离情既恨山川之阻隔,又怨春光和良宵之容易消逝,其着眼点兼及时、空两个维度。换句话说,游子在月夜的思绪比思妇更加深沉、广阔,诗歌的意蕴也更加丰富、深刻。所以从章法来看,第四、第五两段是密切照应的,一写思妇,一写游子,两两对应,锱铢相称,它们之间又有一种递进关系,思索的范围越来越广阔,情感的程度越来越深刻。然而这一切都是在月夜相思的生动情景中自然展开的,从字面上看,每句都紧扣春江花月的具体环境,每个细节都是现实生活的真实内容,情景交融,浑然无痕。正如闻一多先生所说:"在这种诗面前,一切的赞叹是饶舌,几乎是亵渎。"我们除了发自肺腑地顶礼膜拜之外,还能说什么呢?

虽然如此,我们还是要勉为其难地对《春江花月夜》作一些总体的评说。先从两位现代学者对它的评论说起。闻一多说:"这里一番神秘而又亲切的,如梦境的晤谈,有的是强烈的宇宙意识,被宇宙意识升华过的纯洁的爱情,又由爱情辐射出来的同情心,这是诗中的诗,顶峰上的顶峰。"李泽厚说:"其实,这诗是有憧憬和悲伤的。但它是一种少年时代的憧憬和悲伤,一种'独上高楼,望断天涯路'的憧憬和悲伤。所以,尽管悲伤,仍感轻快,虽然叹息,总是轻盈。它上与魏晋时代人命如草的沉重哀歌,下与杜甫式的饱经苦难的现实悲痛,都绝然不同。它显示的是,少年时代在初次人生展望中所感到的那种轻烟般的莫名惆怅和哀愁。春花春月,流水悠悠,面对无穷宇宙,作者深切感受到的是自己青春的短促和生命的有限。它是走向成熟期的青少年时代对人生、宇宙最初觉醒的'自我意识':对广大世界、自然美景和自身存在的深切感受和珍视,对自身存在的有限性的无可奈何的感伤、惆怅和留恋。人在十六七或十七八岁,在似成熟而未成熟,将跨进独立的生活程途的时刻,不也常常经历这种对宇宙无限、人生有限的觉醒式的淡淡哀伤么?它实际并没有真正沉重的现实内容,它的美学风格和给人的审美感受是,尽管口说感伤却'少年不识愁滋味',依然是一语百媚,轻快甜蜜的,永恒的江山，无垠的风月给这些诗人们的，是一种少年式的人生哲理和夹着感伤、怅惘的激励和欢愉……闻一多形容为'神秘''迷惘''宇宙意识'等等，其实就是说这种审美心理和艺术意境。"闻一多是诗人，他对《春江花月夜》的评价非常精到，但语焉不详，尚须稍作推绎。李泽厚是哲学家，他的评语堪称提纲挈领，但说《春江花月夜》显示的是"少年时代在初次人生展望中所感到的那种轻烟般的莫名惆怅和哀愁"，则稍嫌武断。其实《春江花月夜》虽然没有达到像阮籍、嵇康的忧患意识或杜甫的忧世情怀那样的思想高度，但那种对人生与宇宙之关系的深刻体会，以及对离愁别恨的真切感受，都不具有少年人的年龄特征，而应该出于成熟的青壮年时代。当然，由于诗人身处盛唐前期，在整个社会正走向欣欣向荣的时代，诗人也像与之齐名的贺知章、张旭等人一样，沉浸在积极向上的浪漫主义氛围中。诗人面对着美丽的江山风月，他在精神上的所有不满或遗憾都源于自然而非社会。所以诗中有惆怅而无悲哀，有迷惘而无痛苦。诗人的全部思考和感受都与万物的自然属性有关，诗人的所有追问都指向宇宙的奥秘，例如"江畔何人初见月，江月何年初照人"；即使涉及人生，也无关社会内容，例如"谁家今夜扁舟子，何处相思明月楼"。由于诗中的所有细节都被置于春江花月夜的美丽环境中，诗中的所有物体都蒙上了一层月光的薄纱，所以全诗的格调确实是轻盈、美好的。《春江花月夜》中的离情别恨虽然悱恻感人，但是并没有达到痛苦难忍的程度。比张若虚稍晚的李白、杜甫都写过男女月夜相思的名篇，前者写思妇是"但见泪痕湿，不知心恨谁"，后者写离人说"何时倚虚幌，双照泪痕干"，但《春江花月夜》全诗不见一个"泪"字。相反，诗中的思妇和游子都对重逢心存希望，思妇说"愿逐月华流照君"，游子也问"不知乘月几人归"。更不用说全诗展示的物体都具有光明、美好的性质，从而汇成一个清丽、幽静、邈远的意境。它如梦如幻，迷离惝恍，让人流连忘返。

从总体上说，《春江花月夜》是美丽自然的一曲颂歌，也是美好人生的一曲赞歌，这便是无数读者为之倾倒的主要原因。一颗洁白无瑕的珍珠，即使长期埋没在泥土中，也不会减损其熠熠光辉。《春江花月夜》就是这样的一颗珍珠，它曾经长期受到冷落，但一旦被人发现，就越来越受到人们的喜爱，它是现代读者公认的唐诗名篇。

【推荐书目】

1. 闻一多：《唐诗杂论》，中华书局。
2. 莫砺锋：《莫砺锋诗话》，北京大学出版社。

第十四讲

读刘希夷《代悲白头吟》

同济大学 崔 铭

洛阳城东桃李花,飞来飞去落谁家?
洛阳女儿惜颜色,行逢落花长叹息。
今年花落颜色改,明年花开复谁在?
已见松柏摧为薪,更闻桑田变成海。
古人无复洛城东,今人还对落花风。
年年岁岁花相似,岁岁年年人不同。
寄言全盛红颜子,应怜半死白头翁。
此翁白头真可怜,伊昔红颜美少年。
公子王孙芳树下,清歌妙舞落花前。
光禄池台文锦绣,将军楼阁画神仙。

第十四讲　读刘希夷《代悲白头吟》

一朝卧病无相识，三春行乐在谁边？

宛转蛾眉能几时？须臾鹤发乱如丝。

但看古来歌舞地，惟有黄昏鸟雀悲。

——（唐）刘希夷《代悲白头翁》

读罢全诗，油然想起《红楼梦》中黛玉吟唱《葬花辞》的情景，那样悲不自胜，最终消殒了芳魂，可见诗歌感伤情调极为浓郁。据《大唐新语·本事诗》记载，诗人当时写作此诗就已明确地自觉，以为不祥之兆，一年之后，诗人果然被害，应了所谓"诗谶"的说法。这段传说虽然并不确实，但正好说明《代悲白头翁》对人生命运悲观的浩叹达到了登峰造极的地步，在历史上留下的影响非同一般。然而，诗人生前并未成名，死后由孙季良编选的《正声集》，才使他声名鹊起，"为时人所称"（《大唐新语》）。他的诗善写从军、闺情，词情哀怨，多依古调，《代悲白头翁》是其中最受人称道的佳作。

《代悲白头翁》又名《代白头吟》，是一首拟古乐府。《白头吟》是汉乐府相和歌楚调曲旧题，古辞多写女子与负心男子决裂。而刘希夷的《代白头吟》却用来抒发青春易逝、世事无常的感伤主题。

开篇两句"洛阳城东桃李花，飞来飞去落谁家"，以传统比兴手法写景，从空间落笔。风吹桃李，花飞花落，原是极其平常的景物，但仔细品味，似有两重的含义。首先，

247

动态描写反衬出此时潜在而由后文展示的观察者的静思，其间对象的动，隐含着主体的静，在动静相对的关系中，思绪兀自缓缓流淌。其次，"飞来飞去"的方向描写，把空间领域由"洛阳城东"陡然缩小到"谁家"，小小的院落在巨大的都市背景中凸显出来，抒情主人公登台亮相；而一个"谁"字又将具体之"家"虚化、泛化，暗示后文的情感波动与思维潜流乃普遍之人性，抒情主人公也并非一己女儿身，而是整个人类的化身。由面及点，点面互蕴。两重隐含的意义为全诗确定了远较乐府旧题恢宏阔大的基调。"洛阳女儿惜颜色，行逢落花长叹息"，仍然是传统的由景及事，如顺水推舟；对花长叹，临镜短嘘，人事不过如此，一个"惜"字，揭露出人类现状和痛苦的根源，有"惜"才有"叹"，无"惜"亦无"叹"，由景及事，同时又是由花及人，人花相对。"颜色"一词便有了双关的含义，为下文伏笔。

"今年花落颜色改，明年花开复谁在"以下，则从时间落笔，进入线性发展的变易之流。今年，明年，明年复明年，明年何其多！一切都卷进了时间这个没有源头、没有终点的隧洞。诗句将抽象的时间由"今年""明年"进一步具体化到"花开""花落"这一典型事件，既形象鲜明，又与前文紧密连贯，人花相对，生出两重意义：其一，时间变易，人事难猜，明年花开之日，伊人将复何在？颇有崔护"人面不知何处去，桃花依旧笑春风"的怅恨；其二，联系上句"惜颜色",由花衰念及人衰,进而以花比人,以人喻花,强调花与人的同中之异:人如花美,却青春易逝,红颜难久;花易凋零,人易老去,但"花有重开日",而"人无再少年"。人花互喻,因新旧替代之意,做人寿几何之想。两种理解都可导出朝不保夕的生命之虞。因此,传说中的"诗谶"并不足以为怪。《红楼梦》中的黛玉《葬花辞》诗句"桃李明年能再发,明年闺中知有谁"似由此衍化。

"已见松柏摧为薪,更闻桑田变成海",在日复一日的光阴流转中,我们眼见着青翠的松柏化为薪木,也曾听说过辽阔的桑田变成沧海,所见所闻无不证实时间之轮终将碾碎长盛不衰的迷梦。花开花落本属自然,沧海桑田也是规律,只因为"惜"的缘故,只因为你、我、他不可同一,旧花、新花不可同一的缘故,客观的自然规律才会引发千古多情之人如此痛切的感慨!颜色的变化固然令人可怕,实在的自我转变成虚无才更加令人恐惧!不仅挺拔俊秀的松柏终将成为只堪焚化的柴草,世间一切也都会面目全非。对此,人们已经见得多了,却并不因见惯而不惊,见惯而不畏!时间就像一堵无形的墙,将古人与今人隔断,无论你走遍洛阳城中的大街小巷;无论你踏破铁鞋、磨穿脚踵;无论高楼巨栋、村庄聚落;无论残垣断壁、荒原古井,谁也碰不到一个古人。然而,今世的人们还在面对着古人曾经面对的春花、落叶,像古人一样哀伤,又像古人一样地成为古人……古今虽隔，古今之理皆同。这是一种哀哀歌哭、亘古绵延的浩叹？还是一种醒悟：面对永恒，感受永恒的无常规律？抑或是对无常变化的无力抗争？还是对人生愚痴智者式的反讽？从写法上来看，"今年""明年"相对，"古人""今人"相对，是纵向的比较，而由"花开""花落"推广到"松柏为薪""桑田变海"，再回到人本身，乃横向的联系，诗人如此这般，方方面面，反反复复要展示的就是这样一种神秘然而实在的力量：变化的永恒和永恒的虚无。

"年年岁岁花相似，岁岁年年人不同。"年年岁岁，岁岁年年，重叠反复，可见诗人要尽可能地表达出言之不尽的客观事实和规律，想把古往今来与人类有关的一切情感体验浓缩进去。音韵的回环往复，恰到好处地对应着无常的永恒意义。"花相似"而"人不同"，表面上相对，但"似"者，像而已矣，其实"不同"，人花在这里统一。表面看，物是人非，究其实，物人皆非。"人间是事不堪凭，但除却无凭二字"，又有谁能逃脱这无往弗届的永恒规律呢？难怪传说诗人在写至此联时曾经长叹：死生有命，虽似有谶，字句的毁去留下又有何不同？这种无奈令人悲恸，然而又何尝不令人警醒！

"寄言全盛红颜子"以下，用"寄言"二字一转，将前文反复铺陈言说的事理以更加具体的方式进一步阐明："白头翁"曾是"红颜美少年"，"全盛红颜子"也会变得"鹤发乱如丝",自身的全盛红颜,他人的白头可怜,现在的红颜美少,将来的半死老头。古今相隔,但古今理同。人我互异,但人我理同。人我关系,其实也就是时间关系,个体与群体都要回到时间之流中去。横断面上的人我关系,转换成纵向的个体年龄的盛衰关系,人、我在这里统一。

今天的"半死白头翁",昔日也曾是翩翩美少年,也曾和公子王孙在花前树下欣赏清歌妙舞,挥洒着青春和笑颜,也曾像东汉的达官贵戚一样大兴土木,用锦绣装饰亭台楼阁,在无尽的奢侈中洋洋自得,自以为欢乐可以长久,自以为富贵可以永在。然而,岁月无情,一朝年老卧病,那些曾经执着沉醉的感观物欲之乐皆如云烟消失无踪,只剩寂寞、衰朽独自面对。这是用生命换来的教训,沉痛不堪!试看谁人不是这样:青春欢乐之际,视落花而不见,事业功名之梦,如神仙般永存。人们就像吃了迷幻药一样拼命追求,拼命享乐。芳树落花,年年未变,池台楼阁,依旧巍然,其实都是假象,掩盖了无常变幻的真实。直到年老体衰、缠绵病榻,世态炎凉才如水落石出,真相毕露。

结尾四句,"蛾眉""鹤发"再次相对,"能几时"再次发出反问,"须臾"两字则概言前文中"今年""明年","少年""老年","今人""古人","沧海""桑田"之飞速变化,不可把捉。黄昏日落,生命将逝。人去楼空鸟雀悲,鸟雀去了复谁悲?正可谓"落了片白茫茫大地真干净"!感伤抑郁的调子到此无法再续,全篇自然结束。

整首诗不仅以深刻的内涵警示着后人,艺术上也相当成功。它汲取汉魏歌行、南朝近体和梁陈宫体的艺术营养,自成一种清丽婉转的语言风格,音韵自然流畅,回环往复,有一唱三叹之美。由景及事,由事生情,在叙事中议论,在议论中抒情。同时,诗中大量运用对比手法。全篇结构即以"洛阳女儿"与"白头翁"相对,以"代悲"贯穿前后两个部分,又叠加着"花开""花落""蛾眉""白发""今年""明年""古人""今人"等多重对比,突出物是人非的无常变迁,颇能震撼人心。诗歌后半部分追忆白头翁曾为红颜美少年一段,从青春欢乐,事业功名,写到世态炎凉,既自然铺开,又前后对比,成为加强主题的典型例证。此外,诗歌笔法多变,从空间到时间、从横向到纵向、从普遍到个体,错综交织,将生命的无常哀感表现得淋漓尽致。

【推荐书目】

1. 萧涤非等撰:《唐诗鉴赏辞典》,上海辞书出版社。
2. 施蛰存:《唐诗百话》,华东师范大学出版社。

第十五讲

读高适《燕歌行》

同济大学　崔　铭

开元二十六年，客有从御史大夫张公出塞而还者，作《燕歌行》以示适；感征戍之事，因而和焉。

汉家烟尘在东北，汉将辞家破残贼。
男儿本自重横行，天子非常赐颜色。
摐金伐鼓下榆关，旌旗逶迤碣石间。
校尉羽书飞瀚海，单于猎火照狼山。
山川萧条极边土，胡骑凭陵杂风雨。
战士军前半死生，美人帐下犹歌舞！
大漠穷秋塞草腓，孤城落日斗兵稀。
身当恩遇常轻敌，力尽关山未解围。

铁衣远戍辛勤久,玉箸应啼别离后。
少妇城南欲断肠,征人蓟北空回首。
边风飘飘那可度,绝域苍茫更何有?
杀气三时作阵云,寒声一夜传刁斗。
相看白刃血纷纷,死节从来岂顾勋。
君不见沙场征战苦,至今犹忆李将军。

——(唐)高适《燕歌行》

在唐代众多边塞诗中,高适《燕歌行》是最具代表性的一篇佳作。根据诗前小序可知,此诗有感于特定具体事件而作,与现实生活联系极为密切,因此,阅读欣赏这篇诗作之前,有必要了解当时的边塞状况以及诗人创作的相关背景。

高适生当开元盛世,和同时代众多诗人一样,怀着远大抱负,恃才游历,访谒权贵,以求报效之途。开元十五年(727年),他北上蓟门,漫游燕赵之地,意欲投笔从戎。但大唐承平日久,腐朽加剧,表面的繁荣掩盖着巨大的危机,一方面官吏们蝇营狗苟,另一方面安禄山包藏祸心。开元十八年,朝中有识之士就已尖锐指出:"夫边境有事,则将吏得以因缘盗匿官物,妄述功状以取勋爵,此奸臣之利,非国家之福也。兵连不解,日费千金,河西、陇右由兹因敝。"(《资治通鉴》)边塞情况已如此险恶,但知情者并不多,而当权者对此似乎毫不在意。开元二十年,唐玄宗"以朔方节度使副大使信安王祎为河东、河北行军副大总管,将兵击奚、契丹",高适再次北上幽燕,以为值此国家用人之际,将军们一定会大量招贤纳士。他充满激情地高唱:"才子方为客,将军正竭贤"(《别冯判官》),相信自己可以得到机会,一展长才。谁知结果却是"岂无安边书,诸将已承恩。惆怅孙吴子,归来独闭门"(《蓟中作》),那些得到君王宠信的将领完全无心国事,贤者沉沦,奸邪得志,满怀报国壮志的诗人,只落得个"微才独弃捐""投笔尚凄然"(《信安王幕府诗》)。诗人终于明白,"将军竭贤"不过是自己一厢情愿的幻想。他清楚认识到了现实的严酷,怀着深深的失望和对国事无限的忧虑离开了北方,但边塞的消息仍不断传入耳中,落在心上。

开元二十一年后,幽州节度使张守珪经略边事,初有战功。但二十四年,张派平卢讨击使安禄山征讨奚、契丹,"禄山恃勇轻进,为虏所败"(《资治通鉴》)。二十六年,幽州将赵堪、白真陀罗假传张守珪之命,逼迫平卢军使乌知义再次出兵攻打奚、契丹,先胜后败。接连的败绩,主帅张守珪竟然隐瞒事实,"妄奏克获之功"(《旧唐书·张守珪传》)。二十七年,事情败露,张守珪受到朝廷的处置。边塞将领恃勇横行,腐败无能,隐罪冒功的丑恶行径,令诗人极为愤慨,积郁多年的情绪,终于喷涌而出!

《燕歌行》本是乐府古题,多抒写思妇、征人的怨旷之情,渲染边塞苦寒的处境和戍卒生活的艰苦。高适此诗在题材和主题上都已超出古题甚远,格调高亢,内容丰富,是对边塞生活的整体写实,既有具体的情境描写,又有事件过程的全面报道;既从具体事件出发,又不囿于具体事件的狭小范围,从而使诗歌对整个封建时代的边塞生活具有高度的概括性。

诗歌在艺术表现上的独特之处,首先在于时空线索的巧妙铺设和时空观念对主题发挥的深刻影响。"汉家烟尘在东北,汉将辞家破残贼",诗歌开篇从空间距离的两极进行概述,战争烟尘起自东北,而天子发令、汉将辞家是在京城。紧接着,这支"摐金伐鼓"的远征部队迅速穿越"榆关""碣石",奔赴瀚海狼山,一直深入东北的"边土""绝域"。从字面来看,这只是对出征将士行军过程中空间位置变化的简略交代,但深细思之,其中蕴含的现实内容却极为丰富。一方面,天子稳坐京城、静候边关战况,心中自然只有"京城—边关""边关—京城"的抽象概念,而对出征将士来说,每一次拔营,每一次驻扎,都是具体真实而充满艰辛的生活经历;另一方面,随着离开京城的空间距离一步步扩大,"天高皇帝远",朝廷的影响一步步减弱,将领们手中的权柄一步步加重,冒功领赏的机会一步步增多,抛妻别子的战士们离家乡一步步遥远,离死亡一步步靠近!对于不同等级、不同身份的人们,尽管空间距离的变化相同,心思却各个不同。

随着空间的不断展开,时间也在不停地延续。人们盼望战争结束,而战况才是关键,诗人抓住这个关键,转入时间的叙述。"铁衣远戍辛勤久,玉箸应啼别离后""杀气三时作阵云,寒声一夜传刁斗",与前面"大漠穷秋"的具体时间点相比,这些诗句更突出了时间的延续性,表明"破残贼"的战役拖延成了旷日持久的战争,从当年的"别离"到今日的"回首",悠悠岁月,遥遥远期,生离死别之痛不只是瞬间的摧伤,而变成了长久的、没有期限的折磨与煎熬!"三时"指一年之中春、夏、秋三个农事季节,在以农业立国的古老国度里,人们习惯于以农时为计量标准。可以想见,若在和平时期,年轻力壮者都在田间劳动,男耕女织,该是多么宁静优美的田园风景!可如今,"三时"都耗在这冷酷的战争烟云里,家破人亡、国家凋敝,都在这烟云里酝酿,又是多么惨痛的事情!

不过,诗人并没有停留在这个层面如传统边塞诗那样单纯地抒写思妇征人的哀怨,而是在时空交错的框架内写出了边塞生活的实况,揭露出战事频仍不息的事实真相:"战士军前半死生,美人帐下犹歌舞"。将领们远离都城,却并没有远离他们过惯的骄奢淫逸的糜烂生活,战争的长短对他们有什么不利呢?"身当恩遇常轻敌,力尽关山未解围",战争是人为的,拖长战争也是人为的。由于空间距离遥远,朝廷鞭长莫及,这些骄横的将领自然可以"常轻敌",自然可以"妄述功状",枕着战士们的白骨享受皇帝的"恩遇"。因为战争时间的拉长,他们自然可以"日费千金"，趁机"盗匿官物"，大发战争横财，而苦不堪言的只是那些"城南"的少妇与"蓟北"的征人。无论别离之后，辛勤多久，断肠的恒断肠，回首的空回首，边风飘飘，绝域苍茫，真是呼天不应，叫地不灵！"相看白刃血纷纷，死节从来岂顾勋"，这些付出青春、鲜血和生命的普通将士才是真正的英雄，可是他们有谁得到过"天子非常赐颜色"的恩遇呢？"君不见沙场征战苦，至今犹忆李将军！""至今"二字，暗示从古至今战争不息的无奈现实，要想脱离苦海，唯有在幻想中顺着时间隧道，倒退到李广将军的时代中去，这是多么痛极的呐喊，又是多么凄惨的浩叹！在时空交织的网中能得到丝毫的回响吗？然而，正是这得不到回应的呼声成了千百年来对黑暗现实的有力控诉！

《燕歌行》艺术表现的特点还体现在诗人处理边塞生活种种重大历史性题材时，主要采用客观描述的书写方式，把真实情况摆出来，让读者按照正常的人类情感和心理反应来想象各种人物在特定境况中的表现，没有过多的褒贬，只有情境的布置。但是，大量鲜明的对比描写，使诗歌的主题思想集中而突出。这样的处理方式，不仅真实反映了社会生活，而且为读者提供了十分广阔的审美想象空间，不同时代的读者可以按照自己的方式进行解读，从而引发多种不同的诠释和理解。我们既可以把诗篇看作是一次具体战役全过程的描述，又可以看作是几千年来中国边塞生活的精妙概写；既可以把其中征夫思妇一段看作是远征战士的心理活动，又可以看作是多重线索的结构安排；既可以把全诗看作是对边塞生活规律性的达观摹写，又可以看作是对那些所谓"战功赫赫"的将领们的反讽。总之，《燕歌行》给读者提供的不是简单的答案，而是可供把玩的艺术瑰宝。

【推荐书目】

1. （唐）高适著，孙钦善校注：《高适集校注》，上海古籍出版社。
2. （唐）岑参著，陈铁民校注：《岑参集校注》，上海古籍出版社。

第十六讲

读唐人"儿童诗"

上海商学院　李　强

吴地桑叶绿，吴蚕已三眠。
我家寄东鲁，谁种龟阴田？
春事已不及，江行复茫然。
南风吹归心，飞堕酒楼前。
楼东一株桃，枝叶拂青烟。
此树我所种，别来向三年。
桃今与楼齐，我行尚未旋。
娇女字平阳，折花倚桃边。
折花不见我，泪下如流泉。
小儿名伯禽，与姊亦齐肩。

第十六讲 读唐人"儿童诗"

双行桃树下,抚背复谁怜?

念此失次第,肝肠日忧煎。

裂素写远意,因之汶阳川。

——(唐)李白《寄东鲁二稚子》

说起唐代诗歌,人们谈论更多的往往是帝国才子们的琴心剑胆、诗酒风流;实际上,当诗人们把审美目光投向那些不解世事、活泼可爱的儿童时,其诗歌中的人性光辉,则会被表现得更加淋漓尽致。本讲所谓"儿童诗",是"儿童题材诗"的简称,特指那些以儿童为抒情和描写对象的成年诗人作品,并非儿童创作的诗歌。由于传统诗教观、家庭观的影响,古代诗人们并不经常以诗歌这一艺术形式来关注家庭生活,然而却正因其少,才弥显珍贵。通过唐人留下为数不多的"儿童诗",我们能更加透明地触摸诗人的心态。

我们先看李白的这首《寄东鲁二稚子》。这首诗是李白辞官漫游金陵时,写给寄居东鲁儿女的思子诗。熟悉李白俊发豪放、超凡脱尘艺术风格和人格魅力的读者,往往对这首诗感到很陌生。然而作者却正是通过其"琐琐屑屑、弥见其真"的"家常语",将自己怜子情切的慈父一面凸显于读者面前。"二稚子"指长女平阳、幼子伯禽,皆为李白已故许氏夫人所生。诗的开头很平常:"吴地桑叶绿,吴蚕已三眠",由此联想到家中因缺少男主人而农田荒废的情况,从而引出"南风吹我心,飞堕酒楼前"的感慨。李白之"心",是一颗自由的充满灵性的"诗之心",他的诗中多次出现有关"心"的佳句,如"我寄愁心与明月,随风直到夜郎西""梦绕边城月,心飞故国楼""狂风吹我心,西挂咸阳树"等,但相比较而言,《寄东鲁二稚子》中的这颗慈父之心却更显得意蕴缠绵。诗人的思绪借之一下子飞回故居,通过对"楼东一株桃"的描写,既突出已离家之久、思念之殷,又由桃花的缤纷开放,展开对儿女此刻情态的想象:"娇女字平阳,折花倚桃边。折花不见我,泪下如流泉。小儿名伯禽,与姊亦齐肩。双行桃树下,抚背复谁怜?"明代桂天祥《批点唐诗正声》曰:"太白寄东鲁二子诗,意兴凄婉,读之流涕,风雅之遗意与!"清高宗弘历敕编的《唐宋诗醇》,转引了范梈对该诗和杜甫《自京赴奉先县咏怀五百字》所作的比较:"天下丧乱,骨肉分离,此老杜《咏怀》'入门号咷'以下意也。然彼全此离。彼有哭其死,此则怜其生;彼兼时事,此乃单咏:要皆忧思之正者也。"《寄东鲁二稚子》的语言、结构均不敌李白诗之精品,但其整体营造出的凄婉的情感氛围,能使读者浸润于其中,深受感染,亦非他诗所能替代。

杜甫的"儿童诗"虽以凄婉为其主要审美意蕴,但呈现出与李白不同的艺术特色。杜甫善于从儒家观念出发,使诗歌创作终究落实为对社会、对现实的关怀。创作"儿童诗"时,面对那些天真烂漫的小儿女,诗人的心灵通常都是自由的;但对杜甫而言,这种自由也往往有一种沉重的家国担当。《遣兴》作于被叛军困于长安之时,作者已与妻儿失去联系。山河虽在,国事已非,愁闷中的杜甫难免想起尚不知安危的家人:"骥子好男儿,前年学语时。问知人客姓,诵得老夫诗。"聪颖早慧的孩子,诗书风雅的家庭,如生逢太平之世,该有多少天伦之乐可享!而不幸遭逢乱世,连基本的生存都堪忧:"世乱怜渠小,家贫仰母慈。鹿门携不遂,雁足系难期。"前后呼应,更突出了乱世平常人家的悲惨命运。"天地军麾满,山河战角悲。傥归免相失,见日敢辞迟。"将一腔怜子之情与忧国之志联系起来,使该诗具有更强烈的现实感。

其实,杜甫忧家与忧国的情感常常复杂地交织在一起,有时甚至难分彼此,从而使他的"儿童诗"在凄婉的底蕴中更多一番心灵的负荷。相较李白的浪漫诗心,杜甫的诗心更加敏感。在《忆幼子》一诗中有"别离惊节换,聪慧与谁论"之句,其"惊"字下得非常警练;在《春望》一诗中,有"感时花溅泪,恨别鸟惊心"的千古名句,历来解此诗者大都忽略了"惊"字所蕴含凄婉之情,只言其为感叹国事而发。如果与《忆幼子》中的"别""惊"之句对读,则不难体味出杜甫此时忧国的心情中,也交织着浓郁的忆子、思家成分。

唐诗中以描摹儿童情态为主的"儿童诗",大多呈现出意趣盎然的审美特征。诗人通过一个个天真活泼的儿童形象,表现出此刻的情感关怀,或者间接透露出自己的人生价值观念。如白居易的《池上二绝(其二)》,寥寥数笔,用白描的手法,将一"偷莲"小童的憨态描绘得惟妙惟肖。诗里这样写道:

> 小娃撑小艇,偷采白莲回。
> 不解藏踪迹,浮萍一道开。

近人刘永济辑注的《唐人绝句精华》称赞这二十个字"写小娃天真如在眼前,有画笔所不到者"。诗中最传神的当是"不解藏踪迹"一句,写尽小童顽皮、纯真情态。清人徐增说:"乐天心中正喜其不解,若解则不采莲,浮萍中又安得此一道天光哉!"由小娃的痴顽生发开去,可谓说中诗人一半心事;实际上正是小娃的不解掩饰踪迹,表现出对世事的一副超然态度,才如此深刻地触动诗人的心弦。《庄子·外物》云:"荃者所以在鱼,得鱼而忘荃;蹄者所以在兔,得兔而忘蹄;言者所以在意,得意而忘言。"刘凤苞在其《南华雪心编》称:"得鱼得兔,则有所得于荃蹄之外,而迹象浑忘矣。衬出得意忘言,真有拈花微笑之趣。"诗中偷莲小娃"得意忘言"的无心之举,难道不也是引起诗人会心微笑的另一半更重要的原因吗?《池上二绝》的第一首诗,写的是超然物外的"山僧对棋":"山僧对棋坐,局上竹阴清。映竹无人见,时闻下子声。"把这两首诗放到一起看,"山僧""小娃"对举,偷莲小娃身上所附着的诗人人格理想和对"自然之道"的体悟，应该是显而易见的。

相较白居易笔下"不解"世事的活泼小娃，施肩吾六岁的小女儿则更多一番天真神态。施肩吾于唐宪宗元和十五年进士及第后，不待除授即东归，"人皆知有仙风道骨，宁恋人间升斗耶"。当时的大诗人张籍写给他的送别诗里称："知君本是烟霞客，被荐因来城阙间。"他自己也在《上礼部侍郎陈情》里写道："弱羽飞时攒箭险，蹇驴行处薄冰危。"可见也是一个看破红尘的"高蹈派"。虽然如此，当用诗来状写自己的小女儿时，此公一片矜惜之情溢于言表，多了几分"人情"味，少了几分"仙道"气。施肩吾的《幼女词》里写道：

　　幼女才六岁，未知巧与拙。
　　向夜在堂前，学人拜新月。

写作手法虽然直承左思的《娇女诗》，但形象更加突出，语言更加凝练，为读者留下更多的想象空间，也大大丰富了"拜月"小女形象的内涵。诗中的小女孩显然未涉人世，但已朦朦胧胧有了"学人"的愿望，正因为其"学人"的主观愿望与"未知巧与拙"的客观行为产生了戏剧性冲突，才使人们在其滑稽可爱的表演中，读出一段小女孩特有的天真烂漫，读出一段隐逸诗人浓郁的人间情怀。此诗古朴雅简、浅而有致，难怪前人许之以"本色如画，此诗中太羹元酒也"的高度评价。

与"不解藏踪迹"的偷莲小童和"未知巧与拙"的拜月小女相比,胡令能笔下"大解人事"的垂钓小儿更是意趣盎然。胡令能生卒年不详,人们只知道他也是一位中唐隐逸诗人,少时曾为"负局锼钉"之业。宋人计有功的《唐诗纪事》说他"梦人割其腹,以一卷书内之,遂能吟咏",可见也是有些天才的。《全唐诗》中仅存胡令能诗四首,其中以这首《小儿垂钓》最佳:

蓬头稚子学垂纶,侧坐莓苔草映身。
路人借问遥招手,怕得鱼惊不应人。

此诗简直是一出绝妙的情景小剧,丰富的体态语言使一个令人忍俊不禁的"小大人"形象跃然纸上、呼之欲出。相对于前两个小童,这个学钓鱼的小儿心理上无疑更加成熟了,以至于能煞有介事地把一套成人高雅游戏模仿得丝丝入扣。尤其诗的最后两句,"路人借问遥招手,怕得鱼惊不应人",可谓形神俱备。然而也正因为其学得与年龄不相称的"形似"和"神似",才更增强了此诗的戏剧性效果,使这个一本正经学习垂钓的小童形象获得长久的艺术生命力。值得注意的是,胡令能本是一名隐士,其诗中稚子亦多少有点隐士的雅趣。他在另一首诗中写官员朋友到草堂访问自己时,"儿童不惯见车马,争入芦花深处藏",诗中见官人而慌张躲藏的儿童,与此诗的垂钓小儿相映成趣,颇耐人寻味。二诗合读,亦可在一定程度上品出诗人渗透在字里行间的隐逸情怀。

除了上文提到的三个意趣盎然的小童外，唐人诗歌中还有不少天真活泼的儿童形象，如"见人初解语呕哑，不肯归眠恋小车"的韦庄小女，"去年学官人，竹马绕四廊"的杜牧小姪，以及刘驾笔下因给客人行礼而"山果怀中落"的牧童等。翻读这些诗篇，能使人们在一个纯净的儿童世界里获得极大的审美愉悦，能够在一片勃勃生气中触摸到那跨越千年的生命律动。

【推荐书目】

1. （唐）李白著，郁贤皓校注：《李太白集校注》，凤凰出版社。
2. （唐）杜甫著，萧涤非主编：《杜甫全集校注》，人民文学出版社。

第十七讲

读杨亿《南朝》

上海商学院　李　强

> 五鼓端门漏滴稀，夜签声断翠华飞。
> 繁星晓埭闻鸡度，细雨春场射雉归。
> 步试金莲波溅袜，歌翻玉树涕沾衣。
> 龙盘王气终三百，犹得澄澜对敞扉。
>
> ——（宋）杨亿《南朝》

杨亿（974—1020年），字大年，建州浦城人（今属福建省）人。[①] 在很长一段时间里，他和以他为代表的"西昆

[①] 关于杨亿的生平事迹参见李强《红袖添香夜读书：北宋文人往事》，人民文学出版社。

体"诗人，饱受文学史家的批评。"西昆体"文学似乎只有作为北宋诗文革新的对象时，才具有文学发展史意义。这种对西昆体文学的偏见和误解由来已久，随着宋代文学研究的发展，特别是自20世纪90年代以来，文史学者对西昆诗人群体的研究越来越深入，对"西昆体"文学的评价也越来越公正客观。笔者认为，杨亿和他的诗歌同道们所引领新千年的文学风尚，在宋代文学史上发挥过巨大的作用，不经过"西昆体"这一环节的琢磨陶冶，大宋王朝的文学难以取得可与汉唐媲美的文学成就。有人认为西昆体诗歌堆砌典故、雕琢辞藻，其实这一方面是对宋初文学发展历程缺乏认识，另一方面，在欣赏杨亿等西昆体代表作家的作品时，也缺乏相应的文化积淀。杨亿的诗秉承李商隐"包蕴密致""沈博绝丽"的风格，开拓了宋调诗歌之先声。

在"再评价"杨亿和"西昆体"诗歌的热潮中，西昆诗人们创作的《汉武》诗经常被当作例证，借此说明西昆诗人的托怨和讽喻。笔者认为《汉武》一诗的文化背景比较复杂，其本身并不是一个窥探西昆诗风的好例，而本文将要探讨的《南朝》诗，或许更值得我们关注。古人比较注重诗集的卷首，因其位置放在整部诗集的最上面，故有"压卷"之称。《西昆酬唱集》的压卷之作是《受诏修书述怀感事三十韵》，这首诗同时也被杨亿收入他的《武夷新集》中，这种情况在《西昆酬唱集》中是绝无仅有的。《武夷新集》和《西昆酬唱集》的编纂时间比较接近,其中所收部分诗歌在创作时间有重叠。但这两部诗集并不相混,各自收的诗歌除这首《受诏修书述怀感事三十韵》外,也并无相同之处。这首诗虽然名以"述怀感事",但显然有着明显的歌功颂德的色彩,整体风格与《新昆酬唱集》也不相类,并不是一般的酬唱诗。这种有些政治表态意味的诗歌因题材过于严肃而不太适合文人酬唱,此诗只获得刘筠的回应,大概也是出于后者的有意为之,而并非杨亿当时发出了唱和的请求。因此笔者认为《受诏修书述怀感事三十韵》放在《西昆酬唱集》卷首,应当有着特殊的政治意义,不宜等同于其他唱和诗。这样看来,紧排在这首诗后的《南朝》诗,事实上成为《西昆酬唱集》的压卷之作,也是西昆诗人第一个"酬唱"的题目。这似乎表明了西昆诗人群体对咏史诗的重视,奠定了西昆诗歌的主要价值取向。我们目前所看到的《全唐诗》里,大概只有李商隐写过两首《南朝》,分别是一首七律和七绝。杨亿把《南朝》作为第一个唱和题目,或许也是借此表明西昆诗人在艺术风格取向上与李商隐的渊源关系。

　　下面我们来逐句细读杨亿的《南朝》诗,希望通过这一个案,管窥"包蕴密致"的西昆功夫。首联"五鼓端门漏滴稀,夜签声断翠华飞",这两句用了两个典故,第一句说的是南朝齐武帝萧赜之事。萧赜虽然在历史上的声名不甚显赫,但在南朝诸帝中也算得上是有为之君了。齐立国之前,萧赜随其父萧道成东征西讨,颇立战功。即位之后,他还数次在建康城的玄武湖中为禁军讲武。萧赜在位期间多行善政,很重视学校教育,并且修建了孔庙。萧赜统治的永明时期,是整个南朝少有的安定繁荣时期,所谓的"永明文学"也在文学史上留下了浓墨重彩的一笔。《南齐书》卷二十载:"上(齐武帝萧赜)数游幸诸苑囿,载宫人从后车,宫内深隐,不闻端门鼓漏声,置钟于景阳楼上,宫人闻钟声,早起装饰,至今此钟唯应五鼓及三鼓也。车驾数幸琅邪城,宫人常从,早发至湖北埭,鸡始鸣。"本诗的第一句"五鼓端门漏滴稀"和第三句"繁星晓埭闻鸡度",用的就是这个与萧赜有关的典故。第二句"夜签声断翠华飞",说的是陈世祖陈蒨的事迹。这位陈蒨是陈朝开国皇帝陈霸先的侄子,他在位时期勤于政事,使饱受战乱的江南经济得到了一定的恢复。陈朝此期政治清明,百姓富裕,国势比较强盛。《陈书》卷三载:"世祖起自艰难,知百姓疾苦。国家资用,务从俭约。常所调敛,事不获已者,必咨嗟改色,若在诸身。主者奏决,妙识真伪,下不容奸,人知自励矣。一夜内刺闺取外事分判者,前后相续。每鸡人伺漏,传更签于殿中,乃敕送者必投签于阶石之上,令枪然有声,云:'吾虽眠,亦令惊觉也。'始终梗概,若此者多焉。"由此可看得出,这是一个非常勤勉的皇帝。这两位皇帝庙号相同,都为"世祖",但谥号却不同,一个是武帝,一个是文帝。首联的这两句诗很容易使人误解为对南朝帝王奢华生活的暴露，实际上杨亿并非此意，他选取南朝最有为的两个君主起笔，重在突出南朝统治者的兢兢业业，只不过他在"滴漏稀"和"声断"中表达出一种无奈与遗憾，字里行间有一种渐行渐远之意，暗示着一个帝国的变迁，昔日勤政已在不知不觉中为奢华浮靡所浸染。虽然使用了典故，但又体现了作者的语言创新性，把典故赋予时势变迁的流程中。

颔联"繁星晓埭闻鸡度，细雨春场射雉归"，上下句的用典有了变化。杨亿《南朝》诗的第一句和第三句，实际上与李商隐七律《南朝》的首联"玄武湖中玉漏催，鸡鸣埭口绣襦回"，有着明显的渊源。但杨亿并没有简单地模仿，而是开拓了这两句的意蕴。第一句的解读已如上述，第三联虽是典故重出，但因与第四句组成新的对应关系，一下子使句式和诗意产生新的变化。"细雨"句的内涵相对复杂，这里提到的"射雉"实际上隐含两典，这一点往往被人们忽视，从而降低了此句文化意蕴的体察。其一是指齐武帝时事，因齐武帝好射雉，有个叫邯郸超的人上书谏止，武帝似乎接纳了邯郸超的意见，停止射雉。但后来武帝竟然把这个邯郸超给杀了。大概过了一段时间，齐武帝怀念起这个射雉的游戏，打算重新试试身手，但这次又遭到儿子萧子良的劝谏，萧子良的文集里留下了《谏射雉启》《又谏射雉启》两篇文章可为明证。作为南朝有为之君的齐武帝，总体而言还算兢兢业业，身边有着强大的监督力量，

第十七讲 读杨亿《南朝》

促使他保持一个较好的执政形象。第四句隐含的第二个和射雉有关的典故,说的是齐东昏侯萧宝卷的"事迹"。萧宝卷是中国历史上著名的荒唐皇帝。他不仅有晚上抓老鼠的特殊嗜好,而且特别喜欢干屠夫商贩之类的事情,曾在宫苑之中设立市场,让太监杀猪宰羊,宫女沽酒卖肉。还让自己的宠姬潘氏充当市令,自己担任潘妃的副手。史书记载,此公"置射雉场二百九十六处,翳中帷帐及步障,皆袑以绿红锦,金银镂弩牙,瑇瑁帖箭"(《南齐书》卷七)。用珍贵的锦缎作幔帐,用金银制作弩机钩弦的部件,箭上也都镶嵌着用玳瑁等宝物做成的装饰品,可谓极度奢华。值得注意的是,杨亿在他编纂的《册府元龟》中,也同时记录了齐武帝和陈后主有关"射雉"的两个典故(见于《册府元龟》卷二百〇五),由此可见杨亿对南齐"射雉"本事的来龙去脉是十分了解的,他此句的深层意蕴,并非简单地谴责萧宝卷的奢靡,而是借此典表现世事之移。与首联两句之间的并列关系相比,颔联这两句的句间关系发生了变化,首先是上下句之间有一重对比关系,体现出时间流程;其次是下句内部,也有一重对比关系,隐含着世事的变迁。这样句式上既有变化,句子内部也意蕴绵绵,给人留下回味、琢磨的余地。同时,这两句写的都是南齐之事,隐隐与首联第一句相对应。

颈联"步试金莲波溅袜,歌翻玉树涕沾衣"是把握作者诗心的关键句子。这两句从字面上看是学习李商隐七律

《南朝》的颔联"谁言琼树朝朝见,不及金莲步步来",二者都使用了"金莲""玉(琼)树"这两个意象。但仔细分析,杨亿的《南朝》不仅不是李商隐《南朝》的简单重复,而且比李诗包蕴更加密致,体现出馆阁之臣特有的雍容之气和宋人诗歌的学者之风。"步试金莲波溅袜"说的还是萧宝卷的典故。南朝皇帝确实整体素质并不高,多有奢侈腐靡之辈,而萧宝卷大概是其中最著名的昏君。有一年后宫失火被焚,萧宝卷借机新造三座豪华宫殿,凿金为莲花,贴放于地,让自己的宠妃潘氏行走其上,这就是所谓的"步步生莲花"。由原典我们可知,所谓金莲者,并非在水池之中,这一意象被当作富贵极致的象征,原与水无关。杨亿在使用此典时用"波溅袜"这一生发出来的意象,来形成强烈的对比,强调一种命运的突然改变,富贵繁华的戛然而止。解诗者多认为"波溅袜"典出曹植的《洛神赋》,即使成立,笔者依然认为杨亿此处只是借词,与《洛神赋》无甚关联,算不得堆砌典故。因为这里的"波溅袜"是作者切合诗意的新意象创造。只做了四年皇帝的萧宝卷,被太监们杀掉时年仅十九岁,这里的"波"是剧烈的政治动荡,"溅袜"是对"金莲"所打造的奢靡表象的解构,而并非对美人舞于"金莲"之上的艺术想象。

笔者的这一解读还可从下句"歌翻玉树涕沾衣"中得到证明。这句说的是南朝另一著名昏君陈后主陈叔宝,唐代名臣魏征在《陈书》中对陈后主的评价是"后主生深宫之中,长妇人之手,既属邦国殄瘁,不知稼穑艰难。初惧贴危,屡有哀矜之诏,后稍安集,复扇淫侈之风。宾礼诸公,唯寄情于文酒,昵近群小,皆委之以衡轴。谋谟所及,遂无骨鲠之臣,权要所在,莫匪侵渔之吏。政刑日紊,尸素盈朝,耽荒为长夜之饮,嬖宠同艳妻之孽,危亡弗恤,上下相蒙,众叛亲离,临机不寤,自投于井,冀以苟生,视其以此求全,抑以民斯下矣。"(《陈书》卷六)可以说,自隋唐以来,陈后主是被世人当作昏君之代表的。不过陈后主皇帝当得一塌糊涂,但却颇有些文艺天分。他创作的《玉树后庭花》虽被后人称为"亡国之音",但如果抛去政治评判不言,这一定是一曲极具音乐感染力的作品,唐人杜牧的《泊秦淮》写道:"烟笼寒水月笼沙,夜泊秦淮近酒家。商女不知亡国恨,隔江犹唱《后庭花》。"虽然诗人抱有批判眼光,但亦可看出其曲的流行程度。这样一首甚至能消解掉亡国之痛的所谓"靡靡之音",为什么会有令人"涕沾衣"的音乐欣赏效果呢?从史料来看,"涕沾衣"的主角不是南朝的统治者,因为陈后主做了隋文帝的俘虏后,据说日子过得也很开心,不仅伸手向隋文帝要官,还醉生梦死,每天与那一班子弟们喝几十斤酒。那些秦楼楚馆的歌女大概也不会"涕沾衣",因为在文人眼里,她们不知道亡国的滋味。笔者认为,这里"涕沾衣"的主角只能是诗人自己。他所感慨而涕下应该不是所谓的故国之思,这样一个逐渐走向末路的朝代实在并不值得怀恋,他所感慨的当是好景不常在，历史无情地前行，进而表达出一种无所归依的虚无感。由实而空，由喧嚣到冷寂，巨大的情感反差是此联产生艺术感染力的基础。这大概是杨亿在此用典的精微之处，与李商隐的原句相比，一个士大夫抒情主人公的形象若隐若现。

尾联"龙盘王气终三百，犹得澄澜对敞扉"是这首诗最关键的升华部分，体现出作者的宇宙意识和历史意识。"龙盘王气终三百"句是对庾信《哀江南赋》"江表王气，终于三百年"的化用，这从刘筠的和诗中亦可得到证明，而且诗中言及庾信及其作品，也是这类"南朝"题材诗中所常见的。《隋书·薛道衡传》，记载了高颎与薛道衡"夜坐幕下"谈论当时的军事形势时，薛道衡引用了东晋术数大师郭璞的一句著名预言："江东偏王三百年，还与中国合。"杨亿编纂的《册府元龟》也记录了高、薛的这次谈话。而"龙盘"一说，或出于诸葛亮，他曾对现在的南京之地理位置做过一个评价，即所谓的"钟山龙盘，石头虎踞"（语见张勃《吴录》）。尾联第一句的意思是，就算有龙盘虎踞的地理优势，也难逃过天命之运行。天下难有万岁的天子，"天地盈虚、于时消息"，这不是齐武帝、陈文帝所能坚持的，也不是东昏侯、陈后主所能葬送的。在自然大道的运行前，一切个人的挣扎都是徒劳的。关于"犹得澄澜对敞扉"一句，王仲荦先生的解读最得作者诗心，他说："澄澜谓江水也。言金陵王气已消，而湛湛江水，仍光浮敞扉，终古不改也。"(《西昆酬唱集注》卷上)《西昆筹唱集》中的咏史诗，常常在尾联升华诗意，不仅杨亿的这首《南朝》诗如此，应和杨亿首唱的钱惟演、刘筠、李宗谔的《南朝》尾联也是如此。如钱惟演和诗前三联集中描绘南朝最奢华富丽的景象，然后尾联诗意突然一转，"自从饮马秦淮水，蜀柳无因对殿帏"，用今昔的对比，表现出浓郁的家国之思。当然这种思念故国的情感与钱惟演特殊的人生经历有关。他的父亲吴越王钱俶迫于压力向宋廷纳土，但并没有得到当权者的信任。入宋后的钱惟演小心谨慎，不断主动向当局示好，甚至不惜采取一些颇招物议的举动，但他似乎从未真正为中原王朝核心所认同，这是一种文化上的隔膜和政治上的猜疑，钱惟演的诗中或许就体现出在这种隔膜和猜疑下的忧郁。与杨亿和钱惟演的《南朝》诗不同的是，刘筠诗中表现出批判性，"青漆楼高未称情""衣带那知敌国轻"等句已有明显的政治批判意义，从而使和诗带有强烈的政治讽喻色彩。刘筠和诗的尾联"千古风流佳丽地，尽供哀思与兰成"，也是整首诗的警句，他化用了庾信《哀江南赋》。这么大好的一片江山，只不过"国家不幸诗家幸"，为多愁善感的文人提供诗才而已，把政治批判落实为一种文化意识。与刘筠相同，李宗谔的和诗也有同样的政治取向，其诗的后四句是"珠帘映寝方成梦，麝壁飘香未称心。惆怅雷塘都几日，吟魂醉魄已相寻。""未称心"云云，与刘筠笔下的"未称情"如出一口，具有极强的批评意味。而"吟魂醉魄"之句,比刘筠的诗句更加直接,可以说直接刺到当时在位者的痛处。

晚唐诗人李商隐是西昆体诗人学习效仿的对象,杨亿更是李商隐的超级"粉丝"。据杨亿自己说,他二十三四岁在文坛上刚刚崭露头角时,就已经为李商隐的诗歌艺术所倾倒。但大概因为学术积累不够,结果是"未得其深趣"。后来杨亿参与编纂《册府元龟》,有机会看到更多的前代历史掌故和文人作品,一方面搜集了大量的李商隐诗歌,另一方面也随着自己历史视野的开阔和现实政治生活的磨炼,对李商隐诗歌有了更深刻的体悟。李商隐集中有两首题为《南朝》的诗,这给学习李商隐诗风的杨亿带来极大的挑战。不过虽然杨亿在构建诗歌朦胧迷离之艺术美上永远无法超越李商隐,但是他却努力使自己的《南朝》诗体现出全新的诗歌风味。他这首七律整体结构安排非常细致,句式之间变化多端,虽用典故,但并非简单堆砌,而是充分注意到典故与诗意之间的关系。把杨亿的这首《南朝》诗拿来与李商隐的同题诗比较,毫不逊色,而其在引领新的诗美风尚、开拓诗歌发展新方向上的文学史作用,甚至要超过李商隐。杨亿的《南朝》诗突破了一般咏史诗的批判情怀,而把人们视野引向更广阔的思考空间。这一方面与杨亿对南朝文化的心理认同有关(这又使他不同于刘筠、李宗谔等中原文化区的诗人),另一方面也有历史文化积累的因素,唐朝诗人中在咏及南朝之事时,已多有这种超越具体政治价值取向的历史情怀,如刘长卿的"惆怅南朝事,长江独至今",刘禹锡的"山围故国周遭在,潮打空城寂寞回""南朝词臣北朝客,归来唯见秦淮碧",韦庄的"止竟霸图何物在,石麟无主卧秋风"等,特别有一首据说是陈朝女鬼赵幼芳作的(《全唐诗》作赵幼芳,《万首唐人绝句》作"张幼芳"),其诗曰:"素魄初圆恨翠娥,繁华浓艳竟如何。南朝唯有长江水,依旧门前作逝波",三四句与杨亿诗的尾联非常相似,只不过全诗略嫌气局狭小,缺少杨亿诗的那种厚重的历史关怀。西昆诗人的诗歌唱和活动,既是对传统文学精神的整理和重建,也在一定程度上实践着南北文化的交融,为构建与大宋统一新王朝相适应的文学世界,做出不容抹煞的贡献。

附录之一:李商隐《南朝》诗

> 玄武湖中玉漏催,鸡鸣埭口绣襦回。
> 谁言琼树朝朝见,不及金莲步步来。
> 敌国军营漂木柹,前朝神庙锁烟煤。
> 满宫学士皆颜色,江令当年只费才。
> ——(唐)李商隐《全唐诗》卷五三九

> 地险悠悠天险长,金陵王气应瑶光。
> 休夸此地分天下,只得徐妃半面妆。
> ——(唐)李商隐《全唐诗》卷五四〇

附录之二：《西昆酬唱集》之《南朝》和诗

结绮临春映夕霏，景阳钟动曙星稀。

潘妃宝钏光如昼，江令花笺落似飞。

舴艋凌波朱火度，鹢棱拂汉紫烟微。

自从饮马秦淮水，蜀柳无因对殿帏。

——（宋）钱惟演《西昆酬唱集》卷一

华林酒满劝长星，青漆楼高未称情。

麝壁灯回偏照画，雀航波涨欲浮城。

钟声但恐严妆晚，衣带那知敌国轻。

千古风流佳丽地，尽供哀思与兰成。

——（宋）刘筠《西昆酬唱集》卷一

仙华玉寿夜沉沉，三阁齐云复道深。

平昔金铺空废苑，于今琼树有遗音。

珠帘映寝方成梦，麝壁飘香未称心。

惆怅雷塘都几日，吟魂醉魄已相寻。

——（宋）李宗谔《西昆酬唱集》卷一

【推荐书目】

1. （宋）杨亿著，王仲荦注：《西昆酬唱集注》，中华书局。
2. （唐）李商隐著，（清）冯浩注：《玉溪生诗集笺注》，上海古籍出版社。

第十八讲

读辛弃疾《西江月·遣兴》

上海商学院 李 强

　　醉里且贪欢笑,要愁那得工夫。近来始觉古人书,信着全无是处。

　　昨夜松边醉倒,问松"我醉何如"。只疑松动要来扶,以手推松曰"去"。

——(宋)辛弃疾《西江月·遣兴》

作为一个豪情满怀的爱国志士,辛弃疾虽然有着传奇般的经历,但在屈辱的南宋历史里毕竟激不起什么壮观的波澜。而作为一个引吭高歌的风华词客,他却与柳、苏、秦、李一起,成为宋词璀璨的夜空里最耀眼的星座。宋词只有到了辛弃疾的时代,才真正实现了豪放、婉约的双峰并峙。辛词现存六百余首,慷慨激昂、苍凉悲壮是稼轩豪放词风的主脉,同时也有不少意兴玲珑的闲适之作和词调婉转的柔媚之作,显示出多样化的艺术风格。这首《西江月·遣兴》称得上是整部《稼轩集》中最为出奇的一首,不论用语还是立意,都表现出一种独特的审美意蕴。

"醉里且贪欢笑,要愁那得工夫。"上片的头两句是抒情主人公的自我表白,开篇便醉眼蒙眬,弥漫着一股浓郁的酒气。稼轩词里多次写到了与饮酒有关的内容,如"醉里挑灯看剑,梦回吹角连营""我饮不需劝,正怕酒樽空""一舠为饮千岁,江海吸流霞"等,或抒爱国恢复之豪情,或发逝者如斯之感叹,大都在假醉的狂放中透着文人的理智与修养,不作惊人之语。敢于在词作里直言"醉里且贪欢笑",确实惊世骇俗,即使对一个退居林下、留恋诗酒的"前官员"而言,也有不纾国难、言行颓废之嫌。"且"字是这两句的词眼,从字意来讲,"且"在这里既可解作"暂且",也可解作"姑且",无论哪种解法,均表露了作者此刻的心理活动。所谓的"欢笑",并不是真正的快意风流,而只能是酒醉麻木中的暂时逃避,一旦酒醒后,那黑压压的现实又将刺痛辛弃疾那颗忧时伤世的心。这使笔者想起李白《将进酒》中的"钟鼓馔玉不足贵,但愿长醉不愿醒",二者字意相近,但精神内涵却并不相同。李白的"长醉不愿醒"是对现实的狂放消解,借以突出自己的傲岸;稼轩的"且贪欢笑"则是对现实的痛心批判,借以表达自己的不满。他的《鹧鸪天·游鹅湖病起作》里最后两句："醉中只恨欢娱少,无奈明朝酒醒何。"应该是"醉里且贪欢笑"的最好注释。"要愁那得工夫",实际上也是正话反说,词人的一生,真可谓愁苦的一生,如"清愁不断,问何人解连环""闲愁最苦,休去倚危栏""人生有得许多愁,只有黄花如旧"等。而他的《丑奴儿·书博山道中壁》更是千古写愁名篇:"少年不识愁滋味,爱上层楼。爱上层楼,为赋新词强说愁。而今识尽愁滋味,欲说还休。欲说还休,却道天凉好个秋!"这里的"要愁那得工夫",正是"欲说还休"的婉转表达。

"近来始觉古人书,信着全无是处。"这两句本有一个出典,《孟子·尽心下》云:"尽信书则不如无书,吾于《武成》,取二三策而已矣。仁人无敌于天下,以至仁伐至不仁,而何其血之流杵也。"人们在解这两句词时,往往喜欢向孟子的原话靠拢,认为是"完全相信古人的书,则没有什么用处"。听起来似乎很合理,但与整首词的氛围却大异其趣。既然是一首醉客之词,太符合逻辑反而伤害了词气。笔者认为此处最好解作:"相信古人的书,一点用处也没有!"语调更铿锵,批判意味也更浓烈。词人对自己的人生价值观,借醉酒的掩饰,做了一次深刻地追问,同时,也对现实做了一次辛辣的反讽。这可以从两个方面去理解。一方面,金宋对峙,军事的失败已令许多士大夫感到耻辱,但更令他们痛苦的是在大是大非前士人们所暴露出的可耻弱点。不少人把贪图安逸的欲望摆在了传统道德观念之上，这也是南宋主要的社会思想问题。扶正祛邪，呼唤道德重建，是不少有志之士作品的重要价值取向。辛弃疾这里采用反讽的手法，揭示出南宋社会信仰危机，底子里是一种深沉的忧患。另一方面，辛弃疾自二十二岁起兵抗金以来，夙夜为国事奔波，按"事君能致其身"的古训，尽一个大宋子民的职责，向皇帝上《美芹十论》，又向当政者献《九议》，自己也曾在词中说过"万钟于我何有，不负古人书"，可为什么被一贬再贬，投闲置散近二十年？看来不是社会出了问题，就是"古人书"出了问题。而后者是虚，前者是实。辛弃疾在《卜算子·饮酒不写书》里也写道："万札千书只恁休，且进杯中物"，意思与此相类，只是语气缓和得多了。

词的上片只是"醉言"，是一个孤愤者的宣泄。下片意脉一转，由虚入实，由语言到动作。作者似一位高明的导演，为我们导出了一幕绝妙的情景剧。"昨夜松边醉倒，问松'我醉何如'。只疑松动要来扶，以手推松曰'去'"。这四句不仅将醉汉的痴态刻画得惟妙惟肖、毫发毕现，也将抒情主人公的孤独与傲岸表现得淋漓尽致。"昨夜松边醉倒，问松'我醉何如'"，点明时间、地点、事件，当然也包含"人物"："我"和"松"。虽然标明"昨夜"，似乎是一个过去时，但整首词衔接紧凑，现场感很强，读者的思路一下子就被拉到事件发生的当时，丝毫没有时间上的隔

第十八讲 读辛弃疾《西江月·遣兴》

膜。在这个"昨夜"里,词人醉得可谓深沉,不仅跌倒了,而且还和松树聊起了天。辛弃疾有不少词写到了醉酒,往往是借以表现诗酒风流的文人雅趣,真正写到醉态的并不多见。如"醉里不知谁是我,非月非云非鹤""醉里谤花花莫恨""去年堪笑,醉题诗醒后方知"等,虽然也是酒意弥漫,但毕竟还保持一点文人的斯文,不像这首词到了失态的地步。实际上也唯有如此,作者才敢在词中任意而为,发人所未发,以一种放浪形骸的方式,表达自己的愤怒和不满。"只疑松动要来扶,以手推松曰'去'",这里也有一个出典。《汉书·龚胜传》:"博士夏侯常见胜应禄不和,起至胜前,谓曰:'宜如奏所言。'胜以手推常曰:'去!'"夏侯常和龚胜之争,发生在汉哀帝刘欣建平年间,这场争执中,颇有清名的龚胜并不站在真理的一边,但《汉书》里却称赞他为"守死善道"的"清节之士"。辛弃疾也曾对龚胜颇为景仰,在《念奴娇·赋傅岩叟香月堂两梅》里用梅花与之相对:"看取香月堂前,岁寒相对,楚两龚之洁。"("两龚",即龚胜及其友龚舍,二人俱以名节著于汉世。)此处之典,亦与上片的"近来始觉古人书,信着全无是处"隐隐相对。夏侯常和龚胜孰是孰非,历史自有公断,但二者之间此刻的对立却是肯定的。解这两句时,有的人习惯根据原典,把"松"放到抒情主人公的对立面。实际上高明的词人用典,往往不会拘于原意。考查辛弃疾与"松"的关系,我们还是要把目光投到当时的社会风尚和词人自己的大量词作中。在素有以山水比德的文化传统中，松树往往是品德高尚的象征，且常与竹一起比喻高尚之士坚贞不屈的情操。如《隋书·柳庄传》："而今而后，方见松筠之节。"杜甫也在《崔氏东山草堂》诗里说："何为西庄王给事，柴门空闭锁松筠？"唐宋文人的作品中，"松"总是作为一个正面意象出现。辛弃疾的词中也不例外。整部《稼轩集》约有三十处出现了"松"这一意象，如"一松一竹真朋友，山鸟山花好兄弟""松姿虽瘦，偏耐雪寒霜晓""门外苍官千百辈，尽堂堂八尺须髯古"等，不仅喜欢松之高洁，把它们当成朋友，而且住处也多有此辈。这样看来，将本词中的"松动要来扶"解作辛弃疾对立面的拉拢、同化，难和词意。实际上，正是拒绝了最亲近朋友的安慰和扶持，此刻的辛弃疾才显得更加孤独与倔强，才使这份孤独凸显出更深刻的社会背景。欣赏的情感指向相同，但不同的理解思路会得到不同的审美体验，这也是诗词赏读的微妙之处。

这首词在《稼轩集》里是比较特殊的，其大胆的表现手法在整个宋人词中也实为罕见。宋代词人喜"掉书袋"，辛弃疾的不少词作亦不免此累，但这首词将经史典故化作生动活泼的"醉客之言"，妙于用典，又不着丝毫痕迹，确为宋词中之秀然杰出者。其深刻内涵和在文人词中创造出的陌生化效果，值得我们反复况味。也正因为此，这首词常被误冠以"颓废"的标签，消隐在历代传统品词家的视

第十八讲 读辛弃疾《西江月·遣兴》

野中。实际上能有多少人体会到了辛弃疾那颗敏感的词心呢？知其不可而为之，是一种悲壮；不知其可与不可而为之，才是一种深刻的孤独。辛弃疾自绍兴三十二年（1162年）奉表入南宋，开始了在偏安朝廷的宦海沉浮，其间曾三次被劾去职，仅两次退隐山林就达十八年之久。但泉林之趣并没有掩盖了他的报国之心，朝廷一有起用的任命，他总是毫不犹豫地欣然前往。可是一次又一次的幻想，一次又一次的破灭，留给词人的只是那无边无际的孤独。这种宏大的孤独感，也是传统文人的宿命，我们可以从辛弃疾的浅吟低唱中听到陈子昂"念天地之悠悠，独怆然而涕下"的千古一叹，也可以从他步伐踉跄的醉态里，发现柳宗元"孤舟蓑笠翁，独钓寒江雪"的孤独背影。在这首《西江月·遣兴》中，词人是醉倒了，但他的人格、他的精神却在悠悠历史长河里傲然挺立，滋养了后世多少不屈的灵魂。

【推荐书目】

1. （宋）辛弃疾著，邓广铭注：《稼轩词编年笺注》，上海古籍出版社。
2. （宋）辛弃疾著，崔铭导读：《辛弃疾词集》，上海古籍出版社。

第十九讲

读王禹偁《黄州新建小竹楼记》

上海商学院 李 强

　　黄冈之地多竹,大者如椽。竹工破之,刳去其节,用代陶瓦,比屋皆然,以其价廉而工省也。子城西北隅,雉堞圮毁,蓁莽荒秽,因作小楼二间,与月波楼通。远吞山光,平挹江濑,幽阒寥夐,不可具状。夏宜急雨,有瀑布声;冬宜密雪,有碎玉声。宜鼓琴,琴调虚畅;宜咏诗,诗韵清绝;宜围棋,子声丁丁然;宜投壶,矢声铮铮然:皆竹楼之助也。公退之暇,披鹤氅衣,戴华阳巾,手执《周易》一卷,焚香默坐,销遣世虑。江山之外,第见风帆沙鸟、烟云竹树而已。待其酒力醒,茶烟歇,送夕阳,迎素月,亦谪居之胜

第十九讲 读王禹偁《黄州新建小竹楼记》

概也。彼齐云、落星,高则高矣!井幹、丽谯,华则华矣!止于贮妓女,藏歌舞,非骚人之事,吾所不取。吾闻竹工云:"竹之为瓦,仅十稔;若重覆之,得二十稔。"噫!吾以至道乙未岁,自翰林出滁上;丙申,移广陵;丁酉,又入西掖。戊戌岁除日,有齐安之命。己亥闰三月,到郡。四年之间,奔走不暇;未知明年又在何处!岂惧竹楼之易朽乎?幸后之人与我同志,嗣而葺之,庶斯楼之不朽也。

咸平二年八月十五日记。

——(宋)王禹偁《黄州新建小竹楼记》

《黄州新建小竹楼记》是北宋文人王禹偁晚年的作品,创作于公元999年中秋佳节。文章写完不到两年,他就满怀悲愤地死在贬谪之地。[①] 王禹偁一生中有三次被贬的经历,均与他正直的性格和当时政治背景有关,但是他从没有向那些迫害他的人低过头。特别最后这次黄州之贬,子虚乌有的罪名更激起了他愤怒的反抗,他不仅在《出守黄州上史馆相公》一诗中直接向当局质问:"未甘便葬江鱼腹,敢向台阶请罪名。"而且还写了一篇著名的《三黜赋》,发出了"屈于身兮不屈其道,任百谪而何亏"的呐喊。《黄州新建小竹楼记》就是写在这样一个背景下,它

[①] 关于王禹偁的生平事迹,参见李强《红袖添香夜读书:北宋文人往事》,人民文学出版社2016年版。

既体现了王禹偁此期的精神世界,也展示了他渐臻化境的散文艺术。

从文脉上看,整篇文章可以分成四个层次。开头三句话为第一层,简要介绍了建小竹楼的缘起,及其地理方位:"黄冈之地多竹,大者如椽。竹工破之,刳去其节,用代陶瓦,比屋皆然,以其价廉而工省也。子城西北隅,雉堞圮毁,蓁莽荒秽,因作小楼二间,与月波楼通。"先写取材的方便,体现出黄州的地域特色;再写周边的环境,点出修建小竹楼的空间条件。明人吴纳《文章辨体序说》云:"大抵记者,盖所以备不忘。如记营建,当记月日之久近,工费之多少,主佐之姓名,叙事之后,略作议论以结之,此为正体。"《黄州新建小竹楼记》是一篇比较规范的记体文,采用古记体文的传统表现形式,短短三句话,把小竹楼的来龙去脉交代得清清楚楚,言简意赅、波澜不惊,为下文的生发蓄势。

文章的第二层次转入景物描写:"远吞山光,平挹江濑,幽阒(qù)寥敻(xiòng),不可具状。夏宜急雨,有瀑布声;冬宜密雪,有碎玉声。宜鼓琴,琴调虚畅;宜咏诗,诗韵清绝;宜围棋,子声丁丁然;宜投壶,矢声铮铮然。皆竹楼之助也。"清代古文批评家余诚说此段"景中有人"。文章从大的视野范围落笔,"远吞山光,平挹江濑,幽阒寥敻",用空间的阔大去反衬竹楼之小,二者之间形成视觉上的张力,行文上陡生波澜,一变开头平淡之

第十九讲 读王禹偁《黄州新建小竹楼记》

格。接下来"夏宜急雨,有瀑布声;冬宜密雪,有碎玉声",从听觉和视觉的交织起笔,用夏、冬两个季节的自然现象作对应。如果不细心阅读,这几句很容易匆匆掠过,实际上其中隐藏着作者高超的运笔转换技巧,而这是读者产生审美愉悦的重要原因。从结构上说,由空间的阔大转入时间的延展,使小竹楼原来的三维空间进入四维空间中,打开了读者的阅读视野,此其一;就写作技术上而言,从这两句开始,由前面三句的眼前实景描写,转入想象中的虚景描写,实现了景物虚实之间的转换,此其二;"急""密"都是主体的视觉经验判断,"瀑布声""碎玉声"又都是主体的听觉感受,这两句实现了由视觉到听觉、由客观到主观的转换,抒情主体形象由此呼之欲出,此其三。看似简简单单的几个小句子,却隐藏着作者独运之匠心,充分调动了读者的阅读感觉,通过或明或暗的笔法变化,增强读者的阅读美感。再接下去四句写了鼓琴、咏诗、围棋、投壶四件文人雅事,表面上看是描述小竹楼特殊的竹木构造,使这些文人喜欢的文娱活动产生更好的音响效果,从而能增加参与者的兴致,实际上作者通过渲染想象中的娱乐场景,拉近了抒情主体与小竹楼的关系,使这个看似普通的小竹楼附着浓郁的情感,仿佛它不是一个无生命的建筑,而是能帮助主人消除忧愁、形影相吊的朋友。作者文笔在由景及人的过程中极尽腾挪转换之妙,已经做到景中有人、景中有情,情、景、人三者和谐地交融在一起。

　　文章第三个层次是全文的高潮，抒情主人公由前面的铺垫，终于和小楼一起直面读者了。这也是作者集中描写"谪居胜概"的部分，清人过珙读罢此文，有一种"飘飘欲仙"的神奇感觉，我们来看看这种阅读体验是怎样形成的。此层共有四句话，每句话文势都有一变。第一句为"公退之暇，披鹤氅衣，戴华阳巾，手执《周易》一卷，焚香默坐，销遣世虑"，寥寥数笔，刻画了一个潇洒出尘的文士形象，"公退之暇"点明他的社会身份，抒情主人公并不是隐士，而是一个忍受了俗事烦扰后暂获闲暇的迁谪官员（王禹偁并不喜欢地方上的"俗吏"工作，他的志向还是做一个为皇帝书写制诰的"词臣"，其诗文中多有表白），"披鹤氅衣，戴华阳巾"，点明他的装束。王禹偁的这身打扮给人以超凡脱俗之感，但他并非刻意为之。多年的贬谪生涯损害了他的健康，在被贬到黄州前他就因生病而日见消瘦，所以喜欢穿宽大轻便的道服，并专门写诗感叹自己"老为儒术误，瘦爱道装轻"（《病中书事，上集贤钱侍郎》）。接下去我们看到这个主人公"手执《周易》一卷"，《周易》是王禹偁最喜爱的书，他自己的诗歌中多次提到这部书，就连自己文集的名字，他也是"以《周易》筮之"，得到了小畜卦，然后据此把自己的文集定名为《小畜集》。"焚香默坐，销遣世虑"，一切重归于静寂，万籁无声、物我合一，使人心灵随着一缕冉冉升起的香烟，获得一次抚慰与洗礼。这里的"静寂"又遥遥与上一层次的各种"音响"相对,动静结合,把人们的阅读渐渐引向更高的审美体验。接下来作者荡开一笔"江山之外,但见风帆沙鸟、烟云竹树而已",通过抒情主人公的视线,再次把阔大的景色收入眼底,这大概也是清人余诚所说的"人中有景"。但是此处淡远缥缈的景象与开头的阔大空间并不相同,它是通过已经出场的抒情主人看过去,"以我观物,故物皆著我之色彩",所看到的景物附着一层难以把握和琢磨的忧郁感,为这篇古体散文平添了一番诗性之美。这使笔者脑海中浮现出《春江花月夜》中"空里流霜不觉飞,汀上白沙看不见"的意境,那缕无以名状而无法摆脱的哀愁,那股无处不在而又无从收拾的忧郁。"待其酒力醒,茶烟歇,送夕阳,迎素月,亦谪居之胜概也。"这几句描写暗含着时间的流逝,无形之中,把前面那个"焚香默坐"的主人公置于一个时间流程中,使萧散脱俗的"迁谪之胜",有了时间的厚度,有了"逝者如斯夫"的感慨。"亦谪居之胜概也"是这一层次的关键句,它既是对上文所言种种的总结,也为引出下文的对比铺垫,这样文章才显得水到渠成,没有斧凿之痕。此层最后"齐云落星"以下数句,一仍唐人笔法,用相类的事物作对比,来反衬或强化自己所描写的对象,同时也拓展了读者的文化视野,把描写对象放到一个更加悠远的历史文化背景中。

如果是一篇传统的记体文,上面三层已经满足文体的需要了，作者通过视觉、听觉、想象等多感调动，为读者建构出一个美好的心灵栖息地。但王禹偁却由此再宕开一笔，借"吾闻竹工云"生成这篇文章的第四层内容，由竹工之言引出竹楼易朽的话题，把读者在上面两层刚刚通过阅读构建起来的一个潇散、脱俗的诗意栖居之地，拉到残酷的现实面前，使本已摇曳多姿的文脉至此又陡生波澜。《周易》有"风行水上"之"涣"卦，北宋苏洵、苏轼都对这一卦所包含的文学思想作了阐述，笔者认为《黄州新建小竹楼记》恰也体现了这种高超的写作技巧。第四层这突转的一笔，虽然只是几句普通的建材介绍，但它正如那行于水上之风，使文章由虚入实，由化外空境入世间苦境。作者紧随着这股神来之"风"，用短短41个字，道尽自己四年来两为翰林、三治外郡的人生巨大变故，言简意丰，在平淡的叙述中压抑着巨大的愤慨，颇得"春秋笔法"之义。最后作者发出喟然长叹："四年之间，奔走不暇；未知明年又在何处？岂惧竹楼之易朽乎！"这句话表面上有一些牢骚之意，而且考之王禹偁创作于此期的诗文，内心确实激荡着一股不平之气，用这样的句子向自己不公平的命运发出呐喊，或许正是此公的初衷，我们甚至可从这一语义群一头一尾的"噫"和"乎"，读出他此刻心中的愤懑。不过文章一旦进入传播环节，读者就会对它进行多种向度的解读，从而使其艺术价值更加隽永。抛开王禹偁一人之宦海浮沉不谈，这段话实际上引出了人生的一个终极话

第十九讲 读王禹偁《黄州新建小竹楼记》

题——美好的一切是否能够永恒？由此把读者由眼前之景之思，带入一个博大的人生思索上去。这种对宇宙、生命的思索是一个永恒的话题，从追问"青天有月来几时"的李白，到长吟"不知江月待何人"的张若虚；从空悲"年年岁岁花相似"的刘希夷，到感叹"无可奈何花落去"的晏殊，都曾面对时光的流逝进行过这样的沉思。特别是王禹偁的忠实"粉丝"苏轼（他曾为自己没有机会为王禹偁"执鞭"而深感遗憾），更是把这种对人生美好却难以把握的情感，用他的生花妙笔发挥到了极致，他那"此生此夜不长好，明月明年何处看"的诗句，表达了对人生流逝、好景难常在的感叹；宋人蔡正孙还从苏轼诗集中读到"为问登临好风景，明年还忆使君无""雪里盛开知有意，明年开后更谁看"等表达类似情感的诗句，独具慧眼地指出苏轼这些诗句与王禹偁"未知明年又在何处"，在阅读审美体验上的共同性："噫！好景不长，盛事难再，读此语则令人有岁月飘忽之感云。"（《诗林广记后集》卷三）最后三句话"幸后之人与我同志，嗣而葺之，庶斯楼之不朽也"，余诚说文章"末以斯楼不朽结，到底还他个记体"。经过一番议论与阐发，此文又回归到记体文的"体制"上，表现出作者收发自如、出神入化的文字表现功力。

《黄州新建小竹楼记》是一篇比较典型的记体文。晚唐五代至宋初，重骈风气占领文坛主流，作者能如此成功地运用古体进行散文创作，要得益于宋初诸贤包括王禹偁自己对古文的大力推扬。这篇文章语言风格上古朴简雅,体现了宋初古文创作的最高水平。

【推荐书目】

1. 王水照选注:《宋代散文选注》,上海古籍出版社。
2. 丁放、武道房等注:《宋文选》,人民文学出版社。

第二十讲

读苏舜钦《沧浪亭记》

上海商学院 李 强

予以罪废无所归。扁舟南游,旅于吴中,始僦舍以处,时盛夏蒸燠,土居皆褊狭,不能出气,思得高爽虚辟之地,以舒所怀,不可得也。一日过郡学,东顾草树郁然,崇阜广水,不类乎城中,并水得微径于杂花修竹之间。东趋数百步,有弃地,纵广合五六十寻,三向皆水也。杠之南,其地益阔,旁无民居,左右皆林木相亏蔽。访诸旧老,云钱氏有国,近戚孙承祐之池馆也。坳隆胜势,遗意尚存。予爱而徘徊,遂以钱四万得之,构亭北碕,号"沧浪"焉。前竹后水,水之阳又竹,无穷极。澄川翠干,光影会合于轩户之间，尤与风月为相宜。予时榜小舟，幅巾以往，至则洒然忘其归。箕而浩歌，踞而仰啸，野老不至，鱼鸟共乐。形骸既适则神不烦，观听无邪则道以明，返思向之汩汩荣辱之场，日与锱铢利害相磨戛，隔此真趣，不亦鄙哉！噫！人固动物耳！情横于内而性伏，必外遇于物而后遣。寓久则溺，以为当然，非胜是而易之，则悲而不开。惟仕宦溺人为至深，古之才哲君子，有一失而至于死者多矣，是未知所以自胜之道。予既废而获斯境，安于冲旷，不与众驱，因之复能见乎内外失得之原，沃然有得，笑傲万古。尚未能忘其所寓目，用是以为胜焉。

——（宋）苏舜钦《沧浪亭记》

北宋苏舜钦是一位极富人格魅力的文人。他和梅尧臣一起，开创了宋代诗歌的新格局。他的古文创作也获得人们的高度评价，宋代古文运动的领袖欧阳修曾说过"子美之齿少于余，而予学古文反在其后"[①]。苏舜钦的这篇《沧浪亭记》，作于庆历五年（1045年）秋筑成沧浪亭后。作此文时，他刚刚经受了"进奏院狱"的打击，以"监主自盗"的罪名被逐出士林，他"脱身离网罟，含笑入烟萝"，举家离京，来到苏州。解读《沧浪亭记》，要把苏舜钦的为

[①] 关于苏舜钦的故事，参见李强《红袖添香夜读书：北宋文人往事》，人民文学出版社。

第二十讲 读苏舜钦《沧浪亭记》

人和政治遭遇结合起来。

《沧浪亭记》是一篇典型的宋人记体文,我们可从其好议论的文风上看出宋人古文创作的审美取向。概括而言,全文可分三个部分。第一部分是写"筑亭之由",自开头至"构亭北碕,号沧浪焉"。这一部分从两个层面来说明问题,先写心理需求,后写物质可能。苏舜钦离开京城后,虽然写了不少故作放达的诗歌,但内心是满含悲愤的,在给好友范仲淹的信里他还负气地说:"自念非远引深潜,则不能快仇者之意。"因此,所谓的"含笑入烟萝"只能是一种被迫与无奈的苦笑,诗人的心灵并没有得到真正的解脱,了解这一点能更好地解读《沧浪亭记》和作者被贬后的其他作品。本部分的第一层次,作者诉说"土居褊狭"的不便,思求佳居"以舒所怀",重点在这"以舒所怀"上。从这里亦可读出,作者的迁居并非仅仅是因为生活的不便,更多的是情思郁积,不发不快;另外,也可看出作者的心境并非是放浪江湖的豁达畅快。苏舜钦曾在《迁居》里写道:"中吴未半岁,三次迁里间。"半年之内三次搬家,可见确是心有所待,他是在等待一次环境对心灵的契合与抚慰。第二层次,偶然的"东顾",一块风景优美的"弃地"闯入诗人寻找美的眼睛。"草树郁然,崇阜广水",固然引起诗人的关注,但其"弃地"的遭遇,恐怕也在他的心中激起层层波澜。此层的景物描写语言简洁,文笔峭劲,与当时社会的主流文风可谓大异其趣,无怪乎欧阳修说苏舜钦写

· 299 ·

古文,"于举世不为之时,其始终自守,不牵世俗趋舍,可谓特立之士也"。

文章的第二部分写"游园之乐",自"前竹后水"到"隔此真趣,不亦鄙哉",这也是本文最具风采的一部分。作者满怀激情地描写园中景色,用语精粹简练。细心的读者也许能发现此文与欧、苏散文的不同,其艺术魅力的产生并非靠文内虚词营造出一唱三叹的韵律美,而是用冷峻的语言,表达出作者此刻的心态。这部分描写逻辑层次分明,先写景色,然后由景及人,写人之乐,并对比往昔,发出感慨。在这里,一个适意山水的退隐文人形象跃然纸上。但是必须看到的是,作者的内心世界并非平静如水,从他的一首《沧浪亭》诗中我们或许能得到更多的信息:"一迳抱幽山,居然城市间。高轩面曲水,修竹慰愁颜。迹与豺狼远,心随鱼鸟闲。吾甘老此境,无暇事机关。"全诗的结构用意和《沧浪亭记》非常一致。但从"慰愁颜""远豺狼"等句亦可看出作者的心灵深处还是存在不平与委屈的,同时他也并非真正地远离社会、诗酒放达。可以说苏舜钦此时的心情是矛盾而悲痛的,虽然找到了可以寄情的山水,但他越是时时提起往日生活的"鄙哉",越是体现了他此刻心中的不平和矛盾。宋代是一个典型的佑文抑武的文人社会,只有为官出仕才能体现其人生价值。宋代文人,尤其是北宋文人不出仕,无论在生活上还是心灵上,都很难找到出路,这也是宋代迁谪文章不同于前代的重要原因。

第二十讲　读苏舜钦《沧浪亭记》

不过虽然如此，诗人还是能在"箕而浩歌，踞而仰啸"中，获得暂时的慰藉，并且通过这样"形骸既适"的姿态，来回应那些参与严厉打击自己的政敌们，故意表现自己的不屑与旷达。

由"噫！人固动物耳"到结尾是文章的第三部分。这一部分是纯粹的议论，一仍宋人记体文之习。不过因为有切身体会、切肤之痛，作者的这一番议论意味深长，并非泛泛而谈。"情横于内而性伏，必外遇于物而后遣"，亦是人之常情，《礼记·乐记》有云："人生而静，天之性也；感于物而动，性之欲也。"只是"仕宦溺人为至深"，文人一陷于其中，往往很难获得解脱。作者自称"既废而获斯境"，思想认识又达到一个全新的境界。但是文章最后一句"尚未能忘其所寓目，用是以为胜焉"颇值得况味。这句话的意思是："我之所以还不能忘怀寄情外物，正是为了用它们来克服我的功利之心啊！"在这里，作者并没有讳言自己游乐庭园的真正目的，那就是用山水之乐陶冶自己的情操，摆脱名利的羁绊，从而真正达到心灵上的自由。字面上的意思是这样，但生活中的诗人能做得到吗？虽然苏舜钦被贬后文学创作有了很大的变化，也创作了不少闲适之诗，但其积极的入世精神决定了他是不会选择"终老林泉"这条道路的，这也是解读苏舜钦后期诗歌的关键所在。苏舜钦是一位热心国事，抱有强烈的济世理想的人才，却无端地受到"除名勒停"的打击，心中如何能平静下来呢？苏舜钦被"除名"后多次向亲朋好友写信揭露政敌的卑鄙手段，表白自己所遭受的不白之冤，也说明他并不是真的出处自如。虽然做出寄意山水的姿态，但他心有所待，并非一味沉沦下去。对自己以往人生追求和价值取向的否定，更多的是出于一种无奈的自嘲心理，而不是对当下生存状态的肯定，更不是找到心灵真正的归依之所。当朝中政局变化，苏舜钦看到自己有复出的可能，他马上给当政者上书申辩，表白自己"潜心书策，积有岁月"，希望得到起用。他的申请得到了回应，官复为湖州长史。久被压抑的心情终可一得舒展，苏舜钦满怀感激之情给当政者上书致谢，准备重新有所作为。但不幸的是，饱受生活和情感折磨的苏舜钦未及上任，竟一病不起，不久撒手而去，年仅41岁。

苏舜钦是个颇有君子气节的人物，在宋人中可谓秀然杰出者。宋人龚明之的《中吴纪闻》记载，苏舜钦以《汉书》佐酒，每晚居然能尽一斗，可见其豪放的性格。在京城为官时，多次言众人之不敢言，对朝政提出严厉批评，甚至上书直谏当时的仁宗皇帝，对他的私生活说三道四。自己的岳父杜衍虽贵为宰相，看不惯的地方苏舜钦也毫不客气地提意见。苏舜钦的文学成就是有目共睹的，他的友人欧阳修说："方其摈者摧挫留离穷厄之时，文章已自行天下，虽其怨家仇人，及尝能出力而挤之死者，至其文章，则不能少毁而揜蔽之也。"由此也可见他的文学影响力。但是苏舜钦毕竟以士人所不齿的罪名，被置之弃地，这种尴尬的境况，使他此期作品与范仲淹、欧阳修等人的贬谪文学相比，呈现出不同的审美特点，这篇《沧浪亭记》恰好给我们提供了一个考察苏舜钦后期文学创作特点的样本。

【推荐书目】

1. （宋）苏舜钦著，沈文倬校点：《苏舜钦集》，上海古籍出版社。
2. 李强：《红袖添香夜读书：北宋文人往事》，人民文学出版社。

第二十一讲

读欧阳修《醉翁亭记》

上海商学院 李 强

环滁皆山也。其西南诸峰,林壑尤美,望之蔚然而深秀者,琅琊也。山行六七里,渐闻水声潺潺而泻出于两峰之间者,酿泉也。峰回路转,有亭翼然临于泉上者,醉翁亭也。作亭者谁?山之僧智仙也。名之者谁?太守自谓也。太守与客来饮于此,饮少辄醉,而年又最高,故自号曰醉翁也。醉翁之意不在酒,在乎山水之间也。山水之乐,得之心而寓之酒也。若夫日出而林霏开,云归而岩穴暝,晦明变化者,山间之朝暮也。野芳发而幽香,佳木秀而繁阴,风霜高洁,水清而石出者,山间之四时也。朝而往,暮而归,四

第二十一讲　读欧阳修《醉翁亭记》

时之景不同，而乐亦无穷也。至于负者歌于途，行者休于树，前者呼，后者应，伛偻提携，往来而不绝者，滁人游也。临溪而渔，溪深而鱼肥。酿泉为酒，泉香而酒洌；山肴野蔌，杂然而前陈者，太守宴也。宴酣之乐，非丝非竹，射者中，弈者胜，觥筹交错，起坐而喧哗者，众宾欢也。苍颜白发，颓然乎其间者，太守醉也。已而夕阳在山，人影散乱，太守归而宾客从也。树林阴翳，鸣声上下，游人去而禽鸟乐也。然而禽鸟知山林之乐，而不知人之乐；人知从太守游而乐，而不知太守之乐其乐也。醉能同其乐，醒能述以文者，太守也。太守谓谁？庐陵欧阳修也。

——（宋）欧阳修《醉翁亭记》

欧阳修创作于北宋庆历六年（1046年）的《醉翁亭记》，虽然还称不上是中国散文史上的巅峰之作，但千百年来备受读者的偏爱。唐代韩柳的系列论说文和山水游记，范仲淹创作于同年的《岳阳楼记》，以及元祐时期苏轼创作的大量散文妙品等，所达到的艺术成就都不低于《醉翁亭记》，但是《醉翁亭记》产生于北宋诗文革新的关键时期，其文学史价值超越了其艺术价值，也超越众多其他优秀散文作品。《醉翁亭记》在当时产生巨大传播效应，普通读者沉浸在这篇散文佳构带来的审美愉悦中，文人们也纷纷对这朵突然绽放的文学奇葩产生浓厚的研读兴趣。宋元文人讨论《醉翁亭记》写作渊源的文章时有见之,稍作研读,发现这些讨论也从一个侧面反映了宋代散文革新的发展历程。

《醉翁亭记》一问世,宋元读者们首先关注的是它与儒家经典的关系,很快给它找了几个"老亲戚"。《醉翁亭记》连用二十一个"也"字,这曾经引发文人们的热烈讨论。这种怪异而瑰丽的写法,使人们的眼光直接上溯到经典,从自己的阅读经验和对儒家经典的感悟出发,去追寻它的创作源头。这一类批评为《醉翁亭记》的被欣赏、认同,提供了良好的经学空间,这也许并非评论者有意而为之,其实当阅读者的审美习惯被打破时,他的第一反应往往是坚守自己固有的习惯。这方面比较早的评论可能来自与欧阳修同时代的尹洙,据《爱日斋丛钞》转引董弅《闲燕常谈》的记载,"欧阳公作《醉翁亭记》成,以示尹师鲁,自谓古无此体。师鲁曰:'古已有之。'公愕然。师鲁起取《周易·杂卦》以示公,公无语。"(《爱日斋丛钞》卷四)如果这条材料真实的话,则是最早从文学创作渊源上抬高《醉翁亭记》的记录。后世不少读者在尹洙观点的基础上加以发挥,进一步坐实《醉翁亭记》与儒家经典的渊源,甚而扩展到他们喜爱阅读的其他典籍。

宋元文人在讨论《醉翁亭记》的创作技法时,发现它与作品之间的渊源关系。韩愈的散文在北宋前期就已经获得有效的传播,柳开、王禹偁、穆修、僧智圆等人,对韩

第二十一讲 读欧阳修《醉翁亭记》

愈散文的传播都居功甚伟。经一代文宗欧阳修及其同道者的大力推扬，韩愈在宋人心目中获得非常崇高的地位，"韩柳风格"一词是对当时散文作品极高的评价，在韩愈文统、道统地位逐步确立的宋元时期，这样的作品也很容易得到读者的认同。欧阳修有当代韩愈之称，其子欧阳发宣称乃翁之文"备尽众体，变化开阖，因物命意，各极其工，或过退之。如《醉翁亭记》《真州东园记》，创意立法，前世未有其体"（《欧阳修全集》附录卷二）。《醉翁亭记》问世后，不少读者把这篇奇文拿来与韩愈的散文作对比，注意到二者之间的文学承继关系。如宋人洪适就将《醉翁亭记》与韩愈的《盘谷序》作了比较，指出欧阳修对韩愈文章的"化用"（《容斋三笔》卷一之"韩欧文语"）。宋人费衮也发现了《醉翁亭记》与韩文的渊源关系，指出二者在运用语助虚词上的共通之处。他认为欧阳修连用二十一个"也"字，实际上是学习了韩愈《祭十二郎文》的写法，其主要功能在于形成了宋代散文特有的"纡徐不迫"之气质。费氏总结了语助词在韩愈、欧阳修散文中的美学价值，并极力称赞这种写作技巧的高超。晚于洪适、费衮的宋人陈叔方将《醉翁亭记》与韩愈的《祭潮州大湖神文》比较，指出"欧阳文忠公作《醉翁亭记》，乃散文尔，首尾数百言，悉用'也'字，前此所未有"（《颍川语小》卷下）。元人白珽在其《湛渊静语》卷二中，重复了陈叔方的看法，说明这种写法至少在文学批评中获得了认同。

《醉翁亭记》一经发表,即得到各阶层读者的关注。人们对它的讨论一直比较热烈。但在所有阅读《醉翁亭记》的声音中,也有一种并不认同此文价值的声音,其中最早的批评可能是来自欧阳修的文学同道宋祁。宋祁颇有文学家气质,他曾因词中一句"红杏枝头春意闹"而名扬天下,时人称之为"红杏尚书"。宋祁的审美视野比较开放,但他却对文体上有所创新的《醉翁亭记》提出较为严厉的批评:

> 《醉翁亭记》初成,天下莫不传诵,家至户到。当时为之纸贵。宋子京得其本,读之数过,曰:"只目为《醉翁亭赋》,有何不可。"
>
> ——《曲洧旧闻》卷三

同样持这种批评态度的还有欧阳修的文学后辈秦观。秦观,即苏轼的学生秦少游,那句"两情若是久长时,又岂在朝朝暮暮"就是出自他的生花妙笔之下。秦观也认为:"退之作记,记其事耳。今之记,乃论也。少游谓《醉翁亭记》亦用赋体。"(《后山集》卷二三)秦观看法与宋祁不约而同,宋人陈鹄《耆旧续闻》卷十、宋人林骃《古今源流至论》后集卷一、元人祝尧《古赋辩体》卷八等,都转录了他的这个批评。

在对《醉翁亭记》的批评中,苏轼的态度颇值得细究。苏轼说:"永叔作《醉翁亭记》,其辞玩易,盖戏云尔,又不自以为奇特也。"(《东坡志林》十二卷本之卷二）但苏轼并没有因为"其辞玩易，盖戏云尔"就轻视《醉翁亭记》，相反他十分喜欢这篇妙文，据传还参与了对它个别词语的修改，并且亲自撰写入石，以期传之久远。通过苏轼言行对比，我们可以发现他对《醉翁亭记》的态度似有矛盾之处，这种矛盾反映了文学思想与文学创作之间的冲突，这在宋元文人之间，并非罕见。金人王若虚虽然高度赞扬《醉翁亭记》，但是也一定程度上认同苏公的这一评价，认为此文有"玩易"之嫌（《滹南集遗老集校注》卷三十六）；宋人黄震亦说《醉翁亭记》"以文为戏者也"（《黄氏日钞》卷六十一）。文人们一方面认为此文创作态度不严肃，似不应登文学大雅之殿堂；另一方面却又按捺不住对这篇美文的阅读与讨论热情。

其实这些批评并非文学艺术上的探究，而是基于一种传统的文体意识。这里面尚涉及两个层面的认识，其一是对文体形式上的尊重，表现出对现有文学秩序和对特定文体审美习惯的坚守；其二，即使在北宋文学革新的潮流下产生破体之文，对一些文学保守主义者而言，他们似乎还隐隐心存一种"文体门第"观念。传统的记体文结构比较简单，仅仅记人叙事而已，明人吴纳《文章辨体序说》云："大抵记者，盖所以备不忘。如记营建，当记月日之久近，工费之多少，主佐之姓名，叙事之后，略作议论以结之，此为正体。"不过这样的记体文之"正"被中唐韩柳领导的古文革新运动所突破，其文学功能得以加强；到宋代经王禹偁、范仲淹、欧阳修、王安石、苏轼等人的创作实践，记体文加入更多议论因素，体现出宋人特有的理趣。这种自韩柳发其端，至宋代诸贤完成的记体文文风之变，因其突出的创作实绩而获得后人的认可，其地位由前代之"变"而为宋文之"正"。但这种革新是沿袭中唐古文运动的发展趋势而来，就散文本身而言，真正属于宋代的变革性的内容尚未出现。

欧苏以文为赋和以赋为文，以今天的审美阅读眼光看来，这两种作品的艺术成就和文学史价值都值得重视，但笔者发现很少有宋人对欧公的《秋声赋》和苏轼的《赤壁赋》提出批评，而此类作品往往被认为是"以文为赋"，也属于比较典型的破体之文。在古典散文批评中为何会出现此轻彼重的现象？笔者认为这与所谓的"文体门第"观念有关。正如苏轼、辛弃疾以诗入词，在词虽为变体，但尚能获得文坛主流的认可，遂成豪放一派；如果反其道而行之，以词入诗，则必会招致文坛的贬斥。同样道理，文、赋之间亦有门第之分。文、赋虽然都为当时文章家族之正体，本没有什么文体高下之分，但赋体文在北宋考试制度的禁锢下渐渐失去生命活力，而同时的文学复古思潮又成为文学思潮主流，因此北宋文人在文、赋之间有一种不甚明显的文体轻重观念，如王禹偁之赋在北宋当属秀然杰出者，但是他在《律赋》序中写道："禹偁志学之年，秉笔为赋,逮乎策名,不下数百首,鄙其小道,未尝辄留。"(《小畜集》卷二)欧阳修本人也是一位写赋高手,其礼部考试时写的赋在京城被大量盗版贩卖,以至于价格竟然因供给充沛而降至每篇两文钱,但他自己对这种赋也不甚重视,只把它当作仕进的手段,"以谓方从进士干禄以养亲,苟得禄矣,当尽力于斯文,以偿其素志"(《记旧本韩文后》,《欧阳修全集》卷七十三)。稍晚于欧阳修的刘敞也认为"当世贵进士,而进士尚词赋,不为词赋,是不为进士也;不为进士,是不合当世也。君子何亟乎合当世?曰:不得已焉耳,得已,则君子必不赖也"(《全宋文》卷一二八五)。在这种情况下,一些具有审美创新性的文学作品出现,虽然在审美情感上获得读者接受,但并不能马上获得文学评论主流的认可。特别是文体之间有审美习惯上的轻重之分时,则更容易引起批评者对文体的坚守。不过这种坚守或许更多停留在理论层面,并没有真正影响读者的审美接受。而有效的传播,又往往逐渐改变文体保守主义者的看法,从而使散文革新真正从复古的母体中分娩,创造出全新的文学境界。

王安石曾对王禹偁的《黄州新建小竹楼记》和欧阳修的《醉翁亭记》作过比较,认为《黄州新建小竹楼记》更胜一筹,这个评价经黄庭坚的转述与认同,在当时产生较大的影响,引起文人的热烈讨论。《醉翁亭记》作为一篇破体之文,虽然得到大多数读者的喜爱和认可,但其创作思想要获得精英文人之态度明确的肯定，还需要更多的时间。笔者认为这两篇文章都是北宋迁谪文学中的精品，在艺术风格上各有千秋。它们又恰恰处在北宋散文革新两个关捩点，《黄州新建小竹楼记》是北宋初年散文革新的重要成果，作者一扫晚唐五代以来记体文中的形式主义之风，完成了对古典文体、文风上的回归，并且创新性地增强议论内容，开宋代记体文重议论风气之先。欧阳修的《醉翁亭记》进行"破体为文"的创作实践，把赋的创作方法引入记体文，使人们更关注散文中的审美元素，从而在中国散文思想史开启了一个新的篇章。从这个角度来看，这两篇文章都是北宋散文革新历程中的标志性作品。

【推荐书目】

1. （宋）欧阳修著，洪本健校笺：《欧阳修诗文集校笺》，上海古籍出版社。
2. 王水照、崔铭著：《欧阳修传》，天津人民出版社。

后　记

　　坐在校园小湖边看完最后一页清样，恰有一片火红的五角枫轻轻飘落身旁——时节已然深秋，《为什么要读经典》这坛美酒已酝酿三年，如今终于可以奉献给喜欢读书的诸位了。

　　2013年策划《为什么要读经典》时，本打算自己捉刀写一部深入浅出的国学普及读本，让非文史专业的阅读者能更轻松地领略经典之魅力，但是很快发现凭一己之学力难以达成这个愿望，我想到求助南京大学、华东师范大学、同济大学、中国传媒大学、上海财经大学、上海中医药大学等六所知名高校的师友。写普及文章是件既费时又费力的事情，且不少高校的"绩效"管理制度似并不鼓励老师写此类文章；我虽然已出版过八九部文史著作，但的确不是什么学术明星、网络红人，写过的书大多还是比较"小众"的读物，参加我主持的项目既无名亦无利。但令我感动的是，我的约稿很快得到了六高校诸位师友的回应——他们乐意无私奉献自己的时间和学识，为爱好传统文化的读者撰写好这部《为什么要读经典》。

请允许我满怀感激之心介绍参与本书写作的诸位师友：

莫砺锋先生，南京大学文学院教授、博士生导师，中国宋代文学研究会会长，央视百家讲坛著名主讲人，担任教育部社会科学委员会委员、教育部高校文化素质教育指导委员会委员、教育部中文学科教学指导委员会委员等职务。出版《江西诗派研究》《杜甫评传》《莫砺锋说唐诗》《浮生琐忆》等著作。

许结先生，南京大学文学院教授、博士生导师，中国赋学会会长、《中国赋学》主编、《辞赋》编委会主任、《中华辞赋》顾问。出版《汉代文学思想史》《中国赋学历史与批评》《中国文化史论纲》《老子讲读》等著作。

李笑野先生，上海财经大学人文学院教授、博士生导师，上海财经大学图书馆馆长。出版《先秦文学与文化研究》《〈周易〉的观念形态论》《全评新注＜世说新语＞》（合著）、《周易要义》等九部著作。

崔铭女士，同济大学人文学院副教授、硕士生导师。出版《苏轼传：智者在苦难中的超越》（与王水照教授合著）、《欧阳修传：达者在纷争中的坚持》（与王水照教授合著）等著作。

王冉冉先生，华东师范大学中文系副教授、硕士生导师。出版《唐宋散文》《史记讲读》《奇情聊斋》《中国文学学史（小说卷）》等著作，主讲的《史记讲读》课程被评为国家精品课程、国家精品资源共享课程。

章原先生，上海中医药大学中医药文化研究与传播中心副研究员、硕士生导师，主要从事医疗文化史研究，著有《黄帝内经十日谈》等。

王永先生，中国传媒大学文法学部副教授、硕士生导师，北京大学哲学系访问学者，韩国首尔大学人类学系访问学者，出版《金代散文研究》《体质决定人格》等著作。

方笑一先生，华东师范大学古籍研究所副研究员、硕士生导师，著有《北宋新学与文学》；李枫学友，华东师范大学古籍研究所硕士。

成玮先生，华东师范大学对外汉语学院副教授、硕士生导师，主要从事唐宋文学、民国学术史研究，出版专著《制度、思想与文学：北宋前期诗坛研究》。

感谢以上诸位师友，没有他们的倾心相助，《为什么要读经典》不可能如期完成。接连几个假期都在碌忙此书的约稿、编辑和校对，错过了不少与家人相处的时光，感谢家人的理解和支持。中国社会科学出版社郭晓鸿编辑为此书面世付出了大量辛劳，在此谨致谢忱。

春有百花秋有月，夏有凉风冬有雪，若无闲事挂心头，便是读书好时节。愿我们这部《为什么要读经典》，能给朋友们带来值得珍藏和回味的阅读体验。

李　强

丙申秋于沪上听雨小筑